中国农村金融风险若干问题研究

ZHONGGUONONGCUN JINRONGFENGXIAN
RUOGANWENTI YANJIU

中央财经大学中国金融发展研究院

中国社会科学出版社

图书在版编目(CIP)数据

中国农村金融风险若干问题研究/中央财经大学中国金融发展研究院.
—北京:中国社会科学出版社,2011.6
ISBN 978-7-5004-9862-9

Ⅰ.①中… Ⅱ.①李… Ⅲ.①农村金融—金融风险—研究—中国
Ⅳ.①F832.35

中国版本图书馆 CIP 数据核字(2011)第 098600 号

策划编辑　郭沂纹
特约编辑　严春友
责任校对　刘　娟
封面设计　四色土图文设计工作室
技术编辑　张汉林

出版发行　中国社会科学出版社
社　　址　北京鼓楼西大街甲 158 号　　邮　编　100720
电　　话　010—84029450(邮购)
网　　址　http://www.csspw.cn
经　　销　新华书店
印　　刷　新魏印刷厂　　　　　　　装　订　广增装订厂
版　　次　2011 年 6 月第 1 版　　　印　次　2011 年 6 月第 1 次印刷
开　　本　710×1000　1/16
印　　张　17.5
字　　数　306 千字
定　　价　43.00 元

主要作者简介

（按拼音顺序排列，排名不分先后）

1. 金昉毅，助理教授

国际企业经济学硕士、金融学博士，毕业于德国康斯坦斯大学，曾在德国担任研究助理，现任中国金融发展研究院助理教授。研究兴趣为资产定价、证券组合、私人理财、风险管理等，曾在 *Review of Financial Economics* 等著名学术期刊上发表学术论文。

2. 李广众，教授

中山大学经济学博士，美国纽约城市大学巴鲁克学院金融学博士。现任中央财经大学中国金融发展研究院金融学教授、博士生导师。曾任教于中山大学金融系和美国巴鲁克学院经济与金融系。主要研究领域为公司财务和金融机构，曾在国际著名刊物上发表十余篇论文，包括 *Review of Finance*、*Financial Management*、*Journal of Corporate Finance* 和 *Journal of Comparative Economics* 等，在《管理世界》《世界经济》《经济学季刊》《统计研究》等著名中文期刊上发表了 20 余篇中文论文，并曾担任国内外众多著名学术杂志匿名审稿人。

在中山大学工作期间，李广众博士为本科生、硕士与博士研究生讲授计量经济学课程。目前为中央财经大学中国金融发展研究院本科生讲授应用计量经济学和货币经济学课程。

3. 李建栋，助理教授

1993 年获清华大学工学学士学位，1996 年获清华大学工学硕士学位。2002 年获美国印第安那大学工商管理硕士学位（MBA）。2007 年获美国德雷克塞尔大学金融学博士学位。2007 年入中央财经大学中国金融发展研究院工作至今。

主要研究领域为金融数据的时间序列分析、经济计量建模分析和预测、风险管理、行为金融学等。发表有"股票市场羊群行为"、"收益率 EGB2 分布"、"金融市场 GARCH 模型"等方面的论文。著有《认识价值论》《股指期货：从入门到精通》等书。为本科生和研究生开设公司财务、风险管理、投资学等课程。也为国内外银行金融机构做"金融创新""金融市场""金融风险管理"等方面的讲座。

4. 李杰，副教授

美国加利福尼亚州克莱蒙大学国际金融学博士。曾在美国克莱蒙大学担任助教和助研工作，曾在加州州立大学长滩分校、波莫那分校、拉文大学任讲师。在美国克莱蒙大学任助研期间，曾与托马斯·威雷特（Thomas Willett）教授共同承担了国家科学基金的"金融危机与汇率制度项目"和傅里曼基金会的"亚洲经济项目"的研究工作。主要研究方向是国际货币与金融、中国银行业改革、资产定价。于 2004 年获得海恩斯博士论文奖和 Phi Beta Kappa 国际学者奖，于 2007 年和 2009 年两次获得教育部项目资助。在 *International Economic Journal*、*Applied Economics* 等刊物上发表英文论文十余篇。为研究生讲授金融衍生品工具等课程，同时为全校本科生讲授数学金融、金融数学和公司财务等多门课程。

5. Surask（Matt）Ngammekchai，助理教授

Matt 博士毕业于科罗拉多大学 – 玻尔得分校，获金融学博士学位，在投资银行业务、公司理财与企业战略管理方面拥有丰富的实际经验。Matt 博士为研究生讲授金融机构管理、商用金融数学等课程。

6. 冉齐鸣，教授

美国西弗尼吉亚大学经济学博士。中央财经大学中国金融发展研究院副院长、金融学教授、博士生导师。现为香港经济学会会员及美国经济学会会员。主要研究方向为国际金融和对外投资。

7. 同生辉，副教授

中央财经大学中国金融发展研究院常务副院长。美国南伊利诺大学金融学博士。同生辉博士专业领域为公司理财，曾先后在纽约锡耶纳学院和伊利诺学院的金融系任教 4 年，拥有丰富的教学经验。曾在国内外主要的金融经济类学术期刊上发表若干篇论文，并有几部中文专著、译著和教材出版。目前为研究生和本科生分别讲授投资学和金融市场与机构两门课程。

8. 温健，助理教授

风险管理与保险学博士，毕业于美国乔治亚州立大学，主要研究金融风险管理、保险监管、再保险等。为本科生开设金融学导论、公司金融导论以

及风险管理导论等课程，拥有丰富的教学经验。目前正从事公司治理与企业风险投资行为、政府监管与市场干预下的道德风险等课题研究。

9. 向巨，助理教授

金融学博士，毕业于美国德克萨斯大学圣安东尼奥分校，拥有丰富的教学经验，论文发表于 *Journal of Futures Market* 等知名国际期刊。为研究生和本科生开设的课程有商业金融导论、投资学、国际财务管理等。

10. 周月刚，助理教授

南加州大学数理金融学博士，专业领域为行为金融与资产定价，有关中文论文已在《经济学季刊》与《金融研究》杂志课程发表。现为本科生讲授博弈论与战略行为和中级微观经济学课程。

序

作为转型经济大国，中国自改革开放以来保持了三十多年的高速经济增长。中国的国民生产总值 1978 年在世界排名第十五位，2010 年攀升为世界第二。中国的经济成就，举世瞩目。伴随着经济的快速增长，中国的城乡二元经济结构问题日益突出。在此背景下，如何更好地发挥现代金融体系在动员储蓄、分担风险、促进商品与劳务交换以及优化农村资源配置方面的作用已成为农村经济发展中需要认真研究与迫切解决的核心问题之一。

《中国农村金融风险若干问题研究》是一部全面介绍中国农村金融问题的专著，对农村问题学术研究与实务工作具有重要的参考价值。论著从时间上介绍了中国农村金融问题的历史、现状和存在的问题；从空间上，它借鉴了其他国家和组织利用小额贷款对贫穷农民提供金融与非金融的组合服务的成功经验；论著还对农村金融服务中的风险控制、创新机制等难点问题提出了具体的可操作性的建议。

随着我国城市化进程的加快，农民占总人口的比例虽然在逐步下降，但在相当长时间里仍然大大超过城市人口。他们居住分散，地处偏远，生活、经济条件落后。一刀切的金融行政管理，及其所催生的体制内金融服务供给不管从服务模式还是从服务内容都难以满足个体差异极大的农民们的金融需求。适当放开民间金融在广大农村地区的生存空间，有差别地放开利率管制，让了解农业经济的个人、企业、国内外的组织和机构参与到农村金融服务的供给中来，能够让广大农民有机会获得适合他们迫切需要的、形式和内容恰当的金融服务。我国农村现代金融体系的创新需要发挥农民金融互助组织的作用，利用合理的贷款额、现代化的信息技术和金融创新避险工具，形成生产、融资、销售、保险和支付的产业链。这样可以充分实现规模经济效益，减轻农业活动中的不确定性，确保农民、金融服务的提供方和农产品消费者各方的利益不受损失。作为一部学术研究的论文集，本书从宏观层面入手，具体到微观效率的剖析，采用最新的数据和理论模型，论证严谨，具有很高的学术和实践价值。

农村与农民在中国经济的稳定发展中扮演着重要的角色。中国的"三农"问题关系国计民生，对经济的长期稳定与健康发展至关重要。农村金融体制改革与创新的成败关系到能否巩固经济体制改革与发展的成果，关系到进入 21 世纪的中国能否继续高速稳定地发展。关心中国经济的人是不能不关心中国的"三农"问题以及其中甚为纠结的农村金融问题的。农村金融的改革与实践不单单是金融服务供给的变革，它还涉及政府政策制订的各个方面，包括财政公共物品的提供，对民间资本的态度，对金融衍生品的鼓励和对衍生品市场的建设和监管水平等等。本书为思考这一系列问题提供了一个有意义的视角，值得一读。

中国是一个农业文化的继承体，正在紧跟世界上经济发达国家的步伐，走在工业化、城市化的进程中。几千年的农业文明和文化继承带来了历史的光荣与骄傲，也带来了巨大的挑战与历史使命。农民为中国经济社会的发展做出了卓越的贡献。在当前条件下，致力于农村金融发展，帮助农民摆脱贫困，享受现代文明带来的生活福利，是一件功在千秋的事情，值得各方人士的共同努力。

李　光

2011 年 6 月 9 日

前　言

　　中国金融发展研究院（Chinese Academy of Finance and Development）成立于 2006 年，是中央财经大学"经济学与公共政策优势学科创新平台"的机构之一，是一个以在海外获得博士学位的人员为主体、从事高端金融研究以及高级金融人才培养的学术机构。研究院致力于把先进的研究方法、国际化的学术视野、严谨的研究风格应用于中国的金融和经济学术研究。

　　作为中国金融发展研究院的院长，我很高兴地看到我的同事们在从事各自领域的繁重学术研究和教学的同时，能认真思考和关注中国的农村金融问题，组成团队，共同研究前沿课题，并把研究成果汇集成本书。

　　改善农村和农民的贫困状况，最根本的一条是提高农民的收入。然而，一方面出于发展战略的考虑，我国的金融体系在农村长期以来一直扮演着提款机的角色。即金融机构从农村农民处吸取存款，并将收取的资金大部分流向城市支援工业化、城市化建设，甚至一度"只存不贷"。另一方面，由于大部分农村地理位置偏远、基础设施差、农民们受教育的程度低、农业生产的不确定性和风险对冲工具的缺乏等原因，我国体制内的金融机构对农村和农民的金融服务严重不足。农民们难以利用现代金融服务发展生产和改善生活。

　　中国农村金融问题的主要源头是什么？解决农村金融服务供需矛盾的难点在哪里？创新型的农业金融避险工具都有哪些？提供金融和非金融的组合服务是否可以更好地满足农民的实际需要？为此，我的同事们向读者奉献了本书。我们尽力避免纯理论或纯模型的介绍，而是尽量增加鲜明的实例。我们不仅从理论的高度来介绍金融发展与经济发展的关系，而且从农村家庭的角度为我国农村金融市场发展提供有益参考。

　　从内容上看，本书的头两章介绍农村金融的历史演化和现状，分别由向巨博士和温健博士撰写。这一部分把握农村金融的历史脉络，呈现了制度改革、资金余缺状况分析、农村金融机构发展、农户的金融需求和供给现状等农村金融的全景图。第三章由 Surasak（Matt）Ngammekchai 博士介绍国外对农村金融问题的研究，为中国农村金融体系的改革与创新提供了各国以及相关经济合作组织的各种成功和失败的案例。

第二部分包括第四、五、六和七章，分别由李建栋博士、金昉毅博士、同生辉博士和周月刚博士撰写。这部分对农村金融的风险管理以及与之相对应的避险工具和市场等几个重要方面展开分析。各章彼此关联，相互呼应，又各有侧重点。无论从宏观还是从微观层面都给读者清晰的解读。

第八章论述农村金融发展与经济增长的关系，由李广众博士撰写。本章着力介绍了金融发展的概念，特别是金融发展与经济结构和经济发展的关系。在这方面，学者们的新颖观点，读来给我们很大的启发。对金融发展水平与经济发展水平的关系会有更明确的认识。本章也对我国农村金融发展与农村经济发展的关系进行了实证分析。

本书的最后一部分包括第九章和第十章。这两章独辟蹊径。第九章的作者李杰博士把农村金融放到炭金融的大背景下进行研究，为农民们提供了新的理财思路。第十章的作者冉齐鸣博士则探讨了汉族和少数民族地区的经济增长互动关系以及银行贷款对经济增长的影响。作者利用第一手资料进行了计量经济分析。

本书的编写耗费了我们大量心血。我们衷心希望能够呈现给大家一部关于中国农村金融问题研究的有价值参考书。虽然我们竭尽全力，但由于才识有限，时间紧迫，疏漏之处在所难免。恳请读者批评指正。

吴仰儒

2011 年 7 月 1 日

目　　录

第一章 农村金融的历史演化

向 巨

（中央财经大学中国金融发展研究院）

1979 年 2 月国务院发出［79］56 号文，决定恢复中国农业银行。以此为标志，中国业已进行了 30 年的农村金融体制建设与改革。其具体过程，体现了政府主导的经济体制改革和资金逐渐由缺转余的经济发展过程。如今，本届政府的施政纲领中解决农村"三农"问题（农村、农业和农民）是一大重点，农村金融更成为其中的一个热点话题。本章从制度改革、农村资金和机构发展情况三大视角回顾、归纳了农村金融的发展演化。

一 制度改革阶段

为了适应资金状况，国家宏观经济和金融改革的需要，农村金融经历了三个制度改革阶段。

第一阶段：1979—1993 这一阶段的主要特征为恢复和成立新的金融机构，形成农村金融市场组织的多元化和竞争状态。

主要成果为：①1979 年恢复了中国农业银行，并明确提出大力支持农村商品经济，提高资金使用效益的运作目标；②农村信用合作社也重新恢复了名义上的合作金融组织地位，不再是人民公社体制的附属机构。同时，农村信用合作社也不再是农业银行的基层机构，而是作为接受中国农业银行管理的相对独立组织；③放开了对农村和城市民间信用的管制，允许民间少额，非高息自由借贷，并允许成立民间合作金融组织，例如 80 年代末首先在四川省成立的农村信用合作基金会。同时允许成立农业企业的财务公司，企业集资逐渐活跃；④允许多种融资方式、信用手段并存，包括了存款、贷款、债券、股票、基金、票据贴现、信托、租赁等。

第二阶段：1994—1996　在前一阶段的基础上，更加明确了改革的目标和思路，提出了要建立一个能够为农业和农村经济发展提供及时、有效服务的金融体系的口号。

具体而言，理想中的农村金融体系应包括以工商企业为主要服务对象的商业性金融机构（中国农业银行），主要为农户服务的合作金融机构（中国农村信用合作社），以及政策性金融机构（中国农业发展银行），以支持整个农业开发和农业技术进步，保证国家农副产品收购等国家政策。各组成机构的改革情况如下：①于1994年成立中国农业发展银行，着眼于将政策性金融业务从中国农业银行和农村信用合作社业务中剥离出来；②加快了中国农业银行商业化的步伐，包括开始全面推行经营目标责任制，对信贷资金进行规模经营，集中管理贷款的审批权限，加强资产负债管理等等；③继续强调农村信用社商业化改革。原计划在1994年基本完成县联社的组建工作，第二年大量组建农村信用合作银行。不过，实际进度大大落后于此阶段性目标。另外规定农村信用合作社完全脱离于中国农业银行，其业务管理，改由县联社负责；对农村信用社的金融监督管理，则由中国人民银行直接承担。

第三阶段：1997年至今　开始重视对农村金融风险的控制。在经历了亚洲金融危机和1997年开始的通货紧缩后，在强调继续深化金融体制改革的同时，开始重视对金融风险的控制，客观上强化了农村信用合作社对农村金融市场的垄断。

具体内容为：①在国有专业银行包括中国农业银行中全面推行贷款责任制；②1997年中央金融工作会议确定了"各国有商业银行收缩县及以下机构，发展中小金融机构，支持地方经济发展"的基本策略，包括农业银行在内的国有商业银行开始日渐收缩县及县以下机构；③大力打击各种非正规金融活动，对民间金融行为进行规范和整顿。1999年在全国范围内撤销农村信用合作基金会，并对其进行清理；④将农村信用合作社作为农村金融体制改革的政策重点，且进入2003年以来日益加大力度。比如：放宽对农村信用合作社贷款利率浮动范围的限制，加大国家财政投入以解决农村信用合作社的不良资产问题，推动并深化信用合作社改革试点工作等等。2003年11月底8省（市）（浙江、山东、江西、贵州、吉林、重庆、陕西和江苏）农村信用社改革实施方案已经国务院批准并逐渐进入全面实施阶段；⑤进一步推动各农村金融机构专职职能的深化改革，并于 2010 年 7 月将中国农业银行成功在 A 股和 H 股市场上市。

二　从资金余缺状况分析

在过去 30 年的经济改革大潮中，与中国资金的供求形势变化相伴随，经历了两个明显的发展阶段。

1996 年之前，政府把主要力量放在如何筹集资金上，相应地，各主要农村金融机构扮演着储蓄动员机器的角色。同时，随着隐性竞争关系在国家工业化和地方政府间愈演愈烈，导致了农村金融区域上的分割以及正规、非正规农村金融体系竞争格局的形成。除此以外，行政抽取资金机制的存在，更加使得"资金离农"和"机构离农"成为服务工业化的必然结果。而 1996 年后，短缺的资金供求形势逆转而走向过剩，甚至出现了流动性过剩，大量的流动性使得各种类型意图支农的政策安排相继出现，大力促进了农村金融体系的整合。然而，与这种情况不相称的恰恰是农村资金依然外流。农村经济的特征以及城乡间、工农业间利润率相差较大是农村留不住资金的自然结果。虽然金融机构响应各种政策，但大多数机构仍是"口号支农"代替实际行动。农村发展的外部环境也趋于恶化，要想从根本上解决问题不能单纯靠市场金融的力量。

（一）资金短缺期

从历史宏观背景来看，中国的大规模工业化进程是在 20 世纪 50 年代以"一化三改"为标志的社会主义改造完成后才真正开始的。摆在当时中国发展工业化面前的一个重大问题是如何完成原始资本积累。因为从资本主义发展的历史来看，靠圈地运动把农民赶出土地以及直接靠海外掠夺的方式，对社会主义国家来说是不可能的。那么工业化的原始资本积累由何而来？苏联的"托洛斯基派"叶·阿·普列奥布拉任斯基给出的答案是，"社会主义原始资本积累是在国内外市场相对隔离"的条件下，通过"不同经济成分之间的不等价交换"所得到的"来源于国营经济综合体之外的物质资源的积累"，"这种积累在落后的农业国中应当起非常重要的作用"。对此问题，中国也提出了一套带有自身特色的方案。利用政府的计划控制权实行"低利率"、"低汇率"、"低工资"、"低农产品与原材料价格"等价格扭曲政策，目的是为了实现"高积累"。这种价格扭曲人为地降低了发展重工业的成本，包括为重工业发展提供廉价的劳动力、资金、原材料，以及进口设备和技术。资源上完全实行计划配置制度，一切为工业化进程让道。而中国当时的主要支撑部门是农业，经济剩余主要来自农业，于是这种为工业化发展铺平道路所付出的代价就自然而然从农业上予以补偿。农村金融体制，自然也服从这样的发展逻辑，成为为工业化、城市化积累低成本资金的必然安排。虽然这是对农业部门的不公平待遇并且不符合可持续发展的原则，但处在特定历史条件下也就是毛泽东所说的"一穷二白"下的中国如此应对发展问题也是不得已而为之。

（二）资金流动方向：农村到城市

在声援"三农"的大背景下，虽然历经多次农村金融体制改革，但是一系列以"城乡分离"为基本特征的制度安排依然存在，不仅没有满足农村金融需求供给之间的相对平衡，反而使农村地区出人意料地成为金融资源的净供给者，这个悖论也是我们在认识农村金融问题时需要理解的重点之一。农村资金持续地非农化，与农村建设和发展脱钩。农村金融机构似乎在这之中扮演着漏斗的角色，将农村吸收的储蓄存款源源不断地漏出农村，甚至根本不给农户和涉农企业留下任何资金。这种长期的"负投资"已经成为一种常态，更可怕的是，它的规模和影响在不断扩大，种种制度安排已经明显无法应对总量越来越大、结构越来越丰富的农村金融需求，反观农村金融供给，却一直是刚性，甚至是相对萎缩的。

在资金短缺和政府的金融控制双重压力下，动员农村储蓄成为金融机构下乡的主要目标，然后筹集的资金又离开农村配置到投入产出比高的非农领域。有人将这种吸取资金的农村金融机构比作一根根管子，但与自来水管不同的是，它们只是吸水管。这种状况还是非常普遍的，不仅农业银行、邮政储蓄如此，连所谓的"支农主力军"——农村信用社，实际上也是从 20 世纪 70 年代以来向农村"抽血"的主力军。中国人民银行调查统计司 1992 年的数据和《中国农村住户调查》1996 年的数据显示，农村信用社的贷/存比从 1970 年起就小于 1。20 世纪 80 年代大致在 1/2 左右，20 世纪 90 年代大致在 2/3 左右。其中，1995 年农户储蓄甚至仅有 22% 用于农户贷款。这些数据意味着贷款与存间的严重不平衡，正是这种不平衡，使农村成为更多金融机构筹集资金的好去处，越来越多的机构进入农村吸取资金而少放贷给农业导致恶性循环。这种情况在 90 年代中后期银行商业化改革后仍没得到改观。虽然各家金融机构出于成本收益考虑选择撤离农村市场，留下来的是被称为支农主力军的农村信用合作社，但是一家独大的垄断地位使得农信社缺乏效率，更为重要的是，农户实际从农信社得到的贷款仍然不足其存款的三分之一。

可以看到，作为置身于整体经济和金融体系中的弱势金融组织，在资金比较稀缺时代的金融改革中几乎没有成功的条件，农村金融机构只能扮演储蓄动员机器的角色并承担辅助国家完成宏观经济指标的助推手。农村"缺血"现象日益突出，却还在为外界不停输出血量，这样的状况是不可能成为健康发展的金融体系的。中国农民实际上在集体"扶富"，中国农业实际上在为整体经济的发展牺牲自己。

（三）资金宽裕期

资本短缺的状况，在 90 年代中期发生了根本性的变化。经济的高速发展积累了资金，自 1996 年起，中国金融体系的贷差变为存差，标志着资金由短缺向剩余的转变。

相关数据表明，1978—1995 年间，人民币存贷款一直处于贷差状态，在 1987 年，贷/存比达到最高（140.7%），当年贷差为 2144 亿元。特别是在 1991 年和 1994 年，贷差都超过了 3000 亿元。但自 1996 年开始，贷/存比下降，贷差转为存差，而且连年大幅度上升。具体来讲，人民币存差增长率由 2004 年底的 28.84% 提高到 2005 年 6 月底的 38.81%，人民币贷/存比由 2004 年底的 73.65% 下降至 2005 年 6 月底的 69.18%，这就意味超过 8.5 万亿元资金处于闲置状态。在接下来的短短三年间，存贷差达到惊人的 18.4 万亿元，金融机构贷/存比下降到历史低位。数字背后反映的一个基本事实是流动性严重过剩，巨额资金滞留在金融体系内部。

中国金融体系内部的流动性在资金形势上发生改变后不断堆积。进入 2000 年后形势更加严峻，资金空转的现象表明流动性过剩的特征已十分明显。多次政府部门的调控乏力使人们清楚地看到中国正经历着流动性综合征的折磨，虽然中国还没完全步入所谓的流动性陷阱，但是遇到了宏观调控上前所未有的巨大挑战。这种资金供求结构失衡的状况我们姑且称之为流动性悖论，让我们看看在这样的悖论下国内的具体情况：金融部门和企业部门流动性的失衡；大企业资金富余与中小企业融资难同时存在；大银行流动性过剩和中小金融机构流动性不足并存；城市资金过剩与农村流动性严重不足同时并存；东部发达地区流动性过剩与中西部地区流动性不足同时并存。

尽管流动性过剩成为基本事实，但不可否认的一点是这种资金供求形势的逆转，为农村摆脱不合理政策安排创造了调整的最佳时机。过去一直影响农村金融的政策压力不再是一种负担了，至少，一直靠农村资金奶水养大的城市工商业的资金总量不会大幅受到农村资金回笼的影响了。

这种流动性过剩与农村流动性危机的鲜明对比，一方面是由于长期以来城乡二元经济结构的布局，另一方面则是不等价交换带来城乡经济失衡，是主张单纯依靠正规金融而压抑民间金融的结果。但是，更加深层次的原因则是与资本雇佣劳动的产业体系在全球扩张，以及具有中国特色的二元经济在发展中趋向极端化有关。

中国哲学中讲"危中带机"，尽管遭遇这么严峻的挑战，但无论怎样，资金过剩和流动性悖论的出现，都为解决农村融资问题，提供了前所未有的宽松金融环境。解决结构性失衡是一个长期的过程，而危机下警觉性的提高和对问题更深层的认识无疑给改革带来契机。于是，各种意图解决流动性悖论的政策开始连续地出台。回顾1978年以来中国农村金融体制的历次政策变化，突出三大特点：一是扶持正式金融机构为主，相应的为非正式金融出台限制政策甚至打压，如民间借贷在《民法通则》中的规定，尤其是高利贷的规定，以及1998年7月《非法金融机构和非法金融业务活动取缔办法》的出台。二是以农信社为主，实际上确立了农信社在农村金融机构的主力军地位，尤其是1996年行社分家之后对于农信社区别于国有金融机构的界定。三是统筹规划，自上而下安排，从只关注如何从农村吸纳资金到关注农村资金如何回流。在2004年至2009年连续6个中央一号文件中，反复强调了农村融资问题的重要性和改革农村金融体系的决心，充分体现了国家对农村金融问题的重视。进入21世纪，诸多政策，都是朝向解决农村融资困境的方向的。

（四）农村资金短缺依旧

农村融资难题依旧是摆在政府面前的一道难题。即使随着金融系统内部的资金十年来不断累积，流动性过剩俨然成为一个世纪难题之时，令人惊讶的是农村融资难题却似乎愈趋严重。从达成对"三农问题"的共识，到新农村建设成为"重中之重"高度的十年间，政府连续出台各种政策，甚至包括连续六道一号文件，成立了一批以支农为名义的金融组织，也给出了前所未有的优惠政策，但资金短缺的状况在农村依然没有改善。

具体来看，以第一产业为计算基础，我国农村地区货币供给与需求从1995年明显加大，1998年突破7000亿元，2002年突破9000亿元。第一产业只代表传统意义上的农业，并没有反映出农村地区的非农产业，而且改革开放以来我国农村地区的乡镇企业和个体私营企业发展很快，第一产业并不能真正反映农村国内生产总值和农村经济发展规模，因此，使用第一产业测算出来的农村地区货币供给与需求缺口出现少估。如果使用农林牧副渔总产值测算，1998年以来农村地区货币供给与需求缺口基本上在2万亿元以上，到2003年达到了3.29万亿元；如果使用农村地区国内生产总值来测算农村地区资金供给与需求缺口，结果更为惊人，从2000年开始农村地区货币供给不足突破了5万亿元，到2003年缺口高达8.17万亿元。

我们都知道，金融是经济的血脉，农村金融和农村经济是相互依存、相互促进的关系，而三农又是需要服务和支持的机体，那么强调金融支持在新农村建设中的作用，是迫切的和理所当然的。但是，不要忘记资本的性质是逐利的。如果没有一个健康发展的机体带来的产业利润以支撑资本逐利的要求，金融支持对农业发展的关系就不能持续稳定，所谓的拿行动来响应政策号召也不过是一句空话。从事实上来看，金融机构更多时候在空喊口号，而这是政府出台政策时最不愿看到的。有关资料显示，涉农贷款占全部贷款比重，从1998年以来一直在10%左右，尽管这和农业在国民经济产值中所占比例相匹配，但是与60%以上的农村人口和50%的农业劳动力数据极不相称，农业的产业回报以及效率低下暴露无遗。不仅如此，这也反映出贷款资源的配置实际上基本按照效率配比。也就是说，只有农村经济搞活了，金融机构才能自觉自愿地加入到新农村建设大潮中来，因为从数据可以看出，尽管在高强度的政策刺激之下，对农村的贷款数量只是相对稳定，绝非增加。于是在现行条件下，想要单纯依靠市场金融在农村金融中发挥力量是远远不够甚至是适得其反的。

三 农村金融机构的发展

(一) 农村金融机构概况

新中国成立之初，伴随金融机构的公私合营，农村地区的农业、农村银行也逐步合并到以人民银行为核心的国有金融机构之中，同时，全国各地还兴起了筹建农村信用社的热潮。在农信社快速建立的同时，国家也在1951年设立了中国农业合作银行以扶持农信社的发展，次年因机构精简而被撤销。1955年3月中国农业银行再次成立以专门负责农村金融任务，此后至1979年农业银行经历了"一起二落"。在此期间，农信社在一段时间内成为农业银行的基层附属机构，特别是在1958年人民公社化后，按照"两放、三统、一包"的财经管理体制，农信社与农业银行在农村的分支机构合并，管理权被下放给人民公社管理，变成集体金融组织。当然，农村金融机构，特别是农业银行虽然"三起三落"，但它们在存活期间基本是作为中央分置在农村的抽血型机构，目的是为了保证工业化所必要的资金提供支持。

中国农业发展银行从农业银行中剥离政策业务，长期以来只局限于对粮、棉、油等收购企业发放收购贷款，而无权对农户发放贷款，将本来具有政策性扶持的农户贷款交由企业性质的农村信用社承担，政策性的农业发展银行一度变成了纯粹的"收购银行"。现阶段，农业发展银行虽然对农业产业化龙头企业发放贷款，但受到信贷资金来源的限制，另外大量的非龙头中小型乡村企业政策性贷款需求无法满足。农业银行由于商业化改制，经营的重心离开了农村。作为支农主力军的农村信用社一家独大且缺乏相应的约束监管机制，使得其支农贷款比例相对不足。

非正规金融组织由于具有投向自由、借贷期限灵活、贷款手续简单等特点，更容易被农户所接受，在正规金融组织供给不足的情况下，填补了由正规金融留下的信贷市场空间。此外，不合理的金融支农体系网点收缩导致部分乡村出现金融服务"盲区"，而民间金融可以改善这部分地区的金融需求。特别是在民间金融相对发达的地区，与正规金融一道为当地经济的发展作出了重要贡献。

（二）农村金融机构的组成

经过近20多年的农村金融体制改革，迄今为止形成了包括商业性、政策性、合作性金融机构在内的，以正规金融机构为主导、以农村信用合作社为核心的农村金融体系。

1. 正规金融

中央货币当局或者金融市场当局监管的那部分金融组织或者活动称为正

规金融组织或活动。中国农村正规金融体系中主要包括以下几个组成部分：

（1）中国农业银行

中国农业银行重建于 1979 年，是中国四大国有商业银行之一，其分支机构列四大商业银行之首，几乎遍布中国所有的乡镇。到 2001 年底中国农业银行拥有资产 25279.90 亿元，4.5 万家分支机构并雇佣了 49 万名职工。农业银行重建的初衷是为了支持农产品的生产和销售，但实际上农行的业务基本与农业农户并无直接关系，其贷款的绝大部分都投入了国有农业经营机构（如粮食局和供销社）和乡镇工业企业。从 80 年代起和其他国有商业银行一样，中国农业银行就一直经历着商业化改革。但在 1994 年中国农业发展银行建立之前，中国农业银行的业务兼具商业性和政策性，此后一部分政策性贷款业务，例如主要农副产品收购贷款、扶贫贷款、农业综合开发贷款等政策性贷款被划转到中国农业发展银行。1997 年后农行政策性业务大部分已剥离，强调以利润为核心也成为农行的首要目标。尽管如此，农行仍然有部分贷款具有政策性贷款的性质（例如对供销社的贷款、一部分扶贫贷款等等），农行的日常经营也无法完全避免地方当局的干预，这是农行资产质量在四大国有商业银行中相对较低并且最迟进行股份制改造的主要原因，而 2010 年夏天农行港股和 A 股的成功上市标准着其发展进入了一个新的里程阶段。

（2）中国农业发展银行

中国农业发展银行是 1994 年成立的一家政策性银行，是农村金融体制改革中为实现农村政策性金融与商业性相分离的重大调整。到 2001 年末，农发行拥有资产 7698.53 亿元，2273 家分支机构以及近 6 万名职工。农发行的业务也不直接涉及农业农户，它的主要任务是承担国家规定的政策性金融业务并代理财政性支农资金的拨付。随着农村市场化改革的不断深入，农发行的局限性日益凸显。

（3）农村信用社的发展及改革

农村信用合作社是分支机构最多的农村正规金融机构，分支机构遍及几乎所有的乡镇甚至农村，也是农村正规金融机构中唯一一个与农业农户具有直接业务往来的金融机构，是正规金融机构中向农村和农业经济提供金融服务的核心力量。到 2003 年 6 月末农信社农业贷款余额 6966 亿元，占全部正规金融机构农业贷款总额的 83.8%，比 1996 年末增加 5483 亿元。直到 80 年代末 90 年代初，农村信用合作社实际上是为了将农户存款引导到国家所支持的集体农业和乡镇企业的一个主渠道，它的大部分存款必须转存到农业银行，而 1996 年后农村信用合作社脱离农业银行的领导，而由中国人民银行负责统一监管。1996 年国务院关于农村金融体制改革的决定规定农村信用合作社超过 50% 的贷款必须投向其成员。另外，对超过 3000 元以上的贷款必须有抵押品保证。1999 年农村信用合作社被允许向农户发放消费型贷款，主要用于房屋建造、教育和医疗贷款。迄今为止，农村信用合作社的经营范围并没有受到限制，可以涉及包括生产、消费以及商业的各个环节，可以向农户、私营企业以及乡镇企业提供贷款。另外，考虑到农村贷款的高风险性质，人民银行允许农村信用合作社的贷款利率拥有比其他商业银行（包括中国农业银行）更灵活的浮动范围，目前农村信用合作社的 1 年期贷款利率的浮动上限不能超过在中国人民银行的规定利率 50%。到 2001 年底，农村信用合作社拥有资产 16108 亿元，35529 家地方分支机构以及 61.52 万名职工。截止到 2002 年末，我国的农村信用社法人机构为 4 万家，各项存款 1.98 万亿元人民币，各项贷款 1.39 万亿元人民币，存贷款规模均据全国金融机构第四位。

第一阶段（1951—1957）：1951 年，在合作化的大潮中作为重要组成部分的农村信用合作社也创立了。到 1957 年底，全国共有农村信用社 88368 个。这一时期的农村信用社，资本金由农民入股，干部由社员选举，通过信贷活动为社员的生产生活服务，基本保持了合作制的性质。

第二阶段（1959—1979）：由于政治上的原因，农村信用社从合作性组织转化为集体金融组织，曾先后下放给人民公社、生产大队管理，有两次收回。后来又交给贫下中农管理，农村信用社基本成为基层社队的金融工具。

第三阶段（1979—1996）：从 1980 年开始，农村信用社先后进行了以搞活业务为中心、恢复和加强信用社的"三性"（群众性、民主性、灵活性）、理顺农业银行与农信社的关系的改革。在这次改革中，为增强农村信用合作社的自我管理，1983 年开始组建县级联社。尽管这一时期农村信用社的自主经营有所增强，但仍然处于中国农业银行的领导之下，农民对农村信用社的经营和管理丧失了发言权。

第四阶段（1996—2003）：根据 1996 年国务院《关于农村金融体制改革的决定》，从该年起农信社改由直接受中国人民银行监管，中国农业银行不再对农信社进行领导管理，强调要按合作制重新规范农信社，县以上不再专设农信社经营机构，要加强县联社建设并由其负责农信社业务的管理。然而因为各种原因改革并没有达到预期效果。不仅没有真正恢复合作制，反而出现了严重的内部人控制和地方政府干预。

第五阶段（2003年至今）：2003年6月下旬，国务院出台《深化农村信用社改革试点方案》。目前，新一轮的改革仍在进行之中，将产权明晰作为改革的突破点，促使农信社完善法人治理机构，加强内部管理。

在改革进程中，我国农村信用社形成了一些鲜明特点：一是缺失信用合作中核心原则"自愿性"；二是缺失金融业经营原则，服从于政府的经济战略；三是不良贷款和亏损有其制度性根源；四是农村金融市场上垄断主体并不能获得垄断利润；五是行社分家后"内部人控制"更趋严重。

回顾一下国家支持农信社所颁布的主要政策：第一，开办保值储蓄。具体做法是由财政部核定、拨补农村信用社实付保值贴补息数额。第二，税收优惠。从2003年1月1日起，按3%的税率对试点地区所有农村信用社的营业税征收；从2003年1月1日起至2005年底，对西部地区试点的农村信用社一律暂免征收企业所得税；对其他地区试点的农村信用社，一律按其应纳税额减半征收企业所得税；第三，资金支持。对试点地区农村信用社的不良资产问题，可采取两种方式：一是由人民银行根据2002年底实际资不抵债数额的50%，安排专项再贷款。专项再贷款利率按金融机构准备金存款利率减半确定，期限根据试点地区的情况分为3年、5年和8年。专项再贷款由省级政府统借统还；二是由人民银行发行专项中央银行票据，用于置换农村信用社的不良贷款，票据期限两年，按适当利率分年付息。这些票据不能流通、转让和抵押，可有条件提前兑付。这两种方式由试点地区和农村信用社选择；根据银监会的宣布，为解决农信社不良资产问题的资金投入规模将达1500亿元。（4）灵活的利率政策。根据不同地区对于贷款需求的程度不同，允许农村信用社贷款利率灵活浮动，贷款利率浮动范围可在基准贷款利率的1至2倍之间。对农户小额信用贷款利率不上浮，个别风险较大的可小幅上浮（不超过1.2倍），对受灾地区的农户贷款，还可适当下浮。

（4）农村商业银行和农村邮政储蓄机构

农村商业银行为股份制银行，目前只有三家，都成立于2001年底，前身均为农村信用社。分别是张家港、常熟和江阴农村商业银行。

农村邮政储蓄机构。主要运作过程是吸储，再把储蓄资金转存入中央银行，利用转存利率与吸储利率差额作为其收益来源，对农村资金的抽水作用较大。2003 年 8 月后这一资金运行格局有所改变。

除邮政储蓄之外的上述其他金融机构均由中国人民银行负责监管，有资格获得中央银行再贷款。

(5) 中国农村邮政储蓄改革思路

在目前中国的政策性金融制度安排下，中央银行用来自邮政储蓄的上存资金，以再贷款的方式借给农业发展银行。2002 年 2 月后，邮政储蓄存款利率为 1.98%，而上存利率高达 4.347%，再贷款综合利率为 3.015%。对邮政储蓄支付高额存款利息，既是对效率的打击也给央行带来沉重的财务包袱。

随着这种制度安排以及上存资金的获利性，邮政储蓄的吸储规模扶摇直上，从 2000 年期末余额为 4578 亿元一跃至 2002 年的 7376 亿元。这无疑会影响到其他农村金融机构的吸储能力。邮政储蓄在存款市场的份额在 2002 年底已达 8.48%，成为仅次于四大国有商业银行的第五大吸储大户。

央行采取了两个措施来应对这个问题：一是央行规定自同期起邮政储蓄新增存款可由邮政储蓄机构自主运用于除贷款外的多种业务，这些业务的开展是为了弥补邮储在利率上不再有的优势；二是调整上存利率：规定从 2003 年 8 月 1 日起，按照金融机构准备金存款利率计提邮政储蓄新增存款转存人民银行部分。也就是说，邮政储蓄不仅无法单纯靠存贷利率差获取利息收入，反而会有所倒贴。

(6) 发展模式的争议

改制为以批发业务为主的特殊商业银行，即负债业务的发展以零售业务为核心，资产业务则以资金批发为核心，将资金批发给其他金融机构获取利差，不做直接面对企业和个人的贷款业务。

改制成社区银行。在中小城市和广大农村组建一大批社区商业银行，从而利用邮政储蓄对当地民情和企业信用状况熟悉的优势向中小企业和弱势群体放贷，解决邮政储蓄分流农村资金的问题。而社区邮政储蓄银行的所有权归县市级邮政部门，由银监会、企业自主经营、自担风险。

改制为全国性准商业银行。准商业银行是指在经营上不纯以利润最大化为目标，业务上则兼顾普遍性服务和营利性服务。

邮政储蓄改革的各种争论中，最成熟的一种方案是将邮政储蓄业务从邮政系统中独立出来，创立单独的邮政储蓄银行，不做直接面对企业的贷款业务，而将资金批发给其他金融机构获取利差（国务院发展研究中心金融研究所 2003 年，以下称国发方案）。这种方案的确可能会有利于邮政储蓄提高资金的使用效率，但毫无疑问，它同样会加剧农村资金的"非农化"。至于创立农村储蓄银行的想法则更不可行，它不仅不符合中央以农信社改革为核心的农村金融体制改革思路，而且其最终结果可能是重复并放大正规金融在农村金融发展中所遇到的问题。

2. 非正规金融

非正规金融组织相对于正规金融组织而言，包括所有处于中央货币当局或者金融市场当局监管之外发生的金融交易、贷款和存款行为活动。90 年代以前，非正规金融一度非常活跃，但随着各商业银行以及农村金融体制朝向商业化，最终被视为准正规金融代表的农村合作基金会被宣布结束。

80 年代中期兴起，经营资本主要依赖于农户的资金注入，其经营活动归农业部而不是中国人民银行管辖。农村合作基金会的存款规模发展较快，到 1996 年已经达到农村信用合作社的 1/9，它的发展给迫切的农村金融需求起到了极大的补充作用，据有关数据显示，45% 的贷款直接落到了农户手中，这不仅大大超过了农业银行的相应贷款比例，而且超过了农村信用合作社的贷款中投入农村经济的比例。除此之外，它还不受货币当局利率控制，便于灵活控制。1997 年，为了消除来自农村合作基金会的竞争对农村信用合作社经营所造成的冲击，当局做出了清理整顿、关闭合并农村合作基金会的决定。

除农村合作基金会外，非正规金融体系主要由亲友之间的个人借贷行为、个人和企业团体间的直接借款行为、经济服务部、金融服务部、高利贷、各种合会、私人钱庄等组成。类似于信用合作组织的经济服务部、金融服务部，基本上均被取缔。带有互助合作性质的合会是各种金融会的统称，通常建立在亲情、乡情等血缘、地缘关系基础上。根据国务院 1998 年 7 月颁布的《非法金融机构和非法金融业务活动取缔办法》，除了部分小额信贷、不计息的亲友借款和企业团体间借款之外，其他金融组织或者活动均属于非法。

3. 农村金融改革对农村金融机构的影响

（1）对正规金融的影响

按照政府的设想，1979 年以来的农村金融体制改革一直沿着使农村正规金融商业化的目标前进。商业化改革之后的农村正规金融体系应该更好地发挥支持农村和农业经济的作用，但迄今为止农村正规金融并没有很好地发支农利农的作用。

a. 对中国农业银行的影响:

中国农业发展银行取代了大部分农业银行的政策性业务,但是还有诸如"救灾"贷款、"安定团结"贷款等带有明显政策性性质的贷款需要农行根据政府的要求发放,这些贷款直接影响到农行资产质量。

在经历商业化改革的过程中,农行明显改变了过去对农业及农村经济的融资服务方针,表现在:①回报较低的农业项目淡出农业银行的重点范围;②撤并机构。1997年中央金融工作会议确定"各国有商业银行收缩县(及县以下)机构,发展中小金融机构,支持地方经济发展"的基本策略以后,包括农业银行在内的国有商业银行日渐收缩县及县以下机构。这样一种组织结构明显加大了农行向分散的中小农户以及乡镇企业进行融资的成本,从而进一步打击了农行提供农业贷款的积极性;③供需矛盾加大。虽然农业银行在大多数地区还设有县级机构,但由于贷款权的上收,很多分支机构都是只存不贷。

b. 对农村信用合作社的影响:

农信社在农村金融市场上的地位得到进一步巩固,而这种近似垄断的地位是不利于农村金融健康发展的。1997—2001年,农村信用社各项存款余额从10555.8亿元增加到17263亿元,分别占金融机构存款总额的近13%和12%;各项贷款余额从7273.2亿元增加到11971亿元,分别占金融机构贷款总额的近10%和11%,其中农业贷款余额从1776.8亿元增加到4417亿元,分别占金融机构农业贷款总额的近54%和77%。1997—2000年,乡镇企业贷款余额从占金融机构乡镇企业贷款余额的69.5%增加到75.4%(李静,2004)。

c. 对农业发展银行的影响:

在现行政策性金融体制下,中国农业发展银行实际上仅是单纯的粮棉收购贷款银行,业务仅限于支持粮棉流通,根本无法充分发挥支农作用。虽然作为从农业银行剥离出业务的政策性银行,但在政策扶持上所起到的作用有局限性,即使在支持粮棉流通方面,也同样存在突出问题。农业发展银行的发展远远跟不上现在农村金融需求的多元化。与此同时,一些带有公益性的经济活动如良种繁育、种子购销等,不能得到政策性信贷的扶持,更得不到商业性信贷。

(2)对非正规金融的影响

在正规金融收缩其在农村机构时,农村自然而然更多转向非正规金融部门。来自国际农业发展基金的研究报告称，中国农民来自非正规市场的贷款大约为来自正规信贷机构的四倍。也就是说，非正规金融市场的重要性在农民眼中要远远超过正规金融市场。温铁军等人对中国东部、中部、西部共15个省份24个市县的一些村庄进行个案调查的结果也证实了这一报告。民间金融发达的地区地下金融规模巨大已经不是秘密，据估计仅在浙江省温州市，就已达到600亿元人民币之巨。

但货币当局对非正规金融的发展怀疑的态度从来没有改变过，1997年亚洲金融危机后，在维持金融秩序、打击非法融资活动的口号下，管理当局勒令撤销和关闭了一度在农村民间融资中极度活跃的农村合作基金会，从而标志着中国民间金融的有组织状态的终结。虽然非（准）正规金融灵活（例如相较后者而言，前者可以收取更高的贷款利率），但由于无法组织化和正规化，非（准）正规金融在满足农村融资需求方面所起的作用终究有限，要想进一步发挥其优势作用必须为其正名。

农村合作基金会的兴衰与国家宏观环境和金融政策变化高度相关。它是在20世纪80年代中期家庭承包导致人民公社解体后，各地在对集体资产清理过程中实行"清财收欠，以欠转贷"而产生的，并且是由于曾经在80—90年代初期的农村金融改革与经济发展过程中扮演了不可忽视的角色，才在全国发展起来的。不仅地方政府以此作为发展本地经济的重要融资手段而加强干预和控制，中央也从1984—1993年持续予以鼓励；即使在1994—1996年的治理整顿期间也曾经持肯定评价。整顿和关闭农村合作基金会的决定在中央统一部署下很快得到了落实。同时也造成新的问题：一方面在行政性关闭基金会引起突然中断信用活动、必然造成大规模呆坏账的情况下，并没有安排上级风险准备金，而各地尽管向中央举债也根本无法满足上千亿元兑付需要；因此引发基层乡村政府组织大量负债，最终都转化为农民和乡镇企业负担，这实际上已经类似于部分地方政府信用破产。另一方面农村资金净流出的问题更加严重，农业资金要素因此极度稀缺，基层的民间借贷和高利贷重新大面积发生。

4. 改革过程中涉农金融机构的经营发展演化

（1）网点分布收缩，新型农村金融机构扩大，资产规模稳步增长

随着农村信用社改制以及农业银行机构网点撤并等原因，县域涉农金融机构网点覆盖面大幅下降。仅2006年一年，比2004年和2005年网点数量分别减少1.19万个和5860个，同比下降幅度5.5%，其中信用社网点数下降

的比重占到了 74%。

虽然涉农机构呈现出明显萎缩，但其规模却始终平稳增长。特别是新成立的农村合作银行规模增长较快，利用一定的体制优势，迅速拓展业务，实现扩张。银监会在 2006 年底对农村地区银行业金融机构准入政策作出重大调整，实现"资本"和"机构"放开，在四川、吉林等 6 省（区）试点允许开设村镇银行、贷款公司和农村资金互助社等新型农村金融机构。一个力图适应三农特点的多层次、广覆盖、可持续的农村金融体系正在加速构建之中，可谓是"九龙治水"。这九龙也就是前文所提到的在农村地区开展业务的中国农业发展银行、中国农业银行、农村信用社、农村合作银行、农村商业银行、中国邮政储蓄银行、村镇银行、贷款公司、农村资金互助社九类银行业金融机构。此外，民间金融也是农村金融市场的一个重要组成部分。

（2）存贷款业务保持较快增长，新增存贷占比上升较快

一系列的农村金融改革，在一定程度上推动了涉农机构的发展，也刺激了农村对于金融的需求，存贷款保持较快增长，更多的新增存款投向县域经济，大力支持了县域经济发展和建设。

2006 年，全国县域涉农金融机构的存款余额为 4.1 万亿元，同比增长 18.5%，比上年提高 1.5 个百分点，其中，农村信用社的存款余额占到涉农金融机构存款余额的 46.7%，同比增长 17%，比上年提高 1.1 个百分点，农业银行的存款余额为 1.82 万亿元，占涉农金融机构存款余额的 44.8%，同比增长 17.5%，比上年提高 1.5 个百分点。

再来看贷款部分，在国家支持"三农"政策引导下，农村金融机构加大了对县域经济的扶持力度。2006 年，全国县域农村金融机构的贷款余额达到 2.9 万亿元，比上年提高 5.2%，其中，农村信用社占到贷款余额的 43.7%，农业银行占 30.6%，农村合作银行和农村商业银行总量不大，但增速明显，两家同比增长 41.2% 和 24.2%，分别比上年提高 3.9% 和 8.3%，农业发展银行贷款投放相对平稳，基本稳定在 19% 左右。

通过进一步比较可以发现，新增存贷比均提高较多，特别是在作为农村金融主体的农村信用社和农业银行，相对其他涉农金融机构提升幅度更多，这也充分说明了广大金融机构网点出现了更多地利用存款资源给予贷款支持，促进县域经济发展。据相关数据表明，2006 年全国县域新增存贷比为 58.8%，比上年提高了 15.1%，其中，农村信用社和农业银行的新增存贷分

别比上年提高了 16.1% 和 19.2% ，分别为 65.1% 和 34.4% 。

（3）期限结构更加合理

商业银行的基本盈利模式是通过短存长贷来行使资金融通的媒介作用，并根据利差和服务获得利润。这是理论上的解释，但也应注意到，当出现定期存款占比过高以及短期存款占比过高，中长期贷款占比过高时，对商业银行的经营管理是非常不利的。前种情况可能导致较低的盈利能力从而削弱竞争力，后种情况带来流动性风险从而提高潜在压力。从历史数据来看，农村金融机构的期限结构存在着定期存款占比过高以及中长期贷款过低的问题。定期存款过高，需要支付的利息增多，而短期贷款所带来的利息收入不足以抵消支出导致利润的下降，在目前商业银行仍然以利差为主要盈利来源的背景下，这种期限结构无疑大大影响到经营能力。然而最近三年，农村金融机构这种定期存款占比过高的形势出现了转变，农信社和农业银行定期存款占比大幅回落，表明期限结构的进一步优化。从表1可以看出，全国县域农信社和农业银行定期存款均为下降趋势，农业银行中长期贷款占比稳定在40%左右。这有利于农村金融机构减少利息支出，增强其在农村金融市场的活力。

表1　　　　　　　　县域涉农金融机构存贷款期限匹配情况　　　　（单位:%）

	定期存款占比			中长期贷款占比		
	2004 年	2005 年	2006 年	2004 年	2005 年	2006 年
农村信用社	63.9	62.7	59.6	10.9	12.0	13.1
农村合作银行	51.0	49.7	50.3	5.1	5.6	5.2
农村商业银行	42.9	44.8	44.9	13.0	11.3	11.0
农业银行	48.1	47.1	44.5	40.2	40.3	39.2

（4）不良贷款逐年下降，资产质量状况好转

不良贷款率是衡量资产质量的重要指标，也是反映农村金融机构经营状况的可靠凭证。由于前文所叙述到的历史遗留问题，加之地方财政能力的弱化，消除不良贷款目前还存在困难，但是近三年随着金融改革措施的大力实行，使得乡村债务基本处于锁定状态，加上新增的不良贷款占比很小，资产质量呈现好转，不过值得注意的是消化乡村债务的进度比较缓慢。从表2中的数据可以看出县域涉农金融机构不良贷款率明显下降，表明县域金融机构

的经营发展能力进一步增强。

表 2　　　　　　　县域涉农金融机构不良贷款占比　　　　（单位:%）

	2004 年	2005 年	2006 年
农村信用社	27.1	17.8	15.7
农村合作银行	5.0	4.0	4.5
农村商业银行	3.3	2.5	1.9
农业银行	34.0	32.9	30.7
农业发展银行	55.7	53.7	45.7

　　从不同区域来看，落后地区包括中西部地区县域的不良贷款率明显高于所有县域的平均水平。表 3 显示，2006 年，农村信用社在中部地区和西北地区县域的不良贷款率分别为 18.3% 和 16.7%，分别高于其全部县域平均水平的 2.6% 和 1%。表 4 与表 5 显示农业银行和农业发展银行在东北地区县域的不良贷款率最高，这可能是因为东北地区集中了全国主要的粮棉收购基地，而粮棉收购贷款产生的不良率较高，两家银行 2006 年在东北地区县域的不良贷款率高达 71.4% 和 59.2%，比其全部县域的平均水平高出 40.7% 和 13.5%，农业银行在中部地区和西北地区县域的不良贷款率分别为 55.9% 和 39.4%，分别比其全部县域平均水平高出 25.2 个百分点和 8.7 个百分点，中西部落后县域不良贷款率要高出发达县域不良贷款率 37.6 个百分点，农业发展银行落后县域不良贷款率要高出发达县域不良贷款率 22.1 个百分点。

表 3　　　　　　农村信用社不良贷款占比的区域比较　　　　（单位:%）

	2004 年	2005 年	2006 年
全部县域	27.1	17.8	15.7
东部 8 省	25.2	16.5	15.2
中部 6 省	30.9	21.2	18.3
西北 6 省	25.4	19.0	16.7
西南 6 省	25.5	16.5	13.7
东北 3 省	31.3	13.1	11.5
落后县域	26.4	16.8	14.6
发达县域	26.4	17.7	15.0

表4 　　　　　　　县域农业银行不良贷款占比的区域比较 　　　（单位:%）

	2004 年	2005 年	2006 年
全部县域	34.0	32.9	30.7
东部 8 省	20.2	19.0	17.2
中部 6 省	57.6	56.6	55.9
西北 6 省	37.6	40.9	39.4
西南 6 省	26.2	25.6	21.9
东北 3 省	59.9	66.5	71.4
落后县域	51.4	55.2	55.4
发达县域	22.1	20.5	17.8

表5 　　　　　　县域农业发展银行不良贷款占比的区域比较 　　　（单位:%）

	2004 年	2005 年	2006 年
全部县域	55.7	53.7	45.7
东部 8 省	57.4	52.0	40.5
中部 6 省	56.6	53.5	45.8
西北 6 省	44.0	38.1	31.4
西南 6 省	50.5	48.7	39.0
东北 3 省	59.2	63.7	59.2
落后县域	63.9	62.4	58.9
发达县域	46.3	44.2	36.8

　　对于解决不良贷款所带来的问题，中央一号文件下达的关于农村金融改革中有关清理化解乡村债务的精神指出，"要全面清理核实乡村债务，摸清底数，锁定旧债，制止发生新债，积极探索化解债务的措施和方法，中央和省级财政要安排一定奖励资金，鼓励地方主动化解乡村债务"。从不良贷款变动比例来看，缓解乡村债务困难并没有取得较大的进展，农村信用社乡村债务形成的不良贷款占比稳定在 11% 左右，农业银行有一定程度的下降，但降幅不大，2006 年，农业银行乡村债务形成的不良贷款占比为 6%，分别比2004 年和 2005 年下降 0.6 个百分点和 0.3 个百分点，农村合作银行乡村债

务形成的不良贷款占比为 5.3%，分别比 2004 年和 2005 年提高了 2.8 个百分点和 0.9 个百分点。乡村债务的主要用途花费在农村义务教育、基础设施建设和社会公益事业发展方面，而这些又是乡村经济发展所必需的条件，乡村自身暂时没有能力自我解决，因此，降低乡村债务形成的不良贷款占比离不开地方财政资金的支持。

（5）利润率提高，可持续发展动力进一步提高

利润增加较快，集中在东部沿海区域。2006 年利润总额达到了 337.5 亿元，比上年增加 170 亿元，同比增长 101.7%，农信社和农业银行占到了利润总额的 69.4%，农业发展银行也连续两年保持盈利，增长势头迅猛，农村合作银行和农村商业银行利润占比不大并有缩小趋势。从利润构成变动情况看，农业银行和农业发展银行相对于农村信用社利润份额呈现增长趋势。

表6　　　　　　　　　　县域农村金融机构利润情况　　　　　（单位：亿元,%）

	2004 年		2005 年		2006 年		同比增长	
	利润	占比	利润	占比	利润	占比	2005 年	2006 年
农村信用社	35.0	40.6	69.1	41.3	116.2	34.4	97.4	68.2
农村合作银行	9.5	11.0	17.1	10.2	27.6	8.2	80.0	61.4
农村商业银行	9.9	11.5	15.5	9.3	15.2	4.5	56.6	-1.9
农业银行	32.6	37.8	44.3	26.5	118.2	35.0	35.9	166.8
农业发展银行	-0.8	-0.9	21.3	12.7	60.3	17.9	—	183.1
涉农金融机构	86.2	100.0	167.3	100.0	337.5	100.0	94.1	101.7

表 6 显示，从区域构成来看，东部地区集中了近六成的利润，而中西部地区有较大差距，东部 8 省县域涉农金融机构的利润总额占全国县域的比重高出西部 12 省县域的 35.41 个百分点，农业银行在东北地区县域还未实现扭亏增盈，全国经济落后县域涉农金融机构的利润占比要比经济发达县域低 32.62 个百分点。而欠发达地区没有较强竞争力资源的前提下吸引不到资金的注入从而导致信贷资源的进一步落后，应对这样的发展问题还是得靠政策上予以支持，加大财政资金注入和落实农村政策性金融供给。

目前农村金融机构中利息收入成为主要收入来源，营业费用有所下降。目前来看，全国县域涉农金融机构的手续费收入占营业收入的比重为 2.5%，比上年提高 0.4 个百分点，农业银行的手续费收入占比为 6.3%，为所有金

融机构最高，比上年提高 0.9 个百分点。农村信用社、农村合作银行和农村商业银行的手续费收入占比均有提高，但提高的幅度不大。另外从农业银行和农村信用社营业费用占比的明显下降可以看出近几年的农村金融改革有效地提高了涉农金融机构的经营管理水平。

商业竞争力不断提高，走可持续经营之路。前面讲到了资产质量的提高，这里我们用资产利润率和放贷业务可持续率来反映可持续竞争能力。结果表明，两种比率均呈现逐年上升态势，证实了可持续经营能力日益增强。另外，可以看到农村合作银行和农村商业银行的资产利润率和放贷业务可持续率均好于农村信用社，这一点可能在于两者均有农信社改制而来，在其管理能力、运营控制、风险管理相对较强，由此进一步看出深化农村信用社的经营管理体制改革的必要性和重要性。

四　总　结

从全球金融发展的态势来看，现代金融发展偏离实体经济，而独立运动与发展的趋势越来越明显。这种金融的"虚拟性"问题在发达国家更加突出。但是，由于农村经济发展的特殊性与整体滞后性，农村金融发展基本上还是受制于农村实体经济，农村金融的"虚拟性"还没有凸显，而二元经济特征明显的中国农村更是如此。

不管是正规金融还是非正规金融，政策调整所要达到的效果都是将农村资金留在农村，用在农村。从农村金融的历史演化过程中，我们可以深刻地认识到当今条件下农村金融发展建设是一个极其复杂而又急需解决的问题。实际上，如果中国不能建立一个有利可图的农村经济，不能将农村金融根植在健康的农村经济机体上，资金离农仍是必然。我们得到的一些短期性的改良方案并不能解决农村融资的根本难题，原因在于，我们一直没能认清中国农村经济与社会的基本特点，想当然地以为市场能彻底解决农村融资问题，就像相信市场化能解决农业经济问题，产业化能解决中国农业组织化问题一样。市场金融，充其量只能满足农村有较大利润空间，并有还贷保证的那一部分融资需求。这些融资需求，多来自富裕的农村和富裕的农户。因此，它只是"草尖金融"，绝不可能成为"草根金融"。市场金融"嫌贫爱富"是必然的。

当前的农村金融改革方案，多还停留在市场逻辑之内，寄希望于不同的市场化主体，能进入农村金融市场，加大农村金融竞争，以竞争来换取更好的金融服务。而这种市场的逻辑对市场化进程起促进作用的非正规金融予以限制甚至打压，相应的配套机制不够健全。况且市场天生就有失灵的地方，这就出现了别国不遗余力地补贴农业的现象。当农业的产业利润依然低于二三产业，小农经济的状况得不到改善，信用合作的形式没有实质性的进展时，单纯依赖这种引入水平竞争的机制实属不明智之举。

如若我们又在没有考虑农村社区内生的金融安排时，就将农村利率放开，那么，追求短期流动性获利的金融资本，会将农村利润最大限度地刮走，使得农村经济难再有复苏的那一天。当前农村最需要的，是将农村储蓄留在农村，并且将产业利润与金融利润都留在农村的内生于农村社区的金融安排，外来的金融组织，如果要达到名曰"支农"的目的，只需将资金批发给农村社区合作金融组织即可。只有这样的垂直合作型金融安排，而不是目前的水平竞争型金融安排，才能对缓解农村融资饥渴症，有一定帮助。

如果不能改变农村发展的市场条件，换句话说，不注重在农以外的功夫，就不能改变农村经济活力，也就无法从根本上解决农村融资难题。

参考文献

1. 安纳特·G. 钱达瓦卡：《欠发达国家中城市的资金引力》，国际货币基金组织和世界银行季刊《金融与发展》1985 年第 2 期。

2. 韩俊：《中国农村金融调查》，上海远东出版社 2007 年版。

3. 黄宗智：《长江三角洲小农家庭与乡村发展》，中华书局 1990 年版。

4. J. D. 冯匹斯克：《发展中经济的农村金融》，中国金融出版社 1990 年版。

5. 蒋玲：《农村非正规金融多层次选择演化的动态分析》，《财经视线》2010 年第 6 期。

6. 匡爱民：《论改革开放以来中国农村金融市场的嬗变》，《广西师范大学学报》2007 年第 2 期。

7. 兰日旭：《中国农村金融制度演化 60 年回顾》，《华东经济管理》2009 年第 11 期。

8. 李金铮：《借贷关系与乡村变动——民国时期华北乡村借贷之研究》，河北大学出版社 2000 年版。

9. 李静：《中国农村金融组织的行为与制度环境》，山西经济出版社 2004 年版。

10. 林毅夫、蔡昉、李周：《中国的奇迹：发展战略与经济改革》，上海三联书店、上海人民出版社 1994 年版。

11. 恰亚诺夫：《农民经济组织》，中央编译出版社 1996 年版。

12. 谢平：《中国农村信用合作社体制改革的争论》，《金融研究》2001 年第 1 期。

13. 于丽红：《中国农村二元金融结构研究》，农业出版社 2009 年版。

14. 周立、胡鞍钢：《中国金融发展地区差距分析：1978—1999》，《清华大学学报》（哲学社会科学版）2002 年第 2 期。

15. 周立、王子明：《中国各地区金融发展与经济增长实证分析：1978—2000》，《金融研究》2002 年第 10 期。

16. 周立：《改革期间中国国家财政能力与金融能力变化》，《财贸经济》2003 年第 4 期。

17. 周立：《中国各地区金融发展与经济增长（1978—2000）》，清华大学出版社 2004 年版。

18. 周立：《一个农民的九年放贷史——山东湖庄调查》，《银行家》2005 年第 8 期。

19. 周立：《由生存经济看农村高利贷的表达与实践》，《财贸经济》2006 年第 4 期。

20. 周立：《农村金融市场四大问题及其演化逻辑》，《财贸经济》2007 年第 2 期。

21. 周立：《流动性悖论与资本雇佣劳动——由农村金融与农村经济共生共存谈起》，《银行家》2008 年第 1 期。

22. 周小川：《关于农村金融改革的几点思路》，《新华文摘》2004 年第 21 期。

23. 《中国农村金融发展情况调查报告》，《中国人民银行调统司》2007 年。

第二章 中国农村金融的现状

温 健

（中央财经大学中国金融发展研究院）

一 中国农村金融需求的现状

了解农村广大农户、中小乡镇企业对金融产品服务的真实需求，是建立健全农村金融体系、创新农村金融产品以及提高服务水平的必要前提。由于中国各地经济发展水平差异很大，各地区农村相应在经济状况，消费支出，以及信贷需求等方面千差万别，因而对农村金融需求的认识必须要全面。近些年，一些研究机构和高校已经通过大规模的农村实地调查，访谈，收集了大量有价值的材料与数据，对农业经济发展，农民生活和农村金融状况有了比较全面的认识和了解。

国务院发展研究中心农村经济研究部组织专家于 2005 年展开覆盖全国 29 个省（市，自治区）的实地调查，获得 1962 份农户有效调查问卷，内容涉及农户借贷状况与金融需求。2008 年 1—3 月，中国农村金融学会与北京师范大学合作，对全国农户金融需求进行了一次大型的调查活动，涉及东部地区（山东、福建、浙江和河北），中部地区（江西、湖北、河南、吉林和黑龙江）和西部地区（四川、重庆和陕西）等 12 个省（直辖市），收回有效问卷 3028 份，问卷涵盖农户的收支状况和借贷金额，期限等。"汇丰—清华" 中国金融发展项目组于 2006 年到 2009 年三年多的时间，走访了 16 个省中 70 多个县，440 个村庄，5100 多家农户，150 多家企业，调研了农户存贷意向，贷款需求、途径、期限以及影响因素等。

这些调查结果从不同侧面反映了当前农村金融的真实需求，通过比较分析，可以得出农村金融需求的现状如下：

（一）农户的存款意向相对稳定

对于现金有结余的农户，首先选择把结余现金存入信用社或直接放在家中，其次存入银行，再选是邮政机构。调查表明，信用社、银行和邮政储蓄这三种正规金融机构可以满足50%—60%的农户的存款需求。农户的富有程度也决定了他们的存款意向：最有钱的农户会考虑投资或将钱贷给别人；较为富有的农户通常把钱存到正规金融机构如银行、信用社或者邮局；较为贫困的农户一般会考虑将钱放在家中，以备不时之需（刘玲玲，2010）。

（二）农村民间借贷仍占非常重要的地位

调查结果表明，亲友借贷是农村最常见的借钱途径。当非正规金融机构不能满足需求的时候，农户才会求助正规金融机构，以信用社为主。而且，农户生活性借款更多的来自于非正规渠道，而生产性借款多是向正规金融机构寻求帮助。同时，相对比较富裕的地区的居民向正规金融借款的比例更高一些；反之，相对贫困的农户由于缺乏贷款抵押担保而不得不更多地求助于亲友借贷等非金融借贷。

民间借贷行为同样支持了很多地区的农民创业和村镇企业的初期发展，其作用不亚于甚至超过正规金融机构，例如江西省的农民入股投资，河南省的"协会+互助基金会"，以及浙江省的企业标会等形式（刘玲玲等，2010）。以江西省高安市的汽车运输行业为例，由于该行业的政策性风险很大，四大商业银行和信用社纷纷推出汽车消费信贷市场，运输公司面临极大的资金缺口；另外，相对较低的存款利率使得农民不想把钱放在信用社，银行里，而愿意把钱投给高回报率的企业。有了民间融资，汽车运输业得以快速的发展起来。通常年利率为1分到2分，融资方式也非常灵活，投资人急用钱的时候随时可以把钱拿回去，公司一般都有较高的信誉度，资金运转速度快，流动资金充裕，投资人可以放心地把钱借给公司。根据调查，高安市的运输大镇—石脑镇七八年没有出现过借贷纠纷。从这个例子看出，当地的民间融资异常发达，融资风险相对全国范围小很多。

然而，就民间金融的本质来看，高利率的驱动以及缺乏有力的监管，严重时可以扰乱正常的金融秩序，潜在风险较大，东南沿海省份标会的兴起和同时"倒会"就是一例，一旦资金出现断层，多家关联企业会被殃及，造成多家企业同时破产。

（三）以小额贷款为主，但农户的贷款需求在不断上升

韩俊（2009）在 2005 年对 29 个省农村地区调查结果表明，农户借款以小额为主，5000 元以下单笔借款占到了所有借款笔数的 67.3%，而万元以上的大额贷款笔数仅占 14.6%。而刘玲玲（2010）在 2008 年对四省区的调研发现 3000 元以下的需求占 16%，一万元以下的需求仅占 30% 多一点。除去调研地区地域经济发展状况不同导致的差异，近几年农民收入的不断上升，以及对扩大再生产的需求提高，导致了农户趋于上升的贷款需求。

借贷需求同时具有明显的地域差异。中西部地区由于经济发展水平相对落后，农户借贷主要出于消费，资金需求规模较小，期限较短，农业生产和打工收入是主要的还款来源。东部发达地区农户借贷的生产性和商业性动机强烈，资金需求规模较大，期限为中长期较多，商业性经营收入是主要的还款来源。

（四）借贷用途多样化，生产、子女教育和医疗占有很大比例

在考虑地域和调查时间差异的情况下，各调查报告均表明，生产或做生意本钱、子女教育、医疗是中国农村最大的贷款需求，其中东部农户呈现出更强的生产性借贷需求，西部落后地区将更多的借贷用于子女教育和看病。农村的建房装修位列借贷需求的第四位，反映出中国农民重视房子，并将其作为生活水平标志的传统观念，宁可借钱也要把房子修好。

二 中国农村金融供给的现状

2005 年以来，我国农村地区新型金融机构取得重要进展，农村金融有效供给明显提高，农村金融呈现出金融供给主体不断增加，资金供给规模不断扩大，金融服务产品日渐丰富等特征。

（一）农村金融机构特点

1. 资产规模保持平稳增长

如表 1 所示全国涉农金融机构资产规模保持平稳增长。2008 年，农业银

行和农业发展银行分别同比增长 32. 22% 和 27. 05%。农村合作银行增速最快,于 2008 年末达到 10033 亿元,实现同比增长 55. 32%。

表1 全国涉农金融机构资产规模及增长情况 （单位：亿元,%）

金融机构	资产规模			同比增长	
	2006 年	2007 年	2008 年	2007 年	2008 年
农业银行	53636	53035	70124	-1.12	32.22
农业发展银行	9326	10663	13547	14.34	27.05
农村信用社	34503	43434	52113	25.89	19.98
农村商业银行	5038	6097	9291	21.01	52.39
农村合作银行	4654	6460	10033	38.81	55.32

资料来源：2008 年,2009 年中国统计年鉴。

2. 存贷款绝对数量保持较快增长,新增存/贷比放缓

多数涉农金融机构的存款、贷款的绝对数量保持增长,但贷款的增速相对较低。农业银行 2007 年开始改制,当年的存贷款同比增长基本持平,分别为 13. 5% 和 13. 84%,至 2008 年,农行贷款比 2007 年减少了 3740 亿元。农业发展银行 2008 年的存款同比增长 49. 57%,居涉农金融机构之首。相对于农业银行,农村信用社和农村商业银行在 2007 年和 2008 年的存/贷比,新增存贷比较高。相对于 2007 年,涉农金融机构在 2008 年的存/贷比,新增存贷比都有所降低。表2、表3 和表4 列出 2007 年和 2008 年全国涉农金融机构存贷款规模和存贷比变动情况。

表2 全国涉农金融机构存款规模及增长情况 （单位：亿元,%）

金融机构	资产规模			同比增长	
	2006 年	2007 年	2008 年	2007 年	2008 年
农业银行	46585	52872	60974	13.50	15.32
农业发展银行	1752	2025	3028	15.59	49.57
农村信用社	30341	35167	41549	15.90	18.15
农村商业银行	4395	5297	6617	20.53	24.91

资料来源：2008 年,2009 年中国统计年鉴。

表3　　　　　　　　　全国涉农金融机构贷款规模及增长情况　　　（单位：亿元,%）

金融机构	资产规模			同比增长	
	2006 年	2007 年	2008 年	2007 年	2008 年
农业银行	30518	34742	31002	13.84	-10.77
农业发展银行	8849	10224	12193	15.54	19.25
农村信用社	20682	24122	27452	16.63	13.81
农村商业银行	2598	3272	4076	25.92	24.56

　　资料来源：2008 年，2009 年中国统计年鉴。

表4　　　　　　　　　全国涉农金融机构存贷比变动情况　　　（单位：亿元,%）

金融机构	存贷比		新增存/贷比	
	2007 年	2008 年	2007 年	2008 年
农业银行	65.71	50.84	67.18	-46.16
农业发展银行	505.03	402.66	503.78	196.14
农村信用社	68.59	66.07	71.28	52.19
农村商业银行	61.77	61.60	74.66	60.91

　　资料来源：2008 年，2009 年中国统计年鉴。

（二）涉农贷款稳步增长，支农力度有所提高

　　近年来，涉农金融机构加大了涉农信贷投入。农业发展银行不断拓宽涉农业务，支农力度显著提高，截至 2010 年 9 月末，贷款余额达到 15347.67亿元，其中涉农贷款占比超过 70%。农业银行也逐步回到农村地区提供涉农贷款直接服务于农户和中小企业，截至 2010 年 9 月末，农业银行涉农贷款余额 1.4 万亿元，较 2008 年末增长了近 56%。农村信用社积极开展产品创新，推出了符合农民需要的小额信用贷款和联保贷款，涉农贷款余额明显增加，在全部涉农金融机构中占比不断提高。邮政储蓄银行自 2007 年正式挂牌成立以来，继续发挥其贴近农村、网点众多的优势，不断拓展涉农业务，在大力发展小额信贷零售业务的同时，逐步探索向农村地区金融机构批发贷款和开展银团贷款等模式加大支农力度。新型农村金融机构和小额贷款公司的设立，进一步提高了涉农贷款的增量。

　　在各金融机构共同努力下，涉农贷款大幅增加。截至 2010 年 9 月末，

全国涉农贷款余额 11.13 万亿元，较 2007 年底增加 5.02 万亿元，占各项贷款的比重达 22.7%。其中，农林牧渔业贷款余额为 2.29 万亿元，比 2007 年末增加 0.78 万亿元；农户贷款 2.56 万亿元，比 2007 年末增加 1.22 万亿元。

（三）农村金融机构改革不断深化

1. 在"低门槛，宽准入，严监管"的政策推动下，我国农村金融组织不断创新，一个多层次，广覆盖，可持续的金融组织体系初步形成，其中政策性金融，商业性金融，合作性金融和其他金融组织共同来满足广泛的农村金融需求。表5列出农村银行业金融机构法人机构和从业人员数。

表 5　　　　　　　　农村银行业金融机构法人机构和从业人员数

金融机构	2008 年		2009 年	
	法人机构数	从业人员数	法人机构数	从业人员数
农村信用社	4965	583767	3056	570366
农村商业银行	22	38526	43	66317
农村合作银行	163	63370	196	74776
村镇银行	91	1629	148	3586
贷款公司	6	45	8	75
农村资金互助社	10	52	16	96
邮政储蓄银行	1	116759	1	132536

资料来源：2008 年，2009 年中国统计年鉴。

2. 农村信用社改革取得重要进展

从 2003 年改革试点至今，农村信用社从"深化改革试点"阶段全面转入"深入实施和攻坚"阶段，步入全面发展时期。经过 7 年改革，农村信用社改革试点取得明显成效。农村信用社长期积累的历史包袱逐步得到有效化解，资本实力和经营业绩明显改善，全国绝大部分县（市）的农村信用社具备了一定的商业可持续发展能力。

通过央行专项票据、专项借款、财政保值贴补息、税收减免等政策扶持，农村信用社获得资金支持超过 2600 亿元，占全国农村信用社 2002 年末实际资不抵债数额的比例超过 80%；共消化历年亏损挂账 758 亿元，降幅达到 58%，共有 1713 个县（市）（占全国的 71.8%）已全额消化了历年亏损挂账。截至 2009 年末，全国农村合作金融机构股本 2829 亿元，增幅 14%；实现账面利润 716 亿元，增长 23.9%；资本充足率 6%，比 2002 年提高 14.6 个百分点；按四级分类的不良贷款率为 7.4%，比 2002 年末下降 29.5 个百分点。农村合作银行的支农能力不断增强。截至 2010 年 9 月末，农村信用社支农再贷款余额为 691 亿元，农村合作金融机构涉农贷款余额 3.8 万亿元，高于各项贷款增速 2.5 个百分点，涉农贷款余额占各项贷款比重比上年提高 1.3 个百分点，为"三农"提供了强有力的金融支持。[①]

并购重组是农村信用社剥离不良资产的一种有效途径。并购重组不仅能拓宽农信社资本金补充渠道，消化不良资产，还能拓展农信社业务范围。同时，并购重组还能为农信社带来符合市场机制运作的内部治理结构，提升管理水平。根据相关规定，民间资本可以参与高风险农信社的并购重组，持股比例不超越该农信社股本总额的 20%。目前，湖北等 11 省拟对辖内 53 家高风险农村信用社实施兼并重组。河北省肃宁县尚村农村信用社破产已经国务院同意，正在组织实施，成为全国第一家破产的农村信用社。[②]

为保证农村地区信贷资金充足，在当前紧缩流动性的前提下，对农村信用社仍执行较低的存款准备金率。今年以来，人民银行共上调 6 次法定存款准备金率，其中对农村信用社等中小法人金融机构，仅上调 3 次。目前，农村信用社执行比大型商业银行低 6 个百分点的优惠存款准备金率，其中，涉农贷款比例较高、资产规模较小的农村信用社执行的存款准备金率比大型商业银行低 7 个百分点。据估算，截至 2010 年 9 月末因优惠存款准备金率而留存农村信用社的资金约 4608 亿元。[③]

农村信用社管理体制和产权制度加快推进，农村信用社有三种省级管理机构模式：省级联社，一级法人体制的农村商业银行和市（县）两级法人的农村合作银行。改革后农村信用社产权开始明晰，经营机制初步转化。在合作制基础上，推进股份制，股份合作制等新的产权模式，组建农村商业银行、农村合作银行和组建以县（市）统一法人机构。银监会出台了加快推进农村合作金融机构股权改造的指导意见，明确 2015 年底前全面取消资格股，今后不再组建农村合作银行，符合农村商业银行准入条件的机构应直接改制

---

① 中国金融网 http：//co. zgjrw. com/News/20101231/ruraleconomics/218843173610. shtml。

② 金融时报 http：//www. financialnews. com. cn/yh/txt/2011—01/06/content_ 336085. htm。

③ 中国金融网 http：//co. zgjrw. com/News/20101231/ruraleconomics/218843173610. shtml。

为农村商业银行，暂不具备条件的要尽快将资格股全部转换为投资股，并改制组建为股份制的农村信用社。截至 2010 年 10 月末，改制组建农村银行机构 314 家，比 2009 年增加 56 家。其中农业商业银行 84 家，比上年增加 33 家；农村合作银行 230 家，比上年增加 23 家；组建以县（市）为单位统一法人机构 2031 家和 7 家地（市）统一法人联社。

从农村信用社转化而来的农村商业银行通过改制上市，筹集资金加快自身发展。其中重庆农村商业银行走在了前列。2008 年 6 月 29 日，重庆农商行在原重庆市信用联社、39 个区县信用社和农村合作银行的基础上组建成立，注册资本金 60 亿元，总资产超过 1500 亿元，服务网点 1800 个，是全国注册资本最大、中西部首家省级农村商业银行。2010 年 12 月 16 日，重庆农村商业银行在港交所挂牌交易，成为首家在香港上市的内地农村商业银行。重庆农商行成为国内农村商业银行上市第一股，不仅找到了解决资本瓶颈的一条捷径，而且为其他正在准备国内 A 股上市的农村商业银行们提供一个新的上市渠道，① 激励更多的农村商业银行尽快进入资本市场融资，以增强其资本实力和抗风险的能力。

农村信用社的农户小额信贷覆盖率不断提高，但收入较低的农户还是难以获得融资支持。刘玲玲（2010）的调查结果显示，小额信贷对高收入农户的实际覆盖率是 92%。但随着收入水平的下降，信用社的覆盖率明显下降，对收入水平低于 5000 元和 3000 元的农户，覆盖率分别下降到 57% 和 58%。贷款实践中，信用社对不同的贷款主体实施不同的贷款配给标准，小额信贷的上限在 5 万元左右。尽管大多数信用社并没有明确制定面向高收入农户的贷款政策，但在"信用村"、"信用户"和"信用等级"的评定中，农户收入都是一个重要的指标，所以收入高的农户有优势得到较多的贷款数量。

3. 农业银行

1997 年后，农业银行政策性业务剥离速度加快，2008 年开始实施股份制改革总体方案，其后相继完成了国家注资，剥离不良资产等重大财务重组事项。2010 年 7 月 15 日和 16 日 A 股和 H 股在上海、香港上市。目前，农行将以转型带动创新，努力提升农村金融服务的广度和深度，积极探索将现代农业、农村基础设施建设、农村城镇化建设、县域中小企业、农业产业化和农村商品流通等领域作为支持重点，努力实现面向"三农"和商业运作的有机

① 金融时报 http://www.financialnews.com.cn/yh/txt/2011—01/06/content_336085.htm。

结合。

　　自 2008 年改制以来，农行逐步推行县域业务的事业部制改革，将位于全国县域地区的 2048 个县级支行和 22 个二级分行营业部被逐步纳入到了事业部管理架构，不断拓展县及县以下地区的金融业务。三年来，农行在农户、产粮大省、产业化龙头企业、县域中小企业以及农村基础设施建设等方面提供了贷款支持。截至 2010 年 11 月末，农行农户贷款余额达到 2905 亿元，是 2008 年的 2.9 倍，为 458 个产粮大县提供贷款，贷款余额达到 5500 多亿元。农行为全国 892 家国家级龙头企业中的 592 家提供金融服务，产业化龙头企业贷款余额 737 亿元。支持县域中小企业近 3.3 万家，贷款余额 7338 多亿元；农村基础设施贷款余额近 3000 亿元。2008 年以来，农行县域新增存/贷比一直保持在 65% 以上，基本实现县域组织的资金用于县域。①

　　4. 农业发展银行

　　农业发展银行作为我国的政策性银行，承担了粮、棉、油收储贷款业务，其业务不直接涉及农业农户。2010 年，农业发展银行在农产品市场极端复杂的形势下，确保了支持粮棉油收储没有出现问题，农业农村基础设施中长期贷款有较多增加。到 2010 年末，农发行各项贷款余额 16709.9 亿元，增长 15.1%。发行债券余额 9270.3 亿元，增长 14.3%；各项存款余额 3982.9 亿元；资金自给率 78.6%，上升 1.2 个百分点。农发行同时发布消息称，2010 年不良贷款余额下降 58 亿元，不良贷款率 2.79%，下降 0.84 个百分点。资产减值准备金增提 145.2 亿元，余额 292.5 亿元，拨备覆盖率增加 34.7 个百分点。成本收入比 28.1%，下降 2.6 个百分点，继续保持同业较低水平；经营利润 209.6 亿元，增长 45.9%，人均创利 41.7 万元；消化历史包袱后，账面利润 49.5 亿元，增长 57.4%。②

　　5. 邮政储蓄银行

　　2007 年中国邮政储蓄银行正式成立以来，继续发挥其贴近农村、网点众多的优势，不断拓展涉农业务，在大力发展小额信贷零售业务的同时，逐步探索向农村地区金融机构批发贷款和开展银团贷款等模式加大支农力度。三年来，资产规模稳定增加，盈利能力不断提高。截至 2009 年末，邮政储蓄银行总资产达到 27045 亿元，较 2007 年增幅达 53%，实现税后利润 32.2 亿元，

---

① 中国金融网 http：//co. zgjrw. com/News/2011110/ruraleconomics/946375825100. shtml。
② 中国粮油网 http：//www. grainnews. com. cn/xw/news/nfh/2011/01/10_ 62305. html。

较 2007 年、2008 年的 6.5 亿元增幅高达 396%。①

（四）新型农村金融机构培育有力，已开业机构健康发展

2006 年，银监会公布了《关于调整放宽农村地区银行业金融机构准入政策更好支持社会主义新农村建设的若干意见》，在准入资本范围、注册资本限额、投资人资格、业务准入、高级管理人员准入资格、行政审批、公司治理等方面均有所突破。其中，最重要的突破在于两项放开：一是对所有社会资本放开。境内外银行资本、产业资本、民间资本都可以到农村地区投资、收购、新设银行业金融机构。二是对所有金融机构放开。调低注册资本，取消营运资金限制。新型农村金融机构试点工作于 2007 年正式开展。为解决农民贷款难的问题，银监会决定从 2009 年到 2011 年，在全国推进设立 1300 家左右新型农村金融机构，弥补当前农村金融服务空白。这些金融机构主要分布在农业占比高于全国平均水平的县域、中西部地区、金融机构网点覆盖率低的县域以及国定、省定贫困县和中小企业活跃县域，同时放宽企业融资条件。

在国有商业银行的信贷资金逐渐撤离风险相对较高的农村金融市场的情况下，新型农村金融机构试点的开展和推广，有利于有效地增加农村信贷资金投放，部分缓解农村金融市场的资金需求。新型农村金融机构的设立，明显提高了设立地的县域资金用于当地的比例，填补了部分地区农村金融服务空白，有助于培育和发展竞争性农村金融市场，农村金融体系不断完善。截至 2010 年 11 月，全国已组建村镇银行、贷款公司、农村资金互助社等新型农村金融机构 425 家，其中开业 319 家，已开业机构总体运营健康平稳。资本总额 150 亿元，吸收存款 607 亿元，发放贷款 536 亿元。其中农户贷款 185 亿元，占比 35%；中小企业贷款 277 亿元，占比 52%，当年实现利润 8.6 亿元。

1. 村镇银行

2007 年 1 月，银监会发布了《村镇银行管理暂行规定》，对村镇银行的性质，法律地位，组织形式，设立方式，股东资格，组织结构，业务经营，审慎监管，市场退出等分别作了规定。5 月《关于加强村镇银行监管的意见》继而出台，旨在保护存款人和其他客户的合法权益，有效防范村镇银行

---

① 银监会 2009 年报。

的风险。12 月试点省份进一步扩大，从原来的 6 个省（区）扩大到全部的 31 个省区。

为了解决中西部地区村镇银行培育发展难度较大的问题，2010 年 4 月，中国银监会印发了《关于加快发展新型农村金融机构有关事宜的通知》，允许银行业金融机构主发起人到西部地区（除省会城市外）和中部老、少、边、穷地区以地（市）为单位组建总分行制的村镇银行。通知明确规定，地（市）总行吸收的存款除上缴存款准备金和留足备付金外，应主要用于县（市）支行发放贷款，支行吸收的存款要全部用于当地。2010 年 12 月 16 日，湖南湘西长行村镇银行开业，这是全国首家地市村镇银行。截至 2010 年末，湖南湘西自治州、四川自贡市、广西桂林市等 10 个地区先行开展地市村镇银行试点，全国已经有 7 家地市村镇银行开业。首批地市村镇银行全部开业后，有利于把吸收的城市资金更好地运用和反哺"三农"，将可以解决 92 个县（市、区）农村金融服务问题，其中国定贫困县 27 个，省定贫困县 10 个，农业种养大县 37 个。

目前外资银行也已进入村镇银行领域。继 2007 年在湖北随州设立第一家外资村镇银行，汇丰银行又在重庆、福建、广东等地设立村镇银行，形成了覆盖全国西部、中部、华东、华北的农村金融服务网络。截至 2009 年末，已开业的 148 个村镇银行中，外资银行（包括汇丰、花旗、渣打和东亚银行、澳新银行）主导的占据了多数，国家开发银行发起的占到 7 家，而由五大商业银行发起的则寥寥无几。这些外资村镇银行追求高额利润回报，故业务倾斜于经济发达地区，贷款多投向企业而不是农户，其中出口企业得到较多的信贷支持。①

（1）村镇银行的性质

村镇银行是指经银监会依据有关法律法规批准，由境内外金融机构，境内非金融机构企业法人，境内自然人出资，在农村地区设立的主要为当地农民、农业和农村经济发展提供金融服务的银行业金融机构。村镇银行可经营吸收 公众存款，发放短期、中期和长期贷款，办理国内结算，办理票据承兑与贴现，从事同业拆借，从事银行卡业务，代理发行、代理兑付、承销政府债券，代理收付款项及代理保险业务以及经银行业监督管理机构批准的其他业务。区别于银行的分支机构，村镇银行属一级法人机构。

---

① 金融时报，http：//www.financialnews.com.cn/yh/txt/2010—09/26/content_ 314285. htm。

（2）注册资本

在县（市）设立的村镇银行，其注册资本不得低于人民币 100 万元；在乡（镇）设立的村镇银行，其注册资本不得低于人民币 100 万元。相比于全国性商业银行的注册资本最低限额 10 亿元人民币，城市商业银行的注册资本最低限额 1 亿元人民币，农村商业银行的注册资本最低限额 5000 万元人民币，体现了"低门槛"的原则。

（3）设立方式

村镇银行采用发起方式设立，应有 1 家以上境内银行业金融机构作为发起人。其中，单一境内银行业金融机构持股比例不得低于 20%，单一自然人持股比例，单一非银行企业法人及其关联方合计持股不得超过 10%。自然人和企业法人的加入，为社会资本、产业资本和国际资本到农村投资提供了一个机会，而且对比于农村信用社的个人和企业入股不能超过股本总额的千分之五，村镇银行提供了一个更为广阔的融资空间。《村镇银行管理暂行规定》同时规定境内银行业金融机构入股村镇银行应财务状况良好，且最近两个会计年度连续盈利，而在落后地区，符合上述规定的金融机构并不多。为了解决落后地区难以找到合适的出资人或发起人的问题，村镇银行按规定可以跨区设立。2007 年 4 月，由北京农村商业银行独自设立的湖北仙桃北农商村镇银行成立，注册资金 1000 万元，是全国第一家省级总村商业银行跨省设立的村镇银行。

（4）公司治理结构

村镇银行实行灵活的公司治理结构。设立董事会，行使对高级管理层的监管职能，对于规模较小的村镇银行，董事长可兼任行长。根据业务规模和服务特点设立相应的管理小组或岗位，灵活机动，避免设置过多的专门委员会。这种简洁的组织机构对于其迅速开展业务、抢占市场发挥了十分重要的作用。

（5）监管要求

银监会加强对村镇银行资本及其充足率的审慎监管，要求村镇银行坚持小额、分散的原则，努力防范信贷集中风险，同时禁止村镇银行跨县（市）发放贷款和吸收存款，集中资金服务当地经济建设。

（6）贷款政策

村镇银行对农户贷款实行五户联保，针对不同贷款对象，不同项目，评估还款能力，放宽贷款额度，对部分养殖牛羊的大户贷款额度高达 30 万元，而且发放抵押贷款，不需要公正评估，手续简便快捷，为客户节省了时间和费用。村镇银行全年发放贷款，并且根据农户的生产周期或销售周期调整贷款周期，更加方便农户的生产生活。

（7）贷款利率

各银行的贷款利率是以央行所制定的基本利率为标准，在一定的范围内各银行可以根据实际情况进行上下浮动。

（8）发展中面临的问题

在追求利润最大化的目标驱动下，村镇银行有可能偏离为农业、农村、农业服务的宗旨。农业、农村经济作为风险高、效益低的弱势经济，受自然条件和市场条件的影响很大。在农业政策性保险严重缺乏的情况下，作为"自主经营，自担风险，自负盈亏，自我约束"的独立企业法人，村镇银行在利益的驱使下很难遵循既定的经营理念，会逐渐偏离服务"三农"和支持新农村建设的办行宗旨，把资金投向收益更高的产业和地区。

村镇银行筹集资金困难。首先，村镇银行设立于我国广大的农村贫困地区，由于这些地区受地域自然条件和开放程度等限制，居民收入水平不高，农民和乡镇企业闲置资金有限，客观上制约了村镇银行储蓄存款的增长。同国有商业银行、邮政储蓄银行、农村信用社相比，村镇银行成立时间短，机构网点少，从业人员少，资本规模小，吸收存款的能力较差。其次，存款以外的资金来源也受到限制。目前村镇银行还没有获得类似支农再贷款等优惠贷款的支持，尚未纳入人民银行结算系统，同业拆借难以进行，对公业务无法正常展开，不能发行、买卖金融债券，融资渠道受限。另外，政策支持不足也影响了村镇银行资金的积累。以税收政策为例，农村信用社享受营业税和所得税减免政策，而村镇银行尚未得到任何税收政策优惠，也尚未获得稳定性较好的农田水利、以工代赈等涉农性的财政资金对口支持。面对银联300万元的入会费，缺乏相应的面对村镇银行的优惠支持政策，村镇银行的卡业务难以开展。

村镇银行的风险控制面临挑战。在我国经济欠发达的农村地区，金融生态环境还有不尽如人意之处。一些借款户信用意识、法律意识淡漠，部分人甚至认为在村镇银行获得了贷款就等于在财政部门拿到了补贴，可不用考虑归还。另外，村镇银行发放的贷款以信用贷款居多，抵押贷款也不需要评估、公证，由此产生的道德风险很大。由于其成立时间不长，相对农业银行、农村信用社等农村金融机构，村镇银行内控和风险管理机制相对薄弱。

2. 小额贷款公司

2005 年 5 月，商业性小额贷款公司试点工作在陕西、山西、四川、贵州和内蒙古 5 个省（区）开始启动，2006 年 2 月 13 日，"晋源泰"小额贷款公司在山西平遥正式营业，成为国内首家民间小额贷款公司。自 2008 年 5 月中国人民银行、银监会发布《关于小额信贷公司试点的指导意见》以来，中国的小额贷款公司发展迅速，公司数量由 2008 年底的不到 500 家，发展到 2009 年的 1334 家，到 2010 年 10 月已达 2300 多家。

根据《2010 中国小额信贷机构竞争力发展报告》，截至 2010 年 10 月底，全国小额贷款公司共 2348 家，从业人员 24742 人，实收资本 1521 亿元，贷款总额 1623 亿元，利润总额 73 亿元，所有者权益达 1600 亿元。2010 年 1 月到 10 月，百强小额贷款公司的总资产平均增长达 29%。前 100 强里，贷款余额的平均增长率达到了 40%，东部地区达到了 1.76 亿元，中部地区是 8828 万亿元，西部地区是 1.53 亿元。

从资本金规模来看，小额贷款公司的注册资本普遍比较小，参评的小额贷款平均注册资本为 1.08 亿元，注册资本在 5000 万元以下的占参评公司总数的 37%，5000 万元至 1 亿元的占 36.5%，1 亿元以上的占 25.9%。从贷款余额看，5000 万元以下约占 32%，大部分小额贷款公司贷款余额介于在 5000 万元到 1 亿元之间。

截至 2010 年 10 月末，参评小额贷款公司的贷款余额最大的为 7.76 亿元，最小的为 1013.3 万元，平均贷款余额约为 1.3 亿元。从逾期率来看，有 90 家小额贷款公司报告零逾期，贷款逾期率超过 0.5% 的只有 3 家，超过 1% 的只有 1 家公司。较低的贷款逾期率显示大多数小额贷款公司具有有效管理客户贷款风险的能力。

参评小额贷款公司的平均营业费用率 3.4%，面向微小企业发放较大额度贷款，费用支出相对较低，面向中低收入农户发放小额贷款，费用支出则较高。除 2 家公司以外其余小额贷款公司均实现了自负盈亏，大多数小额贷款公司的资产收益率在 5% 到 10% 之间。净利润最高的为浙江绍兴县汇金小额贷款公司，截至 2010 年 10 月末，该公司净利润为 6174 万元；资产收益率最高的小额贷款公司为佳木斯市前进区宏源小额贷款公司，其资产收益率为 18.6%。[①]

---

① 数据来自中国金融网 http://www.zgjrw.com/News/2011111/home/883441612800.shtml。

　　贷款公司是指经中国银监会依据有关法律、法规批准，由境内商业银行或农村合作银行在农村地区设立的专门为县域农民、农业和农村经济发展提供贷款服务的非银行业金融机构。通过试点工作，中央银行试图引导民间融资活动走向正规，并逐步将其纳入金融监管体系之中。贷款公司的资金来源为自有资金、捐赠资金或单一来源的批发资金形式，不吸收存款，只存不贷，主要经营各项贷款、票据贴现、资产转让等资产业务，不跨区经营，贷款利率由借贷双方自由协商。贷款利率水平介于金融机构和民间贷款之间，平均贷款利率在 9.39% 到 21.98% 之间，[①] 净资产率则比较低。贷款公司主要服务对象应为农民、农业和农村，定位于服务传统商业银行之外的客户，具有期限短、额度小、方式灵活的特点。

　　贷款公司的担保方式、贷款期限多样化，而且利率随着不同的贷款用途、期限以及担保方式在一定范围内浮动。小额贷款的申贷人可以根据自身信用资质，灵活选择以下担保方式：抵押贷款、信用贷款、信用担保贷款、"公司＋农户"贷款、亲属担保贷款、村干部担保贷款、公务员担保贷款。贷款期限有 3 个月、6 个月、12 个月几种，贷款人可以分期付款或者提前还款。

　　在几年的发展中，小额贷款公司也发现了资金来源、经营范围等方面暴露出来的问题。由于小额贷款公司只贷不存，资金来源受到限制，难以保证业务的可持续性发展。同时，不能跨区经营的规定，一方面从制度上保证了当地信贷的供给，但也限制了贷款公司的业务发展。另外，虽然贷款的数额较小，公司为了防范风险需要花费更多的工作人员进行入户调查，使得资金经营成本增加，一旦形成呆、坏账，或发生严重的自然灾害，信贷资金就不能保证收回，造成贷款公司的严重亏损。所以融资高，成本高，无支农再贷款申请资格，以及无法享受金融机构拆借资金的优惠利率，给小额贷款公司经营带来很大的困难。

　　从长远发展的角度来看，小额贷款公司转型为村镇银行以获取储蓄资格可以是一个办法，然而根据村镇银行必须由金融机构控股或持股 20% 以上这一规定，势必要求把小额贷款公司的贷款权转让给金融机构，而且要遵循严格的金融业监管模式和程序，使得小额贷款公司提供快捷灵活服务的能力下降。

---

　　① 数据来自中国金融网 http://www.zgjrw.com/News/2011111/home/883441612801.shtml。

3. 资金互助社

农村资金互助社是指经银行业监督管理机构批准，由乡（镇）、行政村农民和农村小企业自愿入股组成，为社员提供存款、贷款、结算等业务的社区互助性银行业金融机构。农村资金互助社是独立的企业法人，对由社员股金、积累及合法取得的其他资产所形成的法人财产，享有占有、使用、收益和处分的权利，并以上述财产对债务承担责任。

以内蒙古白音锡勒牧场诚信农村资金互助社为例来说明资金互助社的运行。该互助社现有 94 个出资农户，注册资金 360 万元，目前存款总额为 1200 万元，贷款总额 920 万元，贷款多为一年内的短期贷款，主要用于储备冬季饲草料。贷款利率在中央银行的基准利率上有 130% 的浮动空间。抵押贷款和联保贷款是互助社主要的贷款方式，抵押贷款的抵押物主要是牲畜。三户联保中两家作为担保人为另外一家贷款担保，担保户户籍所在地必须为白音锡勒牧场。担保人入社的条件为最低每户一股，每股一元，目前有 100 多位社员。目前该资金互助社盈利良好。与农信社相比，互助社有更大的灵活性，贷款手续简便，审查期较短（通常 1—2 天），农牧民的信贷成本明显降低（刘玲玲，2010）。资金互助社有利于营造良好的诚信环境：互助社的工作人员都是当地居民，方便掌握贷款人的信息，一旦贷款人发生变故，导致信用丧失，互助社会很快得知情况，把信息不对称和违约风险降到最低。资金互助社的成立填补了贫困或边远农村金融的空白，对激活农村金融市场，完善当地金融组织体系产生了深远的影响。

但互助社在发展中也面临着一些问题，其中之一是协调发起人和入股农民的关系，保护各方利益。互助社的发起人一般是农村中收入相对较高，社会地位处于优势的小企业主，种植养殖户和村干部等，发起人出资设立后再吸纳其他农民入股贷款。这种内部控管结构决定了发起人的主导地位，无论在初始制度设定还是贷款申请上，发起人都相对普通社员占据话语权，这种控管结构影响了互助社社员一人一票合作机制的运行，阻碍了互助社的长远健康发展。另外，资金互助社虽然定义为新型合作金融组织，但政府对照银行等商业金融机构对其施行严格监管，提出"稳健经营"和"审慎经营"的目标要求，在营业场所、安全防范设施等方面做出明确规定。对于注册资本并不雄厚的互助社，这些运营费用的支出减少了经营资金，削弱了其盈利能力。因此，平衡各利益方的关系，明确市场地位，适当的金融监管和政策支持是保证资金互助社健康发展需亟待解决的问题。

（五）农业保险发展良好，新农保覆盖面扩大

我国从 2009 年起开展新型农村社会养老保险试点，年满 60 周岁、未享受城镇职工基本养老保险待遇的农村有户籍的老年人，可以按月领取养老金，基础养老金标准为每人每月 55 元。养老金待遇由基础养老金和个人账户养老金组成，支付终身，新农保基金由个人缴费、集体补助、政府补贴构成。为了适应各地经济发展的不平衡和农民收入水平高低差异相对较大的实际情况，农民可以根据自己的收入水平高低进行选择，同时允许地方增设缴费标准，可以向上增设，也可以向下增设。2010 年，我国共有 27 个省份的838 个县市区和 4 个直辖市的大部分区县开展国家新农保试点，制度覆盖 16周岁以上农村居民约 1.8 亿人，其中 60 周岁以上农村老人约 3500 万，总覆盖面达到 24%。截至去年底，国家新农保试点地区共有 1.03 亿人参保，2863 万人领取养老金。加上 15 个省的 316 个县市区旗主动开展新农保试点，试点地区共有 1.43 亿人参保，4243 万农村居民领取了新农保养老金。北京、天津、上海、江苏、浙江、青海、宁夏、西藏、海南实现了新农保制度全覆盖。①

在政府监管和商业保险机构的参与下，新型农村合作医疗管理机制不断完善。通过几年来的发展，新型农村合作医疗建立健全了"筹钱不管钱、管钱不用钱、用钱不见钱"的基金封闭运行机制，推行定点医疗机构即时结报等制度，完善了医疗费用补偿三级公示制度，保证基金安全、高效运行，逐步形成了由卫生部门监管，多种形式经办的机制。广州市番禺区和河南省洛阳市委托中国人寿、江苏省江阴市和福建省晋江市委托太平洋人寿具体经办当地的新型农村合作医疗业务，形成了"番禺模式"、"江阴模式"、"晋江模式"和"洛阳模式"等。据统计，2010 年 1～9 月，商业保险机构参与新型农村合作医疗经办业务的县（市、区）128 个，参合人口 3455 万，累计新增委托管理资金27.3 亿元，赔付与补偿 975.3 万人次、金额 18.2 亿元。新型农村合作医疗制度从 2003 年开始试点，2008 年在全国实现了全面覆盖，2010 年又取得新进展，参合农民达到 8.35 亿，参合率达到 95%，当年筹资总额超过 1200 亿元，政策范围内住院补偿比超过 65%。②

---

① 中国保险学会 http：//www. iic. org. cn/D_ newsDT/newsDT_ read. php？id＝50241。
② 中国保险学会 http：//www. iic. org. cn/D_ newsDT/newsDT_ read. php？id＝47641。

农村小额保险自 2007 年开始试点以来的三年时间积累了很好的经验。小额保险有保费低、保障高、保单简易、理赔简便等特点，农民人均不到 20 元人民币，就可以获得上万元的医疗保险保障。小额保险在提高农村人口，尤其是低收入人口保险保障起了重要的作用，也成为各地政府提高农民保障和扶贫相结合的一种手段。中国人寿保险公司是小额保险的提供者，为了解决农民买得起保险的基本要求，中国人寿的小额保险具有保障性、惠农性（保险费率相对低，减少不适合农民的保险责任）、通俗性三大主要特点，创建了"政府支持、农民认可、商业运作、广泛覆盖"的农村普惠式保险制度。截止到 2009 年底，中国人寿 19 家分公司所销小额保险试点产品，共覆盖低收入农民 822 万人，保单件数超过 394 万件，为试点地区参保农民提供了超过 1343 亿元的风险保障，保费收入超过 2 亿元，人均保费约 28 元。小额保险产品共计 12 款。[①]

农业和农村经济的发展迫切需要农业保险的支持和保护。2004 年，我国在黑龙江、吉林、上海、新疆、内蒙古、湖南、安徽、四川、浙江 9 个省（市、区）开展了政策性农业保险工作试点。商业性专业农业保险公司也在同年相继成立：9 月我国第一家专业性农业保险公司，上海安信农业保险公司成立；10 月，国际农险经营较为成功的法国安盟保险公司成都分公司获准开业；11 月我国第一家相互制保险公司，阳光农业相互保险公司获准筹建并于 2005 年 1 月正式开业；12 月 30 日，安华农业保险股份有限公司正式挂牌成立。自此我国农业进入快速发展的时期。2007 年，中央财政首次列支 21.5 亿元的预算额度开展农业保险保费补贴试点。其中，对内蒙古、吉林、江苏、湖南、新疆、四川等 6 省（区）的 5 种主要粮食作物保险给予 10 亿元的预算额度，对全国能繁母猪保险给予 11.5 亿元的预算额度。粮食作物保险的保险金额中央财政承担 25%，省级财政承担 25%，其余部分由农户承担，或者由农户和龙头企业，省、市、县财政部门共同承担。农业保险试点区域和险种范围不断扩大，开办了水稻、玉米、烟叶等种植业保险和肉鸡、牲畜家禽及奶牛等养殖业保险。2008 年，中央财政安排了 60.5 亿元健全农业保险保费补贴制度，比 2009 年增加了近两倍。农村保险产品也积极配合农村经济发展保障的需要推陈出新。除了农村财产保险、责任保险、意外保险，农村贷款保证保险满足了农户对小额贷款的保障需求。

---

① 三秦都市报（2010 年 7 月 28 日）。

农业再保险体系在中央和地方财政的共同支持下得以建立，初步形成农业巨灾风险转移分散机制。2007 年，专业性农业保险公司与中国再保险集团签订了政策性农业再保险框架协议，为中央财政保费补贴的内蒙古等 6 省（区）的主要粮食作物报险的再保险做出安排。2010 年 7 月，北京市政府在国内率先以购买再保险的方式，分别向瑞士再保险公司和中国财产再保险股份有限公司集团购买了相关的再保险产品，通过政策性农业再保险机制的建立，转移政府承担的农业巨灾超赔风险，在全国率先探索建立了"政府主导、市场运作"的政策性农业再保险机制。按照北京市农业保险风险分散机制的设计方案，北京市政策农业保险工作协调小组办公室代表市政府作为投保人，将全市农险业务作为统一整体，直接出资向瑞士再保险公司和中国财产再保险股份有限公司购买再保险。人保财险、中华联合和安华农险三家经营农业保险的商业保险公司，将承担赔付在 160% 内的保险责任，赔付率超过 160% 至 300% 的部分将由政府购买的再保险来承担，超过 300% 以上的则通过农业巨灾风险准备金来支付。①

农产品期货市场发展迅速，国际影响力不断提高。目前，我国期货市场上市了早籼稻、优质强筋小麦、硬白小麦、玉米、棉花、黄大豆一号、黄大豆二号、豆粕、豆油、菜子油、棕榈油、白糖和天然橡胶等 13 个农产品期货品种，覆盖粮棉油糖的农产品期货品种体系基本形成。2010 年，我国农产品期货共成交 15.33 亿手，成交金额 90.78 万亿元，分别占期货市场总成交量和总成交金额的 48.92% 和 29.37%。②

（六）农村金融基础服务体系不断完善，金融服务覆盖面大幅度提高

根据 2009 年印发的《关于改善农村地区支付服务环境的指导意见》，人民银行全面开展农村支付服务环境改善工作，重点解决农村金融机构"支付结算难"问题，指导农村信用社电子化建设，成立全国性农村信用社资金清算中心，吸收符合条件的农村金融机构加入大额支付系统和小额支付系统，截至 2010 年 9 月底，全国共有 27529 家农村信用社、1231 家农村合作银行、1066 家农村商业银行、211 家村镇银行接入人民银行支付系统。③

为解决农民工异地现金存储汇兑，2005 年 12 月，人民银行在贵州省率

---

① 第一财经日报（2009 年 12 月 28 日）。

② 中国经济网——《农村金融时报》（2011 年 1 月 24 日）。

③ 中国金融网 http://co.zgjrw.com/News/20101231/ruraleconomics/218843173610.shtml。

先开展农民工银行卡特色服务试点，农民工在打工地利用银行卡存入现金后，可以在家乡就近的农村信用社营业网点实现跨行柜台取现，并可享受比较优惠的费率。截至 2009 年末，贵州、湖南等 23 个省（区、市）辖内 5.2 万个农村合作金融机构营业网点、全国 31 个省（区、市）辖内 1.5 万个中国邮政储蓄银行营业网点开通了农民工银行卡特色服务受理业务。2009 年，农民工银行卡特色服务实现交易 221.02 亿元，同比增长 1.77 倍。①

近年来，人民银行从信用信息服务入手，推动农村信用体系建设工作，改善农村信用环境。通过组建全国统一的企业和个人信用信息数据库，为全国 1300 多万户企业和近 6 亿自然人建立信用档案，逐步扩大征信系统在农村地区的覆盖范围。同时，为配合并推动小额信贷业务的开展，在农村地区持续推进信用户、信用村、信用乡镇建设，截至 2010 年 6 月末，全国大部分县（市、区）开展了农户信用档案建设，建立了农户信用评价体系，农村地区金融机构共为 1.1 亿多个农户建立了信用档案，评定了 7600 万个信用农户，7000 多万个农户获得了支持。②

随着农村金融基础服务体系的不断完善，基础性金融服务覆盖面有很大提高。截至 2010 年 10 月末，全国现有 139 个金融服务空白乡镇，2430 个金融机构空白乡镇，分别比 2009 年 6 月末减少 569 个和 515 个。27 个省份实现乡镇金融服务全覆盖，10 个省份实现乡镇金融机构全覆盖。东中部地区金融服务空白问题基本解决，西部地区金融服务空白乡镇大幅减少，东部地区金融机构空白问题率先取得突破。在解决服务空白和机构空白的乡镇中，农村信用社发挥主力军作用，贡献度分别为 98.4% 和 67.7%。③

参考文献

1. 刘玲玲、杨思群、姜朋等：《清华经管学院中国农村金融发展研究报告——完结篇（2006—2010）》，清华大学出版社 2010 年版。

2. 韩俊等著：《中国农村金融调查》，上海远东出版社 2009 年版。

3. 中国人民银行：《中国农村金融发展情况调查报告》2009 年。

4. 中华人民共和国国家统计局：《2009 年中国统计年鉴》，中国统计出版社 2010 年版。

---

① 中国金融网 http：//co. zgjrw. com/News/20101231/ruraleconomics/218843173610. shtml。

② 中国金融网 http：//co. zgjrw. com/News/20101231/ruraleconomics/218843173610. shtml。

③ 金融时报 http：//www. financialnews. com. cn/yh/txt/2011—01/06/content_ 336085. htm。

5. 中国农村金融学会：《中国农村金融改革发展三十年》，中国金融出版社 2008年版。

6. 中国银行业监督管理委员会：2009 年、2010 年银监会公报。

http：//www. cbrc. gov. cn/chinese/home/jsp/index. jsp

http：//news. zgjrw. com/News/20101227/ruraleconomics/749888563500. shtml

http：//co. zgjrw. com/News/201116/ruraleconomics/261527645300. shtml

第三章　国外对农村金融问题的研究

Surask（Matt）Ngammekchai

（中央财经大学中国金融发展研究院）

一　介绍

名为"与食品，农业和环境相关的农村及农业金融创新"的研究是克劳平格·托德（Cloeppinger-Todd）和夏尔马（Sharma）为世界银行所作。他们在文章中指出，发展中国家的小农户非常难以获得金融服务。由于没钱投资，他们无法摆脱贫困。由于无法获得保险，当他们不想面对更高的风险时，他们无法参与可获得高回报的投资。金融服务不足由此被认为是"贫困陷阱"的部分原因。

（一）农村金融

人们正在研究社区银行，团体责任，指数保险和小额保险等一些新概念。20世纪在80—90年代，为农业发展银行提供资金的投资人和政府逐渐停止了他们的投资，因为银行的涉农项目不成功。而银行机构由于以下原因，对为农业贷款不感兴趣。

- 许多农民居住在偏远地区，这增加了金融机构有效地为其提供符合需要的金融服务的困难。
- 农业易受气候影响，金融机构在风险管理和推出可行的保险产品方面面临更多挑战。

缺乏对农业经济的了解，金融机构难以创造出盈利的金融产品。

- 在发展中国家，大部分农民受教育程度低，不能够意识到金融服务会带来的好处。

（二）农村金融目前的发展状况

世界银行把农村金融的发展划分为以下四个议题：

- 加深对农业经济，特别是对发展中国家农民的理解
- 利用现代通信技术克服地域偏远和信息不畅
- 为农民提供风险管理服务
- 为农民提供金融与非金融的组合服务

1. 加深对农业经济的理解

发展中国家的大部分小农户受教育程度有限，缺少使用现代金融工具的经验。普及金融知识，会帮助农民了解现代金融服务的好处。

此外，许多小农户居住在无零售银行服务的偏远地区。里奇在他的研究《社区金融组织：帮助最穷困者接触金融的渠道》一文中称，以社区为基础的金融组织及其商业模式将是无法获得银行支持的农民得以自助的渠道。

农村缺少贷款抵押品。为了克服不能得到中等额度的贷款的限制，办法之一就是为小农户提供租赁服务。

金融服务的提供者最注重成功的提高偿还率。刘和戴宁格尔在《印度自助团体的小额信贷还债的决定因素》一文中发现，有效地管理贷款比靠借贷者的群体特征发挥作用更能提高人们的偿还率。

2. 运用现代通信技术

金融服务的提供者可以把现代通信技术用于电子支付和虚拟银行业务。其中一个关于 M – PESA 的案例表明，用手机支付可以有效降低消费者的交易成本。

金融机构还可以利用高科技鉴辨和监管客户的还债表现，以此减少信息不对称和增加偿还率。在马拉维利的农村，用生物统计技术监管客户交易就是其中的一个成功案例。当经常出现拖欠的群体的偿还率提高 40% 时，债务被偿还所增加的收益处远远高于利用新科技的成本。

3. 给小农户提供风险管理服务

风险管理对农业经济至关重要。一种技术是利用基于指数或基于气候的保险。它们直观，因此不容易被操纵。他们依附于真实的风险，因此可以被用来决定保险的赔付。一个例子来自秘鲁北部。在那里，当厄尔尼诺现象发生时，保险公司，小型金融机构，或相关产业的公司会为小农户提供保险。

与一般的保险相比，小额保险面临更高程度的逆向选择和道德风险问题，这给推出可持续的、能完全收回成本的保险品种提出了更多的挑战。魏德迈·菲斯特（Weidmaier-Pfister）和克莱因（Klein）在《农村金融的小额保险创新》一文中阐述了小额保险规则的一些重要问题。

4. 给小农户提供金融和非金融的组合服务

小农户不仅面对金融约束，而且还面对非金融约束，例如种子、肥料和相关服务。这里列举两个案例。一个是印度的研究案例，在那里人们提供土壤检测和家畜健康检查。另一个案例是关于肯尼亚的项目，这个案例里人们运用信息技术把农民和供应链的主要参与者联系在一起。

这些研究表明了为小农户提供可持续和可负担得起的金融服务的可行性。然而，项目的成功极大地依靠支持性政策环境的存在。除了潜在的经营风险和缺乏可行的金融工具外，错误的政府干预是维持农村金融生存的巨大障碍。世界银行指出了适当的法律体系、法规的执行和必要的基础设施在农村的重要性。政府应该关注于建立一种良好的环境，鼓励竞争，从而降低交易费用，使利率稳定在具有竞争力的水平上，而不是提供利率补贴。

本文组织如下。第 2 部分提出在发展中国家加强对小农户金融教育的重要性。第 3 部分说明利用现代通讯技术应对距离和信息不畅的挑战。第 4 部分解释针对小农户的风险管理技术。第 5 部分提出了针对小农户的金融和非金融的组合服务。第 6 部分是结论。

二　金融教育的重要性

（一）金融知识

通过《金融知识》一文，科恩（Cohen）指出，金融教育很重要。它赋予农民一种能力，尤其是对那些无法获得银行服务或获得有限服务的农民来说，可以用有限的金钱做更多的事情。

潘德、费尔德（Pande，Field）和贾亚常兰（Jayachandran）的研究表明，上过金融知识课程的自由职业女性使用了两倍于他人的贷款。金融教育的课程有财务预算、储蓄和债务管理，它们帮助人们做出正确的财务决策。科尔（Cole）和弗纳多（Fernado）认为有金融知识的客户可以更好的做出财务决策，且财务状况良好。金融教育不仅仅对贫穷的客户有利，金融机构也由于客户的金融意识提高而受益。

（二）社区金融组织

里奇（Ritchie）在他的文章《社区金融组织：贫穷人士获得金融服务的通道》里，描述了社区金融组织是由客户们拥有和经营的。她（他）们的组织结构很灵活，譬如五到七个人组成，一般都为女性。她们一周组织一次会议以收集小额存款，并用来借给组织当中的其他人，特别是不能享受银行服务的人。更正式的组织可由 40 人组成。另一个例子是滚动储蓄和信用联盟。每个联盟成员定期存入一笔钱。在每一时期，其中一个成员获得这部分集资，并用来投资。但问题是，其他需要资金的成员可能无法在同期获得这笔集资。

过去四十年里，国际货币基金组织在给无法享受银行服务的穷人们提供金融服务方面一直是成功的。尽管如此，最穷的人群，尤其是住在偏远分散地区的穷人们还是享受不到任何金融服务。经验证实以下一些重要因素会使社区金融组织模式成功：

- 成员的社会凝聚力
- 集资的目的在于收集存款以发放贷款，而不是为获得外部资金
- 拥有好的监督和管理组织

这里有两个成功范例，它们规模大且有潜力长期持续下去。第一个是尼日尔的社区储蓄借贷联合会模式，它创立于 1991 年。社区储蓄借贷联合会模式针对生活在广袤且人烟稀少的国家里的贫穷妇女。她们尝试着为将来存一笔钱。这个模式扩展到了 39 个国家，多数在非洲。

其中一个社区储蓄借贷联合会团体有 10 到 30 个成员。它简单地规定了成员的储蓄和借贷行为。每个成员定期存款，收集到的资金以该团体规定的利率借给成员和非成员。没有借款的成员获得基于她们存款的利率收入。每一年成员获得本金和利息。然后新的循环开始。这种模式的一个优点在于成员们可以在同一时刻获得一笔钱。经验已经证实，成员们的存款通常足够他们的借贷需要。有趣的是，外部贷款致使很多团体经营失败。社区储蓄借贷联合会通常不直接和银行或国际货币基金组织产生联系。

自助团体模式一直都是印度乡村穷人的主要金融模式。自助团体大概有 10 到 20 个成员，定期存入款项，并只在内部成员中借贷。资金量一直在增长，因为这部分钱并不返还给成员。自助团体建立同银行的联系。通过所在

邦，很多自助团体能够获得外部资金和会计等方面的技术支持，以及拥有和银行与政府讨价还价的能力。

这两种模式的不同之处在于，没有文化的人群去管理社区储蓄借贷联合会更容易，而自助团体可以获得更多的资金去放贷。判断哪种模式更能适合，需要考虑农村地区的现实情况。譬如农民的金融需求，该地区和银行或国际货币基金组织的关系等。社区储蓄借贷联合会更适合经济活动水平较低，投资机会有限的乡村地区。

经验教训也是有的。社区金融组织的长期可持续性很大程度上依赖成员们自己的管理和有效的经营以确保偿还率达标。金融教育很重要。通过提供支持，让人们建立起简单的监管机制及经营和会计体系，政府可以帮助这种模式增加成功率。

比较不同模式的表现，并找出可以提高还款率的关键因素。金融可持续性的最大障碍是贷款的不作为。当存款者和政府尝试给予社区金融组织太多的资金，以至于它得不到有效管理时，这种风险就会变大。要解决这种过度注资的问题，需要对社区金融组织的表现认真评估，以确保对大额资金的成功管理有坚实的基础。

（三）案例分析：非洲乡村银行（Rabobank）

恩佩尔（Empel）在他的研究"非洲乡村银行：Rabobank方式"中给我们展示出的情景是，在非洲，大多数农村地区的人享受不到金融服务。主要原因在于这些地区人民收入水平较低，基础设施欠发达，银行对于农业经营的知识匮乏，因而商业银行在此扩展业务是不具有规模经济的。尽管政府和国有的农业银行都意图参与进来，然而银行却一再经历低贷款偿还率。因为客户们倾向于把获得的钱当做一种赠与，而不是贷款。

政府在对农村金融上的无作为，被解释成他们过于官僚，过于以政策为中心，却不为客户考虑。现在，小额贷款金融机构在给非洲农村地区提供金融服务上已经做出某些进步。然而其可持续性却无法得到确认。因为它们通常没有银行执照，以至于提供的金融服务很有限。这些机构也受限于对技术以及信息系统的投入不足。

欠发达的基础设施和法律体系，低效的农业市场和欠缺的金融教育是非洲农村金融发展的主要障碍。欠发达的基础设施，例如不达标的公路，不可靠的电力，以及通信渠道不畅，都会导致农民之间的联系无效率。欠发达的法律环境，特别是模糊的财产权，使得银行不愿意借钱给农民。土地不属于任何人，因此不可以用来抵押。研究强调了土地所有权，有效抵押贷款系统在农村金融中的重要性。低效率，无组织且分散的农业市场导致了价格体系的低效率，进一步提高了交易成本。金融知识匮乏，对银行体系的不了解又进一步阻碍了农村金融的发展。

（四）案例研究：加纳的农村和社区银行

在"乡村银行：加纳的乡村和社区银行案例"的研究中，瑞兰德（Rairand）和菲舍（Fissha）介绍了农村社区银行的历史，商业策略，提供的服务和成效。也强调了从此案例当中学到的东西。

70年代后期，存款和偿付机制在加纳的农村地区几乎绝迹。这些地区的务农和非务农者都得不到足够的金融服务。因此，加纳政府尝试建立乡村和社区银行（RCBs），让该地区人们获得贷款。第一个农村社区银行建立于1976年。到1984年，乡村和社区银行达到106家。

乡村和社区银行是加纳农村地区的最大金融服务提供者。农村社区银行的服务网络可以提供有效服务。同时也获得利润和净值增长。然而，有些成员的表现却很差。80年代早期，因为1983年的干旱，监管不力，管理无效，以及董事会的分歧，很多农村社区银行的表现每况愈下。

加纳银行以及加纳中央银行试着通过降低风险敞口（主要是农业方面），关闭经营不力的银行和加强监管来控制局面。在1989—1994年间，加纳政府在世界银行的帮助下，发起了农村银行项目，对农村社区银行给予支持。2001—2007年间，加纳政府发起了乡村金融服务计划，重新评估并进一步加强了农村社区银行的表现。农村银行联合会（ARB）提供给农村社区银行大量相关技能的培训。

1. 农村社区银行的特点

• 规模小：乡村和社区银行是小规模的金融机构，平均每股资本136526加纳币（105263美元），平均存款230万加纳币（177万美元），平均资产380万加纳币（240万美元）。

• 基于社区建立：农村社区银行完全由当地社区的股东拥有。由董事会监管，董事会由股东选举产生。董事会成员一般和银行没有联系。农村社区银行的主要员工由首席行政官、内审师、金融干事和项目干事组成。

• 和银行的联系：农村银行联合会的阿潘克斯银行提供如下收费服

务：支票结算，现金管理，借贷，转账。它也监管农村社区银行。

2. 农村社区银行的产品和服务

- 储蓄：农村社区银行的储蓄分为储蓄账户、经常往来账户、苏苏储蓄和定期存款。苏苏储蓄是由收集者挨门挨户到客户家里收取的每日小额存款。提供高利率的长期储蓄只占所有存款的1%。

- 信用：农村社区银行发放小额贷款、个人贷款、薪金贷款、苏苏贷款。客户在农村社区银行取得贷款用以投资农业生产和交易。

- 支付和货币转账：农村社区银行提供地方和国际货币转账服务。他们也提供薪金交付、退休金储蓄和支票结算服务。

- 法律环境：乡村和社区银行是有限责任公司，加纳银行根据银行法颁发给它们营业执照。乡村和社区银行必须持有最低资本金150000加纳币（116135美元）。否则它们不能支付股息或开设新的分支机构。

农村社区银行在顾客拓展和服务传递方面表现很好。在2000年和2008年之间，储户的数量平均年增长14%，贷款户的数量年增长27%。农村社区银行的服务网络是农村金融服务的最大提供者。有大约68万贷款户和280万个储户。

3. 农村社区银行的工作表现

从2000年到2008年，农村社区银行服务网络净利润值逐渐增加。整个农村社区银行网络可以满足戛纳银行的10%的最低资本金要求。然而，一些农村社区银行表现却不好，有较高比率的不良贷款率。某些农村社区银行有16%的超过30天未被偿还的贷款，而全球的与他们相同的银行只有3%的未被偿还率。

对加纳农村银行的研究表明以下几点：

- 基于社区的金融机构如农村社区银行可以增加农村地区金融服务的渠道。他们相对小的规模可以帮他们避免高昂的维持费用。他们要考虑的是增加业务往来或参与进行合并以 获取规模经济。

- 他们相对小的规模会限制获得技术支持。然而网络联盟的建立可以产生成本效益。例如，阿潘克斯机构可以成为一个给小金融机构提供技术、培训和金融服务的中心。

- 合法的管理许多小的金融资本和地理上分散的金融机构需要管理者拥有相关的技能和自主性。

（五）农业租赁

在《农业租赁：除贷款之外为收益性资产融资的另一种选择》一文中，奈尔认为农民可能需要获取机器和设备进行现代化生产以提高生产率。这种投资一般需要中、长期贷款，这种贷款在农村地区是很少的。尽管农民可以通过信用团体和小型金融机构贷款，但是这些金融机构通常都只提供短期贷款。

另一个获取贷款的方法是通过非正规途径。但是，这种贷款也是短期的并且成本更高。对农民而言，租赁服务避免了农民因为抵押不足而无法获取贷款的问题，使获得机器和设备变成可以负担的事情。租赁企业也可以从避开利率上限中获利。

租赁是出借人（租赁公司）与承租人（农民）之间的一种协议。出借人同意承租人在特定的时间段使用机器和设备，承租人定期支付租金。租赁协议允许资产使用和拥有权的分离。金融租赁和经营租赁是租赁的两种主要方式。

大多数农村租赁是金融租赁。这种方式被认为是贷款的一种替代方式。对于金融租赁来说，定期还款分摊了资产的价钱，承租人可以在租赁到期时按租金一定比例的价格来购买这些资产。出借人承担维护资产的责任和资产折旧的风险，承租人也有责任。承租人不可以选择购买这些资产，但可以终止租赁合约。

1. 租赁的一些特点

租赁的担保物就是被租赁的设备本身。租赁期一般是 2—5 年。租赁的成本包括管理费用，损失准备，盈利和保险。

2. 农村的租赁环境

2006 年世界银行对农村地区三个租赁提供者的案例进行了研究。墨西哥最大的农业机器租赁提供者，约翰·迪尔（Arrendadora John Deere），在农村地区有大约 6300 万美元的租赁合约。乌干达最大的租赁提供商（DFCU 租赁），在农村提供大约 500 万美元的租赁合约。巴基斯坦最一流的小型租赁提供商，网络租赁有限公司，在农村提供约 240 万美元的租赁服务。

租赁很大程度上给农民带来了好处，因为租赁在农民可以负担得起的前提下提供了简单、便捷的融资途径，并且不需要抵押物。租赁同样给租赁公司带来了很大的好处，因为这项业务是有利可图的。租赁的低损失，对财产融资的高需求，适当的法律和政策环境都是租赁得以成功的前提。

世界银行研究了租赁提供商的经验，总结出一些农村金融租赁管理的特点：

- 所有的农村租赁都是金融租赁，金融租赁可以帮助农民融资用以购买资产。非农租赁在农村占有相当的比例。
- 当政府和捐赠者把钱投向农村时，租赁公司也会获得收益。
- 租赁公司如果只有农村租赁业务可能会无法存活，因为租赁是一个独特的金融工具。规模经济、成本和风险问题都使得租赁公司需要有大规模的城市租赁业务。
- 当前的目标是增加农村地区租赁服务的可获得性。一些需要考虑的约束条件是农村地区潜在的对资产融资的需求水平。

（六）孟加拉国小额信贷偿付的决定因素

刘（Liu）和戴宁格尔（Deininger）在他们的研究"印度自助团体小额信贷偿付的决定因素"中写到，自从 1976 年在孟加拉国建立了格拉姆银行，小额融资变得很流行。到 2007 年底，全世界有 3552 家小额信贷机构和 1 亿 5400 万客户。其中大约 1 亿零 660 万客户是穷人。

团体借贷的概念来源于小额融资项目的实践。团体借贷（或联合债务）为一群借款者提供贷款，整个借贷团体为团体中的每一个体的债务承担责任，这与个人借贷不同。

这种做法使小额贷款避免违约，它依靠团体成员之间的互相信任和责任感，而不是金融抵押。团体借贷项目设法避免缺乏金融抵押的问题，通过可行的、创造性的方法给穷人提供信贷。

这种做法是否能持续下去还不确定。该研究指出三个主要的可能会影响还贷表现的因素：资金来源，团体用以替代保险的公共物品的供应，监控和团体的管理规则。

该研究使用的数据来自于超过 2000 多个自助团体，共 299 个安得拉邦地区的村子。这些自助团体收到了来自于世界银行 IKP 项目的支持，总共花费了 2 亿 6000 万美元。

这一项目建立于 2000 年，用来帮助新的和已经存在的自助团体的发展。通常一个自助团体有 10—20 名妇女组成。她们定期举行社会活动，把挣到的钱集中起来，存进一个联合银行账户。团体成员可以按团体决定的利率水平获得内部贷款。通过保持足够的内部储蓄和偿还记录，这个团体可以提高她们从商业银行或这个项目拿到的贷款额。影响这种方法成功的一个主要因素是要获得自助团体联盟的帮助，或是形成县一级的组织，以形成规模经济。

世界银行在 2006 年对 299 个农村组织的调查数据说明了这个项目的表现。这些数据包括对 2147 个自助团体的 3350 个过往贷款的调查。这个项目提供总共大约 4000 万卢比（大约 100 万美元）的贷款本金，约占总资金的60%。银行、自助团体和其他资金来源提供了剩余部分的资金。平均来说，银行贷款的偿还率和内部贷款的偿还率分别为 87% 和 89%。然而此项目贷款的偿还率只有 63%。

该研究调查了贷款性质的详细信息，如贷款额，期限，利率，偿还期，资金来源，以及团体组织的管理和偿还规则。有如下发现：

管理政策：政策处罚没有分期付款和贷款偿还委员会的自助团体。如果该自助团体有这样的委员会，它们的信用级别将提高，因为它们可能会有更好的贷款偿还率。

自助团体的融资业务管理机制：主要三个被考虑的因素是，社区组织是否在每月会议时检查自助团体成员的账目，是否有受过训练的簿记员，是否检查审计成员的账目。如果它们符合这几个要求，就可能会有较低的违约率。

社区组织的公共物品：公共物品如以大米等实物偿付的信贷和销售服务可以使经济规模化。以大米等实物偿付的信贷可以通过公共分配使社区组织获得大量的大米补贴，使价格下降。销售服务给自助团体成员提供进入的市场途径，通过合作行为如大量买入卖出，得到较合适的价格和较低的交易成本。这些公共物品可以加强还贷激励，因为社区组织一旦违约，它们可能失去由公共物品带来的好处。

定期储蓄还款：被要求定期储蓄还款的自助团体可以获得额外的资金用以偿还债务，因此定期储蓄还款也加强了还贷激励。

1. 影响贷款偿还率的两个主要因素

分析认为，管理和偿还贷款协议对贷款偿还率有重要的影响。自助团体把钱存入社区组织，在月度会议上检查并审计账目，这样做可以分别提高全部偿还比例 8.3、9.5 和 20 个百分点。以实物偿付的消费信贷被认为可以提高全部偿还比例 12.7 个百分点。表明获益于信贷组织可以加强偿还贷款激励。研究认为，社区组织应该支持平稳消费，并着手解决信贷市场的不完善之处。

自助团体的银行贷款偿还率比他们的世界银行这个项目贷款偿还率要高18.6%，说明社区组织信贷的有限性。高的偿还频率也有很大的影响（15个百分点），说明频繁的小额贷款偿还改善贷款偿还行为，特别是对有信贷约束的家庭。长期贷款的全部偿还率较低。

研究表明，偿还贷款的可能性随团体的规模增大而增加，在数量达到14个成员之后则开始下降。一个组织在运作5年之后，贷款偿还的可能性会降低。贫穷成员比例很高的团体贷款全部偿还率只会略低一点。例如，当团体中十分贫穷的成员有10个百分点的增长，完全还款率只下降1.7个百分点。社会阶层组成和同质性都对还款率没有显著的影响。

2. 政策意义

研究分析了外源管理、贷款回收机制、贷款和团体特征对小额信贷团体的贷款偿还率的影响。

这项研究的结果可能会产生重大的实际应用，因为银行可以在某些协议的框架下，给小额贷款机构提供额外的资金便利。四个主要的政策含义如下：

- 对外源贷款的还款率显著降低，说明了还款表现和资金的来源之间相关联。进一步的研究会更好地了解和制定政策。
- 外部管理政策（如治理机制、定期审计和实物消费信贷）和贷款条款（如团体储蓄存入金融服务机构）是全额还款率非常重要的指标。一些团体特征如贫困程度则相对不那么重要。
- 配合适当的管理做法和规定，即使是非常贫困团体成员都能保持高的偿还率。
- 该研究建议，每组成员数应为14名成员。

三　现代通信技术的运用

移动的钱：在肯尼亚为得不到银行服务的人提供金融服务的新途径

罗尼（Lonie）在他的研究《M – PESA：为肯尼亚得不到银行服务的人提供金融服务的新方法》一文中，解释了 M – PESA 的含义（其中 M 表示移动，PESA 表示钱）。这是在肯尼亚用手机就可以支付的一项服务。这项服务很受欢迎，每月都有超过 900 万肯尼亚人使用，有数千万笔交易。

创立"移动的钱"这种支付服务的启动资金来源于国际发展部（DFID），它致力于在东部非洲国家那些没有银行服务的地区的金融市场的发展。2007 年，"移动的钱"通过与肯尼亚最大的电信公司合作，开始了它的运营。这种用手机支付的交易方式深受得不到银行服务的人们的欢迎，很快在非洲大陆的其他国家也流行开来。

在新兴的经济体中，工人们通常外出工作，然后将所挣的钱寄回到农村的家中。"移动的钱"使这种货币转移更安全、便宜和快捷。客户们不需要任何银行账户，他们仅仅需要到特许的"移动的钱"经销网点进行免费注册。现在，超市、商店和加油站都出售供"移动的钱"使用的预付卡。许多银行也成为"移动的钱"的代理商。

人们可以从代理商那里"购买"电子货币，用手机进行转账。这些电子货币可以随时到代理商处兑换成现金。代理商提供存取款服务以及注册服务并收取一定金额的服务费。"移动的钱"的一个显著特点是它的平均交易额比银行要求的最低交易额低，这恰恰满足了没有银行网点地区人们的需求。

1. "移动的钱"的服务内容

短短两年，"移动的钱"就已经成为了肯尼亚国内最流行的转账渠道，并且仍在不断扩大它的覆盖范围。

账单支付："移动的钱"新推出的服务，可以让消费者用手机支付类似房租、水、电、煤气费、学费等账单。很多其他的项目也可以选择用"移动的钱"付费。比如一家丹麦公司生产的在农村地区使用的净水泵上的太阳能计价器收费系统。以前消费者可以用一种带芯片的充值卡进行付费，但是农村地区这种卡的充值网点非常少。现在，利用"移动的钱"的服务，他们就可以方便的进行付费了。很多小型的金融机构也通过"移动的钱"的账单支付功能回收贷款和收、放保险金。消费者也免去了亲自跑到城里存款的麻烦。

商业支付：企业也可以通过使用这一系统的企业支付功能向员工或者消费者进行付账。一些公司使用"移动的钱"给到偏远地区工作的员工发放工资，还通过这一系统向其股东们分发红利。

2010 年，肯尼亚的一家主要银行与一家公司达成协议，为每一个需要银行账户的"移动的钱"消费者开设银行账户，这样消费者就可以通过"移动的钱"向账户中存款或者取款。数以百万计的肯尼亚农民有了他们的第一个银行账户。

2. 来自"移动的钱"的经验

在正式运营 9 个月后，"移动的钱"的用户就达到了 100 万之多，远远超过预期。从中发现，灵活的预算、客户服务和系统的即时扩展在这一过程中极为重要。对代理商进行培训，也必不可少。

四　适用于小农户的风险管理技术

（一）农村金融和信用风险管理

在《农村金融中的信用风险管理》一文中，温纳（Wenner）指出农民在农业生产中面临着一些难以控制的潜在风险，比如气候的变化。这种风险能够严重的影响农作物的产量和价格，给农民的收入带来剧烈的波动。在发展中国家，农民们无法利用农业保险和农产品期货合约等工具来对冲风险。为了管理风险，这些国家的农民采用了一些正式或半正式的措施，比如联合责任借贷、合同种植和价值链整合等。但是，由于缺乏正式的金融工具，这些做法的收益并不是很大。

在分散的农村地区发放贷款成本很高，加上农民们缺少借款抵押物，也没有受到过良好的教育和拥有足够的金融知识，金融机构通常不愿意借钱给农民。而且银行认为，农产品的产量和价格由于易受到干旱和洪涝的影响，都是难以控制和具有风险的，农业经济高度暴露在这种风险之下。那些大型的农场主则受借贷的影响相对较小，因为他们可以利用保险、价格对冲、海外融资等手段来缓解资金困难。

此外，银行很看重不动产抵押物在降低违约风险方面的作用。但是，大多数农民的生产都是中小规模的，他们没有明确所有权的土地可以用来抵押。所以难以获得贷款。

1. 一些风险管理策略

在发展中国家，农村金融中介机构没办法通过保险和投资组合的证券化把信用风险转移给第三方。如果有农业保险的话，金融机构的信贷风险就能降低。可惜的是，在中低收入国家，农业保险市场发展很缓慢。在 2008 年，全球农业保费大约有 185 亿美元，而拉丁美洲、亚洲、非洲地区一起仅仅占到了 21%。农业补贴在这些地区也很难获得，所以农村金融中介机构只有自已承担和管理风险。

有两种方法来评估借款人的信用情况。第一种方法是利用人工或统计模型分析潜在借款人的偿债能力，第二种方法是评估借款抵押物的资产价值。

因为发展中国家农村地区的可用于抵押的资产比较匮乏，第二种方法难以实现。下面介绍四种已经被有效应用的信用风险管理技术。

- 以专家为主的信用评估系统：贷款人员通过分析客户的家庭现金流、商业经营能力和个人名誉来决定他们的偿债意愿。农村经济是一个复杂的领域，为此需要各行业的专家，此外这种方法还需要借用政府的名义。因此，这种评估系统的建立和运行成本较高。

- 投资组合的分散化：农村地区的金融中介机构还可以通过分散客户的种类、商品的类别和客户所在的地区来降低风险。但是这种方法仅仅适用于大规模的金融机构。

- 限定贷款组合的风险头寸：金融中介机构通常限定他们的贷款组合中农业贷款的风险暴露程度。最近的研究表明，在拉丁美洲，农业贷款的比例占总贷款额的不到40%。这些中介机构需要通过增加高利润率贷款（例如消费者贷款和城市小额贷款）来补偿他们在农业贷款上的低收益率。

- 要求超额贷款损失准备：贷款损失准备是对信用风险的一种缓冲。根据风险分类，预备充足的准备金可以降低金融中介机构的流动性风险和提升资本充足率。但是，过多的准备金会减少贷款的数量，导致较低的盈利能力和服务水平。

2. 给金融机构管理者和公共政策制定者的几点建议：

因为进行信用风险评估是一项费钱费力的工作，会产生较高的运营成本，进而产生较高的借款利息。为了维持这样的项目，政策制定者不应设定一个低于运营成本的最高利息率。否则，有兴趣提供这种服务的金融中介将会越来越少。而且，政策制定者和管理人员们应该建立专门的信用机构，从而降低整体运营成本。

以农村信贷为主的金融机构可能难以存续，尤其是在不能利用保险、期货等风险转移工具的情况下。为了规避缺乏抵押物的问题，金融机构可能会考虑其他形式的抵押物，例如，应收账款、设备、在田的农作物以及仓库存货等。政策制定者应当确保合同的执行力。这些创新活动和机构的发展需要转变管理方式，采用现代化的财产登记制度，向信息、基础设施建设投资和发展教育。

由于规模和管理水平有限，以提供小额信用贷款为主业的金融机构通常不能满足农民的融资需求。有实力的大型金融机构却因为农业贷款不是其战略主导，没有合适的管理人员、分支机构和销售渠道而不愿意涉足这一领域。在出资人和政府的支持下，小型机构可以通过自身增长和相互兼并来扩大规模和覆盖范围。政府和出资人还可以在实行移动储蓄、提供进入资本市场的渠道和增加长期信贷额度等方面帮助小型机构，使其债务结构多样化。

3. 本节小结

由于不可控风险是产品和价格的一个主要威胁，因此风险管理在有效的农村金融体系建设中至关重要。农民们必须掌握一定的金融知识和有一些储蓄来吸收部分风险。政府需要提供更宽范围的服务。此外，政府、出资人和保险公司需要共同合作，开发出农民们负担得起的连续性的可保证收益的产品。政府、商品交易所和金融机构需要合作开发诸如期货、结构性金融产品和对冲工具，以降低风险。

（二）案例分析：秘鲁的厄尔尼诺保险项目

在《指数保险的新途径：基于厄尔尼诺现象》一文中，斯科斯（Skees）和克里尔（Collier）介绍说厄尔尼诺现象是由太平洋海水表面温度升高所引起的气候现象。当厄尔尼诺现象发生时，秘鲁北部地区面临着灾难性的洪水。在 2010 年秘鲁北部的居民可以购买一种新型保险，当厄尔尼诺现象给他们带来额外损失时，他们可以获得一定的赔偿。

金融机构和保险公司能够向那些受到厄尔尼诺现象威胁的人们提供这种保险，结果风险就被转移给那些再保险人身上。这种新型的保险产品被认为是世界上首个"预测指数保险"。它用海表温度作为灾难性损失的指标。高降雨量和高河流水位也可以作为自然灾害的指标。这类指数的使用并不要求进行高成本的损失估算，同时还可以避免保险业普遍存在的道德风险和逆向选择的问题。

对指数保险的一个担忧是居民接受较慢。一个解决办法是把这类保险针对风险群体来设定。例如针对价值链上的农民联合会、借款者同盟和合伙制公司等。与这些风险群体的合作还可以加强产品和服务的持续性。

另一个重要的问题是要认识到相伴而来的后续损失。例如非洲国家的严重干旱会引发大量的农民同时以较低的价格卖掉他们的牲畜。洪水和干旱不仅仅影响产量，同时也会影响农作物的质量。

（三）农村金融和小额保险的创新

在《农村金融中的小额保险创新》一文中，魏德迈·菲斯特（Wied-maier-Pfister）和克莱因（Klein）指出居住在农村地区的穷人比生活在城市中的穷人更加脆弱。农村地区缺少完善的基础设施建设，卫生、医疗设施以及电信系统落后。由于教育水平低，农民们不知道如何管理风险。由于在这些国家大部分的穷人都从事农业活动，降低贫困主要依靠农业的发展。而风险管理对可持续性农业的发展至关重要。风险管理的一个重要工具就是小额保险产品。

小额保险是一种由不同的保险公司提供给低收入人群的保险，它符合保险业的惯例。小额保险的特点是简单、灵活、保费低、赔付迅速。小额保险可以使农村地区的穷人抵御外部灾难对他们的生活和财产的负面影响。农民也可以利用小额保险来管理借款风险从而参与到高风险高收益的活动中去。

印度的小型金融机构巴斯克和一家商业保险公司在世界银行的帮助下，为小农户提供基于降雨量指数的天气保险。这种保险可以保证在遭遇灾害天气的情况下贷款依然获得偿还。

这种保险的赔付取决于当地气象站衡量的降雨量大小。保险的赔付不以单个损失为主。因为对单个损失的评估对小型金融机构来讲成本昂贵。这个项目的挑战主要来自于最基本的风险。例如当赔付条件达到要求，却没有损失；或者有损失，但赔付条件没有达标。另外，偏高的保费以及消费者缺少对新产品的了解，都导致对这种保险的需求不大。然而，印度的气候保险产品越来越受到认可，提供这种服务的机构也在不断增加。

这些新型的金融服务要求有适当的法律和法规环境，以鼓励创新，鼓励建立新的渠道，鼓励出现新的服务提供商。菲律宾就是一个比较好的例子。2006年该国的保险监管机构公布了2006年第9号保险解释公告，在其中解释了什么是小型保险，并为建立保险共同受益联合会制定了规则。截至2009年底，这种共同组织已经有了200万的用户。菲律宾政府的全国性小型保险策略和管理框架使更多的机构，尤其是私人机构和组织加入到为农民提供小型保险产品的行业中来。

印度的小额保险管理规定是另外一个较好的例子。它要求所有的保险机构向农村地区和社会弱势团体提供小额保险。由于法律、法规和政策环境的重要性，国际保险监管协会（IAIS）、国际劳工组织、德国经济与合作发展局以及芬马克（Finmark）信托基金等机构建立了名为"进入保险行业"的全球指标，以此强化保险行业的发展并创立标准。

五 服务小农户的金融和非金融组合

（一）农业信贷及其扩展服务的组合

在《农业信贷和其扩展服务的组合：来自于印度巴斯克机构的经验》一文中，马哈詹（Mahajan）和瓦马蒂（Vasumathi）指出，在印度将近9千万的农民中，至少80%的人拥有的土地不超过两公顷。这些农村家庭的收入都位于贫困线以下。增加农民收入是降低贫困所必需的。在印度，农民需要金融服务以帮助他们获得高质量的种子和肥料。该项研究表明：除了获得农业贷款，向农民们提供农业生产知识，加强他们与市场的联系，也至为重要。

作为印度提升人们生活水平的机构，巴斯克为超过百万的农村地区穷苦农民提供服务。1996年成立的巴斯克为广大农村地区的农民，特别是妇女提供小额信贷，用以维持他们的生计。然而，2001年时，印度市场调查机构评估了这个项目的进展情况，得出了令人失望的结果。在从巴斯克处获得了至少三次的小额贷款后，尽管有52%的客户收入水平有了显著的提升，但是有将近23%的客户收入水平有所降低，另外有近25%的农民收入水平没有产生任何改变。

为了取得更好的效果，巴斯克进一步研究了那些收入水平不变或下降的客户的情况，得出产生这一令人失望的结果的三个原因：

- 市场中的不平等交易协议
- 较低的产量
- 风险暴露

研究表明，农民们团结起来增加其讨价还价的能力非常重要，其与市场的联系也需要加强。农民们还需要提高生产力水平和进行风险管理。所以，在2002年BASIX开始改善其服务策略，为农民提供包括金融、农业生产等在内的提升生活水平的服务。

1. 巴斯克的服务项目

农业、牲畜及生产发展服务：BASIX为农民提供关于种植九种农作物（棉花、大豆、蘑菇等）和饲养两种家畜产品（奶牛和肉猪）的服务。同时，它还向缝纫业，木工业等非农经济提供类似的服务。

2. 巴斯克的服务体系

巴斯克通过150个分支网点在超过2.5万个村庄运营着。每个分支都有一个团队领导和5名派驻现场的员工。每一位现场员工又管理着5名生活服务顾问（LSAs）。每一位生活服务顾问负责大约10个村庄，为它们提供金融信贷、保险、贷款回收服务和生产发展服务。一年的生产发展服务大约收费10美元。现在有超过3000名生活服务顾问。一组村庄通常位于方圆6—8平方公里之内。每一个分支网点都有超过30位借款者，他们或从事农业，或从事非农生意。

此外，巴斯克还建立了一个有大约1000名具有外部代理性质的生活服务支持者（LSPs）的网络。LSPs通常高中毕业，受过广泛的工种和兽医训练。每名生活服务顾问负责200—400个客户，这些客户都种植某一种作物或从事某一种生意。

3. 巴斯克的成功之处

在2009年，BASIX向将近50万农民提供了生产发展服务，其中有近一半的客户得到关于农业和家畜的服务，而其他的客户得到非农方面的服务。

在农业服务方面，生产发展服务为超过2万名农民进行了土壤测试；为大约7.5万名农民提供害虫综合治理以及土地施肥管理服务；为超过3万名农民提供了田间监管服务。生产发展服务还为大多数农民联系购买农业生产资料（种子、肥料、农药等）和介绍农产品销售市场。生产发展服务还和私人保险公司合作向超过1万名农民提供基于气候指数的农业保险。

4. 经验之谈

在头两年里，为了了解农民最需要什么样的服务，BASIX通过走访和与农民互动，做了大量的市场调查。他们发现，小农户更需要减少成本和降低风险的服务，而不是要求更大投资的提升产量的服务。调查还发现，选择少量品种农作物让大量的农民集中耕作，效果更好。比如在安得拉邦的南部地区种植花生，而在北部地区则种植棉花。

巴斯克按照下面步骤提供服务。由本地的农业大学和研究中心提供多种措施来提高产量。提高生产率可以通过提升产量或者降低生产成本来达到。巴斯克的策略是更加关注成本节约方面。巴斯克的员工可以为不同地区的农民提供符合本地特点的生产发展服务，这些地区的农民很愿意为这种服务付费。

5. 服务的连续性

在 2009 年，生产发展服务已经实现收入近 300 万美元，贡献利润 45 万美元。未来的赢利预计更高。巴斯克试图通过建立自己的土壤测试实验室和家畜人工繁殖中心来提升服务水平。

巴斯克还试着向本地区的大型农场主提供生产发展服务。这些农场主通过提升农作物产量可以增加收入和为无土地的农民提供更多就业机会。巴斯克还计划向灌区得不到信贷服务的农民提供生产发展服务。巴斯克的目标是，在接下来的 5 年里让 200 万—300 万的农民使用生产发展服务。

（二）农村金融和农业发展服务的结合

在《农村金融和农业发展服务的结合：来自肯尼亚的项目——卓姆网络（DrumNet）的经验》一文中，坎佩恩（Campaigne）和劳施（Rausch）指出农业在很多非洲国家都是最重要的经济部门。农业的成功发展是减轻贫困的最佳途径。其不成功的原因，主要是由于贪污、基础设施落后、土地贫瘠、种子质劣以及农业发展银行经营的不成功等造成的。此外，小农户们难以获得重要的信息、享受不到金融服务和缺少市场的支持。

在上述研究中作者强调，卓姆网络项目和它的策略加强了肯尼亚农民们获得金融服务的能力。由于向农村地区分散的客户提供金融服务风险大、成本高，向小农们提供金融服务变得非常困难。然而，通过形成一个供应链的方法将农民同一个包含买家、中间商和金融服务提供商的整合后的网络联系起来，可以让农村金融服务可行和高效。

1. 肯尼亚的农村金融和农业发展服务相结合的卓姆网络项目

非洲的农民具有居住分散、贫穷和教育程度低等特点。这些特点带来的高成本高风险导致金融机构不愿意向其提供贷款。而且，非洲农业还面临着一些潜在的威胁，比如较长的作物生长周期，不确定的气候条件，不确定或高的农业投入成本以及进入农产品市场的无组织化。以上种种，让金融机构更不愿意放贷。目前，农业贷款占非洲大陆总的贷款额不足 1%。

2005 年，卓姆网络项目开始在肯尼亚国内施行。它利用经过验证的小额信贷金额和供应链的方法来鼓励农业贷款。该项目把供应链上的关键参与者，包括交易商、银行和农业生产品供应商与小农户联系起来。通过信息和通信技术（ICT）的跨交易平台，整合财务、生产、销售和支付各个环节，建立了一套高效实用的流程。

2. 卓姆网络项目的流程

• 该过程始于由农民团体同农产品交易商签署的固定价格买卖合同。农民可以用这个合同从合作银行获得贷款，并从当地有认证的农业生产品零售商处购买农用物资。

• 在收获时节，农民们收集、评级并在约定的地点向买家出售约定的农产品。卓姆网络的实施者充当支付中介，以确保在农民获得收入时，贷款首先被偿还。该项目采用了一个总的合约来管理全过程，并利用信息技术系统来确保合同的遵守和履行。

• 如果交易成功执行，该系统可以通过银行进行非现金支付。整个流程使得农业融资在许多方面变得非常有效可行。

首先，项目的收入流变得更安全，因为农民在向银行借钱时已经证明，他们的农产品已有了买家，可以进入市场。其次，银行提供给农民的信用贷款用于购买农业生产品，避免了贷款被挪用的问题。银行在农民得到农业生产品后，直接向有认证的农业生产品零售商付款。最后，通过银行转账的非现金支付减少农民的故意违约可能性，因为他们要在收到他们的收入时首先要偿还贷款。

3. 卓姆网络项目的经验

该项目经过持续的评估和重新设计，发现它的捆绑服务策略可以提高效率和在供应链上的核心成员之间建立互信。因此，对金融机构来讲为小农户提供贷款变得越来越有吸引力。该项目仍继续面临着挑战，如农产品产量低和利益相关者违规，这将会导致大量的贷款违约，损害银行和农作物买家的商誉。

合作伙伴违规。该项目的成功取决于各利益相关者是否遵循约定和规则。从理论上讲，农民根据合同生产农产品，得到生产资料，使得他们的生产更加有效。接下来，中间商到最后的零售商可以获得大量的高质量的农产品。银行也通过管理存贷款业务的风险进入到新的客户市场。

然而在实践中，卓姆网络项目也碰到了一些违规问题。一些农户将产品卖给其他的中间商以得到现金逃避债务责任。一些中间商和农业生产品零售商有时候不遵守合同的条款或者良好的商业惯例。有些银行向利益相关者延迟付款和收取额外费用。设计商业流程和业务标准让利益相关方沿着供应链的步骤实现价值非常重要，这样他们就不太可能背离协议内容。如果利益相关者之一，因为无法从供应链获得足够的收益而选择偏离，整个供应链管理的价值就无法实现。

较低的农业产量水平。肯尼亚东部地区由于近些年天气条件恶劣和降雨量不足导致农业产出水平一直较低。由于过度耕作和肥料不足，肯尼亚境内的土壤条件不断恶化。继续使用已经变质的种子，使低产量的问题更加严重。

4. 对未来的一些启发

为了应对这些挑战，卓姆网络给供应链提供额外的产品和服务。具体如下：

- 利益相关者的评级制度：卓姆网络设计了绩效考核系统，将其纳入到卓姆网络流程当中，使利益相关者可以甄别供应链中参与者表现的好坏。该评级系统通识别出一段时间以来有能力、负责任的利益相关者来鼓励好的商业行为和更强有力的承诺。

- 简单的信用评级：银行可用这个评级系统甄别和评估其潜在的借款人的信用。

- 农业保险：卓姆网络通过提供农业保险，确保农民在农业生产中能够抵御洪涝、干旱灾害的侵害。这可以大幅提升供应链的表现。该保险可以成为本项目的另一个收入来源，增强它的长期的可持续性。它可以直接融入流程合同中，农民的预期收入变得更明确了。

- 土壤分析：由于肯尼亚的土壤条件不佳，卓姆网络引入了土壤分析服务，对肥料配比、改善土壤条件给出正确的建议，进而带来更高的生产率。此项服务可以由农业生产品零售商提供，增强农户和其之间的互信。

- 支付系统：如"移动的钱"以及另外两个支付系统（ZAP 和 Mobi-Cash）支付系统可以提高供应链利益相关方之间交易的及时性。可供选择的支付方式和大量的银行产品和服务，将使农民获得资金变得容易。

目前，DrumNet 正在商业化这一项目，升级它的 IT 系统，使它更加强大，灵活，方便农村地区的使用者。此外，全面和被广泛接受的在融资、信息、通信等领域的实践标准必须在非洲的农业供应链中得以推广和实施。这些标准的建立可以简化非洲的农业部门的发展进程。

六　结论

在这个全球化的时代，大部分世界人口仍然非常贫困。这些人大多从事农业活动。由于他们的收入水平低，居住分散，对他们的融资渠道有限或不存在，不知道如何有效地利用资源，这些小农户很可能在未来陷入贫困。本文收集的研究和案例旨在向读者展示这个恶性循环，同时，也介绍了以农业为主的发展中国家正在实施的提高贫困人口生活质量的主要措施。

世界银行将农村金融发展分为以下四个主要类别：加强金融机构对农业经济的理解和强化对小农户的金融知识的教育；运用技术解决距离问题；创造对小农户的风险管理服务；为小农户提供金融和非金融的组合服务。本文包含了成功和失败的案例。因此，在其他国家和地区的实践过程中，利益相关者和参与者可以从中找到如何实现类似的成功，或避免犯同样错误的一些指导原则。根据当地情况和文化调整策略以最优化项目的表现，是非常重要的。

如果没有研究部门和教育部门的合作，没有多个国家和各大洲的知识共享，没有世界银行这个把学者、研究人员和各方参与者联系在一起的网络中心，并展示出正在进行中的国际合作的重要意义，本章的写作将很难完成。

参考文献

Campaigne, Jonathan, Rausch, Tom, "Bundling Development Services with Agriculture Finance: The Experience of DrumNet," Innovations in Rural and Agriculture Finance (14), the World Bank, July 2010.

Cohen, Monique, "Financial Literacy," Innovations in Rural and Agriculture Finance (2), the World Bank, July 2010.

Deininger, Klaus, Liu, Yanyan, "Determinants of Repayment Performance in India Microcredit Groups," World Bank Policy Research Working Paper No. 4885 (Washington, D. C.: World Bank, 2009).

Empel, Gerard van, "Rural Banking in Africa: The Rabobank Approach," Innovations in Rural and Agriculture Finance (4), the World Bank, July 2010.

Kloeppinger-Todd, Renate, Sharma, Manohar, "Overview of Rural and Agriculture Finance," Innovations in Rural and Agriculture Finance (1), the World Bank, July 2010.

Liu, Yanyan, Deininger, Klaus, "Determinants of Microcredit Repayment in Federations of Indian Self-Help," Innovations in Rural and Agriculture Finance (7), the World Bank, July 2010.

Lonie, Susie, "M-PESA: Finding New Ways to Serve the Unbanked in Kenya," Innovations in Rural and Agriculture Finance (8), the World Bank, July 2010.

Mahajan, Vijay, Vasumathi, K., "Combining Extension Services with Agricultural Credit:

The Experience of BASIX India," Innovations in Rural and Agriculture Finance (13), the World Bank, July 2010.

Nair, Ajai, "Rural Leasing: An Alternative to Loans in Financing Income-Producing Assets," Innovations in Rural and Agriculture Finance (6), the World Bank, July 2010.

Nair, Ajai, Fissha, Azeb, "Rural Banking: The Case of Rural and Community Banks in Ghana," Innovations in Rural and Agriculture Finance (5), the World Bank, July 2010.

Ritchie, Anne, "Community-Based Financial Organizations: Access to Finance for the Poorest," Innovations in Rural and Agriculture Finance (3), the World Bank, July 2010.

Skees, Jerry R., Collier, Benjamin, "New Approaches for Index Insurance: ENSO Insurance in Peru," Innovations in Rural and Agriculture Finance (11), the World Bank, July 2010.

Wenner, Mark D., "Credit Risk Management in Financing Agriculture," Innovations in Rural and Agriculture Finance (10), the World Bank, July 2010.

Wiedmaier-Pfister, Martina, Klein, Brigitte, "Microinsurance Innovations in Rural Finance," Innovations in Rural and Agriculture Finance (12), the World Bank, July 2010.

相关研究

Ahlin and R. M. Townsend, "Using Repayment Data to Test across Models of Joint Liability Lending," *Economic Journal* 117, no. 2 (2007): F11 - 51.

B. Gray et al., "Can Financial Education Change Behavior?: Lessons from Bolivia and Sri Lanka," Working Paper 4 (Microfinance Opportunities: Washington, D. C.: 2010).

B. Gray, J. Sebstad, M. Cohen, and K. Stack "Can Financial Education Change Behavior?: Lessons from Bolivia and Sri Lanka," Working Paper 4 (Microfinance Opportunities, Washington, D. C.: 2010).

C. Nelson and A. Wambugu, "Financial Education in Kenya: Scoping Exercise Report" (Financial Sector Deepening Kenya, Nairobi, Kenya: 2008).

G. D. Westley, "Equipment Leasing and Lending: A Guide for Micro-Finance, Best Practice Series" (Washington, D. C.: Inter-American Development Bank, Sustainable Development Department, 2003).

J. Murray and R. Rosenberg, "Community-Managed Loan Funds: Which Ones Work?" Focus Note No. 36 (Washington, D. C.: Consultative Group to Assist the Poor, 2006), www. cgap. org/p/site/c/template. rc/1. 9. 2577/.

J. R. Skees, "Challenges for Use of Index-based Weather Insurance in Lower-Income Countries," Agriculture Finance Review 68 (Spring 2008): pp. 197 - 217.

J. R. Skees, J. Hartell, and A. Murphy, "Using Index-based Risk Transfer Products to Facilitate Micro Lending in Peru and Vietnam," *American Journal of Agricultural Economics* 89 (2007): pp. 1255 - 1261.

M. Sharma and M. Zeller, "Repayment Performance in Group-Based Credit Programs in Bangladesh: An Empirical Analysis," World Development 25, No. 10 (1997): pp. 1731 – 1742.

Nair and A. Fissha, "Rural Banking: The Case of the Rural and Community Banks in Ghana," Agriculture and Rural Development Discussion Paper No. 48 (Washington, D. C. : World Bank, 2010).

Nair, R. Kloeppinger-Todd, and A. Mulder, "Leasing: An Underutilized Tool in Rural Finance," World Bank Agricultural and Rural Development Discussion Paper No. 7 (Washington, D. C. : World Bank, 2004), available at www. worldbank. org/rural.

Ritchie, "Community-Based Financial Organizations: A Solution to Access in Remote Rural Areas?" Agriculture and Rural Development Discussion Paper 34 (Washington, D. C. : World Bank, 2007).

S. Cole and N. Fernando, "Assessing the Importance of Financial Literacy," ADB Finance for the Poor Vol. 9 (No. 3): 2008.

V. Mahajan, "From Micro Credit to Livelihood Finance," *Economic and Political Weekly* 40, No. 41 (2005): pp. 4416 – 4419.

第四章 农村金融与农产品期货

李建栋

（中央财经大学中国金融发展研究院）

一 期货知识基础

（一）期货的定义

期货，一般指期货合约，就是指由期货交易所统一制定的、以公开竞价的方式成交后、承诺在将来某一特定的时间和地点以事先约定的价格交割一定数量标的物的标准化合约。这个标的物，又叫基础资产，是期货合约所对应的现货，这种现货可以是某种商品，如铜或小麦；也可以是某个金融工具，如外汇、债券；还可以是某个金融指标，如三个月同业拆借利率或股票指数。广义的期货概念还包括了交易所交易的期权合约，大多数期货交易所同时上市期货与期权品种。

期货市场，是指为期货交易者提供标准化合约交易的平台和领域。广义上的期货市场包括期货交易所、结算所或结算公司、期货经纪公司和投资者；狭义上的期货市场仅指期货交易所。期货交易所是买卖期货合约的场所，是期货市场的核心。在期货市场中，期货买卖的参加者有转移价格波动风险的生产者、经营者和为获利而承担价格风险的风险投资者。买卖双方在期货交易所内依法公平竞争进行交易，并且以保证金制度为保障。期货交易的目的不是为了获得实物商品，而是回避风险或投资获利，一般不实现商品所有权的转移。

期货交易，是指交易双方在期货交易所买卖期货合约的交易行为。期货交易是在现货交易基础上发展起来的、通过在期货交易所内成交标准化期货合约的一种新型交易方式。交易遵从"公开、公平、公正"的原则。

（二）期货交易的特点

期货交易具有以下特点：

合约标准化。期货交易是通过买卖期货合约进行的，而期货合约是标准化的，是指除价格外，期货合约的所有条款都是预先有期货交易所规定好的，具有标准化的特点。即使价格，其变化幅度也是由交易所规定的。

交易组织化。期货交易必须在期货交易所内进行。期货交易所实行会员制，只有会员方能进场进行交易。那些处在场外的客户若想参与期货交易，只能委托期货经济公司代理交易。所以，期货市场是个高度组织化的市场，并且实行严格的管理制度，期货交易最终在期货交易所内集中完成。

以小搏大。期货交易实行保证金制度，交易者在进行期货交易时只需交纳5%—10%的履约保证金就能完成数倍乃至数十倍的合约交易。由于期货交易保证金制度的杠杆效应，使之具有"以小搏大"的特点，交易者可以用少量的资金进行大宗的买卖，节省大量的流动资金。

双向交易和对冲机制。期货市场中可以先买后卖，也可以先卖后买，投资方式灵活。并且在期货交易中，大多数交易者并不是通过合约到期时进行实物交割来履行合约，而是通过与建仓时的交易方向相反的交易来对冲操作。

不必担心履约问题。所有期货交易都通过期货交易所进行结算，且交易所成为任何一个买者或卖者的交易对方，为每笔交易做担保。所以交易者不必担心交易的履约问题。

每日无负债结算制度。期货交易所实行每日无负债结算制度，也就是说，在每个交易日结束之后，对交易者当天的盈亏状况进行结算，在不同交易者之间根据盈亏进行资金划转，从而将期货价格不利变动给交易者带来的风险控制在有限的幅度内，从而保证期货交易的正常运转。

市场透明。交易信息完全公开，且交易采取公开竞价方式进行，使交易者可在平等的条件下公开公平竞争。

组织严密，效率高。期货交易是一种规范化的交易，有固定的交易程序和规则，一环扣一环，环环高效运作，一笔交易通常在几秒钟内即可完成。

（三）期货市场的产生

一般认为，真正意义上的期货市场创始于美国。1848年，由82位商人发起并成功地组建了美国也是世界上第一个较为正规的期货交易所——芝加哥期货交易所，又称芝加哥谷物交易所（CBOT）。开始的时候，芝加哥期货交易所还不完全是一个市场，而是一个为促进芝加哥工商业发展而组成的一个商会组织，该组织发展的初衷主要是为了改进运输和储存条件，同时为会员提供价格信息等服务，促进买卖双方交易的达成。但是，在实践中人们发现仅有远期合同还不足更高效地实现交易双方的利益，比如交易的商品品质、等级、价格、交货时间、交货地点等都是根据双方的具体情况达成的，没有一个统一的标准，而当交易双方的供需情况发生变化或市场价格发生变化时，进行合同的转让十分困难，特别是远期交易最终能否履行主要依赖交易双方的信誉，在对对方无法全面深入了解的情况下交易的风险依然十分巨大。针对上述情况，芝加哥期货交易所于1865年推出了标准化的期货合约，以取代原有的远期合同，同时实行了交易保证金制度，向签约双方收取不超过合约价值10%的保证金，作为履约的保证。这是具有历史意义的制度创新，促进了真正意义上的期货交易的诞生。此外，为了更有效地进行交易，还发展了专门的经纪业务，并在1882年开始允许以对冲方式免除履约责任，这就极大地促进了投机者的加入，使期货市场的流动性大大增强。1883年，芝加哥期货交易所成立了结算协会，以处理日趋复杂的业务，为芝加哥期货交易所的会员提供了合约对冲的条件。但当时的结算协会还不是规范严密的组织，直到1925年芝加哥期货交易所结算公司（BOTCC）成立以后，芝加哥期货交易所的所有交易都要进入结算公司结算，现代意义上的结算机构才形成。

（四）期货交易市场的发展

期货市场自1848年美国芝加哥期货交易所成立至今走过了160多年的历程，一百多年来，世界期货市场也经历了各种风风雨雨，从萌芽到发展，从成熟到提高。回顾世界期货市场的发展历史，可以看到，它的交易品种推陈出新，它的交易规模日益扩展。归纳起来，世界期货市场的发展主要经历了商品期货、金融期货和期货期权三个阶段：

1. 商品期货阶段

商品期货是世界上最早的期货交易品种。商品期货是以实物商品为标的物的期货合约。商品期货是期货市场中历史最为悠久的期货交易，它的品种繁多，种类涵盖人们生活的各个层面，概括起来，商品期货主要有农产品期货、金属期货和能源期货。

（1）农产品期货

农产品期货是人类历史上最早开发的期货交易品种，1848 年美国芝加哥期货交易所首先进行的就是农产品的期货交易。随着现货生产和流通的扩大，新的农产品期货品种也不断出现，除了小麦、玉米、大豆等谷物期货外，从 19 世纪后期到 20 世纪初，在不断有新的期货交易所在美国的纽约、堪萨斯成立的情况下，也逐渐出现了棉花、咖啡、可可等经济作物的期货交易，黄油、鸡蛋以及后来的生猪、活牛等畜禽产品，木材、天然橡胶等林产品期货也陆续上市。

（2）金属期货

金属期货交易最早的发源地是在英国。1876 年在英国伦敦成立了著名的伦敦金属交易所（LME），开了金属期货交易的先河。伦敦金属交易所早先的名称是伦敦金属交易公司，主要从事金属铜和锡的期货交易。1899 年伦敦金属交易所将每天上下午进行两轮交易的做法引入到铜和锡的交易中，至 1920 年铅、锌两种金属也在伦敦金属交易所正式挂牌上市交易。

在工业革命之前，英国原本是一个铜的出口国，但工业革命使得英国对铜等金属的需求大大提高，从而英国变成为一个铜等金属的进口国，作为生产原料的铜在进口的过程中由于铜价的波动使英国的许多工厂承担着较大的市场风险，所以迫切需要有一个能够为其转移风险的市场，由此，伦敦金属交易所也就应运而生。

伦敦金属交易所自创建以来，交易一直活跃，至今，伦敦金属交易所的期货价格依然是国际有色金属市场的晴雨表。

（3）能源期货

20 世纪 70 年代初发生的石油危机给世界石油市场带来了巨大的冲击，石油等能源产品价格的剧烈波动迫使人们期望借助于期货市场来避免价格风险的影响。于是，纽约商业交易所（NYMEX）的诞生开创了能源产品期货的先河，并成为世界上最有影响力的能源产品期货交易所，目前在纽约商业交易所上市的能源期货交易品种主要有原油、汽油、取暖油、丙烷等。

2. 金融期货阶段

随着第二次世界大战的结束，布雷顿森林体系也发生了解体，到了 20 世纪 70 年代，浮动汇率制度取代了固定汇率制度，金融自由化下的利率管制等金融管制政策逐渐消亡，由此造成了各国间的汇率和利率的频繁剧烈波动。在这样的情况下，人们开始考虑用期货市场的功能来化解金融动荡所带来的风险，于是，金融期货应运而生。1972 年 5 月，在美国芝加哥商业交易所（CME）设立了国际货币市场分部（IMM），首先推出了包括英镑、加拿大元、西德马克、法国法郎、日元和瑞士法郎在内的外汇期货合约。1975 年10 月，在芝加哥期货交易所又上市了国民抵押协会债券（GNMA）期货合约，从而成为世界上第一个推出利率期货合约的期货交易所。1977 年 8 月，芝加哥期货交易所又推出了美国长期国债的期货合约，发展到今天，它已是国际期货市场上交易量最大的金融期货合约。1982 年 2 月，美国堪萨斯期货交易所（KCBT）开发出了所谓的价值线综合指数期货合约，使股票价格指数也成了期货交易的对象。至此，金融期货中的三大类别——外汇期货、利率期货和股票指数期货均被开发，并快速形成了期货交易中的重大规模品种。特别是在进入到 20 世纪的最后十年，无论在美国、欧洲还是亚洲的期货市场，金融期货已占据了期货市场交易的大部分，在国际期货市场上，金融期货也成为期货交易的最主要的产品。

金融期货的出现是期货交易的重大变革，使期货市场发生了翻天覆地的变化，彻底改变了期货市场原有的发展速度和发展格局，从期货市场的发展进程来看，世界上大部分的期货交易所都是在 20 世纪的后 20 年中诞生和发展起来的，而在目前，在国际期货市场上，金融期货已是大多数期货交易所都有的交易品种，它对整个世界经济产生了极其深远的影响。

3. 期货期权阶段

在 20 世纪 70 年代推出金融期货以后不久，国际期货市场又发生了新的变化。1982 年 10 月 1 日，美国长期国债期货期权合约在芝加哥期货交易所上市，为其他的商品期货和金融期货交易开辟了一方新的天地，引发了期货交易的又一场革命，这是 20 世纪 80 年代出现的最为重要的金融创新之一。期货期权交易与期货交易又有所不同，它的交易对象既不是物质商品，也不是价值商品，而是一种权利，是权利的买卖或转让，所以期货期权交易常被称为"权钱交易"。期货期权交易最初源于股票交易，后来才被移植到期货交易之中，并得到了极为迅猛的发展。

期权交易和期货交易都具有规避风险、提供套期保值的基本功能，但期货交易主要是为现货商提供套期保值的渠道的，而期权交易则不仅对现货商具有规避风险的作用，而且对期货商的期货交易也具有一定程度的规避风险的作用，这就相当于给带有风险意义的期货交易买上了一份保险。因此，期权交易所独有的特点，以及与期货交易结合运用所具有的灵活、有效的交易策略为投资者带来了很大的便利，成为现代投资者最为喜爱的交易方式。目前，国际期货市场上绝大部分期货交易品种都引进了期权交易的方式。现在，不仅在期货交易所和股票交易所开展了期权交易，而且在许多国家和地区还成立了专门的期权交易所，如芝加哥期权交易所（CBOE）、荷兰阿姆斯特丹期权交易所、英国伦敦期权交易所等。芝加哥期权交易所是目前世界上最大的期权交易所。

回顾国际期货市场的整个发展过程，可以看到，在交易的各个品种、各个市场间是相互促进、共同发展的。从目前国际期货市场的基本情况来看，商品期货继续保持在稳定的基础上有所发展，而金融期货则后来居上。在美国的一些交易所，金融期货的交易量已占到整个期货交易量的三分之二以上，而期货期权则方兴未艾，正逐渐被更多的人所认识和利用，成为更具科学性的投资交易的武器。

二　中国期货市场的发展历史

期货交易是人类社会商品经济发展到一定阶段的必然产物。近一个多世纪以来，中国期货的发展经历了一个艰难曲折、坎坷不平的历程，充分显示了期货交易的顽强生命力，其中有许多经验和教训值得总结与汲取。

（一）清代：中国期货交易的萌发时期

中国期货的萌发比西方迟，但是它和西方有两个相似之处：第一，中西商品经济发展史上都是先产生古代的预购、赊卖，进而逐步形成了远期交易合同的形式，最后是出现具有现代意义的期货交易。人们一般把远期交易合同作为期货交易的初级形式。第二，中国期货交易的发展虽然与证券交易有着密切关系，但与西方相似，期货交易的萌发都是先从商品批发交易（特别是农产品批发交易）开始，然后才有证券交易。

早在唐朝五代时期，中国就已经有关赊卖、预购等商业信用活动的发生与记载。到了宋代，江南、四川等地有关水果、茶叶等商品交易中赊卖、预购等已达到了一定的规模。至迟到了清代，已出现了远期交易合同为中介的贸易形式。在茶叶出口贸易中，这种贸易形式尤为常见。清代中期，中国茶叶大量出口到欧美，经营此项贸易的商人往往在收茶季节前就来到茶叶产地，与茶农或产地茶商订立茶叶远期交易合同，品种、价格、数量等预先讲定，并预付相应的定金。当时，蚕丝交易中也常见这种交易方式。

清代道光年间洋商向中国大量倾销鸦片，他们常在鸦片船到达中国之前，预先向中国人出售鸦片订货单，等鸦片船到岸后再由持单人凭单提货。鸦片战争后由于鸦片贸易的盛行，这种鸦片订货单居然在中国沿海一些地方成为类似于过去日本"米券"一样的流通媒介，充当起了"货币"的角色。我们可以把这种鸦片订货单交易视为中国期货交易的萌芽之一。

清代同治、光绪年间有关中国进出口贸易的记载中，就已经有了"期货"一词。不过，那时的所谓"期货"，还只是一种远期交易，与现代意义上的期货交易还根本不同。

（二）北洋政府时期：中国期货市场的形成及大风潮的发生

辛亥革命前，随着中国近代企业的发展，中国国内已有股票交易。随着股票发行数额逐渐增多，流通也渐广泛，上海的一些钱商、茶商、丝商等已经开始以股票买卖为副业。由于他们是在茶馆聚会、商谈股票交易的，因此，人们还将这一时期称为证券交易的茶会时代。

1914年秋经农商部批准，上海股票商业公会正式成立。交易证券主要有政府公债、铁路公债、股票等。当时，上市股票约20余种，可以同时进行现货和期货交易。交易方式仍沿用"茶会"习惯，但集会有一定场所，交易有一定时间，买卖有一定办法，已具交易所的基本构架。因此，可将这一时期称为证券交易的"公会时代"。

随着股票交易的兴起，物品市场发展滞后而赶不上经济发展需要所带来的矛盾日益突出。于是，形成固定的交易场所、开办商品期货交易问题便提到了日程。在这种形势下，上海机械面粉公会附设贸易所，开始进行面粉现货和期货交易。上海金业也有了金业公所组织，关于黄金交易已定有较为完备的规划。所有这些实际上成了当时中国期货市场的雏形。

1920年7月，上海证券物品交易所正式成立，并获得了兼营证券和物品交易的特权。其交易的标的物有证券、棉花、棉纱、布匹、金银、粮食、油类、皮毛等7种。随后，北京、上海等地多个交易所的相继成立，标志着中国早期期货市场的初步形成。

（三）国民政府时期：中国期货市场的跛行发展

1929 年 10 月，国民政府颁布《交易所法》。此项法律共设 58 项条款，对交易所设置、组织形式、经纪人资格、交易各类、合约期限、政府对交易所监督等各个方面，均做了较为严格的规定。1930 年 1 月，国民政府又颁布了《交易所法施行细则》。从此，交易所的发展和管理便有了一个比较统一的法律依据，全国的证券市场也因此而重新活跃，交易所的业务也随之兴盛起来，各种证券、商品期货交易也随之得到一定程度的恢复。

此间，除了在交易所内开展期货交易以外，一些同业组织开设的业内市场也开始组织期货交易。例如，20 世纪 30 年代初，上海棉纱同业市场就同时开辟了现货、期货两种交易方式。该市场对于同业之间棉纱交易的种类、成交单格式、交货办法及付款方式均以统一规格做了相当明确的规定，"以便利交易"。

虽然在这一时期中国期货市场的设立有法可依了，但实际上人们还没有将期货市场的发展看作是整个中国经济成长中的一个组成部分。因此，还根本不可能使其得到健康成长与发展。

1937 年全面抗战爆发，上海及其他地方的交易所，因战事爆发而纷纷停业。这一时期，中国的期货市场是在风雨中度过，并常常被当作一个实施投机的工具。战乱干扰、外国干涉、自身不规范等，则使中国期货市场处于一种畸形发展的状态。

抗战胜利后，1945 年 10 月国民政府财政部发出通令，指示上海等地交易所"非得财政部命令不得开业"。同时，国民政府还对日伪经营的交易所进行全面接收，对私营交易所进行彻底清理。虽然国民政府明文规定各交易所在清理期间不得再有交易行为，但实际上上海的黑市股票交易却经久不衰，有些股票商号还开办起了股票期货交易，从而大大助长了投机者的买空卖空行为。其他地区如天津等地的证券市场和期货交易也随着时局的相对稳定而逐渐恢复。但由于此间中国的政治、经济仍然处于严重无秩序状态，因此，当时的期货市场仍不能得到健康成长与发展。

三　中国期货市场的现状

新中国的期货市场产生于 20 世纪 80 年代的改革开放。为了解决价格波动这一难题，使有效资源能得到更加合理的使用，1988 年 3 月七届人大第一次会议上的《政府工作报告》中指出："加快商业体制改革，积极发展各类批发市场贸易，探索期货交易。"从而确定了在中国开展期货市场研究的课题。

经过一段时期的理论准备之后，中国期货市场开始进入实际运作阶段。1990 年 10 月 12 日，中国郑州粮食批发市场经国务院批准，以现货交易为基础，引入期货交易机制，作为我国第一个商品期货市场正式开业，迈出了中国期货市场发展的第一步。

中国期货市场的 20 年发展历程，可以用三个阶段来概括：1990—1993 年初创时期的盲目发展；1994—2000 年治理整顿；2001 年至今的复苏和规范发展阶段。

第一阶段从 1990 年到 1995 年。1990 年 10 月郑州粮食批发市场成立，以现货为主，首次引入期货交易机制。由于没有明确的行政主管部门，期货市场的配套法律法规严重滞后，期货市场出现了盲目发展的势头，国内各类交易所大量涌现。遍布全国各地的交易所数目一度超过 50 家，年交易量达 6.4 亿手，交易额逾 10 万亿元，期货品种近百种，交易可谓非常活跃。

但是，当时的法规监管较为滞后，发生了不少问题。一些单位和个人对期货市场缺乏基本了解，盲目参与境内外的期货交易，损失严重；造成了国家外汇的流失；境外地下交易层出不穷，引发了一些经济纠纷和社会问题。以 1995 年 327 国债期货事件为转折点，国务院决定全面清理整顿期货市场，建立适用于期货市场的监管法规，将交易所数目减少至 15 家，期货经纪公司数目大幅缩减，并限制了境外期货交易。

第二阶段是 1996—2000 年，国家继续对期货市场进行清理整顿，加上中国证券市场迅速发展，期货市场步入低潮。1998 年，国家把 14 家交易所进一步削减至 3 家，即上海期货交易所、大连商品交易所和郑州商品交易所。2000 年，期货交易量萎缩至 5400 万手，交易额为 1.6 万亿元人民币。

1999 年国务院颁布了《期货交易管理暂行条例》以及与之相配套的规范期货交易所、期货经纪公司及其高管人员的四个管理办法陆续颁布实施，使中国期货市场正式纳入法制轨道。2000 年 12 月，行业自律组织中国期货业协会成立，使得我国期货市场初步形成了政府行政管理、协会行业自律管理、期货交易所一线监管的三级监管体系。

第三阶段是从 2001 年至今。期货市场逐渐复苏，期货法规与风险监控逐步规范和完善。在 2001 年九届人大会议上明确提出，要重点培育和发展要素市场，稳步发展期货市场，正式拉开了期货市场规范发展的序幕。2004年 2 月 1 日，国务院颁布《国务院关于推进资本市场改革开放和稳定发展的若干意见》，提出我国要"稳步发展期货市场"，"在严格控制风险的前提下，逐步推出为大宗商品生产者和消费者提供发现价格和套期保值功能的商品期货品种"。

2004 年，国内新增棉花、黄大豆 2 号、燃料油与玉米 4 个品种。

2005 年交易量恢复增长到 3.23 亿手，交易额达 13.45 万亿元。白糖、棉花交易平稳，小麦品种较为成熟，价格发现和套期保值功能逐步发挥。

2006 年期货品种又增加了豆油，白糖两大品种，使期货品种达到 14 个。

2007 年，中国经济增长较快，各类商品价格市场行情好、波动大，投资热情高，给期货市场发展带来机遇。中国上海、大连和郑州三个期货交易所全年成交量达到 72846 万手，成交额为 40.974 万亿元，分别比 2006 年增长62% 和 95%，成交额首次超过全国国内生产总值总额。

2008 年全国期货市场累计成交量为 13.6 亿手，累计成交额 71.9 万亿元，同比分别增长 87% 和 76%。由于在极大程度上放宽了期货市场参与主体的限制，2008 年 1 月黄金期货在上海期货交易所成功上市，进一步完善黄金市场体系和价格形成机制，形成现货市场、远期市场与期货市场互相促进、共同发展的局面。

2009 年全国期货市场累计成交量为 21.57 亿手，累计成交额 62.2 万亿元。

与此同时，2006 年 2 月，经国务院批准，上海金融衍生品期货交易所获准筹建。2006 年 4 月，沪深 300 指数被定为首个股指期货标的。2007 年 3 月16 日，中国国务院第 489 号令，公布了《期货交易管理条例》，新《条例》自 2007 年 4 月 15 日起施行。新《条例》最突出的特点是将规范的内容由商品期货扩展到金融期货和期权交易。2010 年 4 月 16 日沪深 300 指数股指期货正式上市交易。

截至 2009 年底，我国期货市场共有 21 个期货品种上市交易。我国商品期货成交量已占全球的1/3，中国已经成为全球第二大商品期货市场和第一大农产品期货市场。目前我国期货交易所上市品种已涵盖了粮、棉、油、糖四大系列。我国农产品期货市场价格正越来越成为重要的市场指导价格，在国家经济的发展中正在发挥其促进性作用。

四　"三农"问题与农村金融困境

(一)"三农"问题的由来

自 1949 年以来，我国的经济发展方针就是农村支持城市来进行工业化的原始积累，城市与农村交换工业品和农产品时是通过剪刀差来"剥削"农村的。从 1949 年到 1982 年，三十几年的剥削为国家的工业化积累了大量的资本！新中国成立之前，中国的农村原本就很落后，可是这三十几年，农村仅仅依靠农业所产生的财富又被源源不断地抽往城市，而城市对农村的补养却又微乎其微！还通过城乡户籍制度的限制，禁止农村人进入城市，这才造成了农村发展如此缓慢，城乡差别才如此巨大。

从 1982 年至 2002 年这 20 年，以农村实行联产承包责任制为起点的改革开放，使我国农业生产在过去的十几年中得以迅速发展，取得了令世人瞩目的成绩。但城市又忙着进行工业化的改革，追赶国际先进的工业化水准，虽然没有大规模地抽取农村的血液，可也没有对农村实施任何实质性的补助。而这两个阶段造成了农村的极度落后，虽然有华西村这样的个例，可这仅仅是个例而已！农村基础设施落后，资金匮乏，又怎能指望农村金融有一个大的发展呢？没有金融的支撑，农村经济也是一直处于低水平维持的状况。

近些年来，当前农业、农村和农民在经济和社会发展中存在着许多矛盾和问题，也即"三农"问题。农业问题，主要是农业产业化问题。农村问题，主要是组织形态问题。在发达国家，这种组织形态更多地表现为大农场或农业合作社组织，而目前我国更多的还是以家庭为主，这种组织形态对农业产业化的发展壮大是不利的。农民问题本质上就是就业和增收问题，目前最重要的是农民增收的问题，农民增收困难。

全国农民人均纯收入连续多年增长缓慢，粮食主产区农民收入增长幅度低于全国平均水平，许多纯农户的收入持续徘徊甚至下降，城乡居民收入差距仍在不断扩大。由于农民依靠种植业的收入得不到增加，大量的农民选择放弃土地，在农村形成大量荒芜的土地和剩余劳动力，这些人大部分选择进城打工来寻找增加收入的机会。但是由于城市本身也存在劳动力过剩问题，企业由于自身发展面临严峻挑战，吸纳农业剩余劳动力能力也有所弱化，再加上农民的文化和行业技能素质普遍较低，无法胜任要求较高的岗位，使得农村劳动力转移人口大多从事都是在社会最低层的工作，又脏又累而且收入很少。

大量低收入的农村流动人口为城市带来极大的不稳定因素。所以在《中共中央国务院关于促进农民增加收入若干政策的意见》（一号文件）中指出：“农民收入长期上不去，不仅影响农民生活水平提高，而且影响粮食生产和农产品供给；不仅制约农村经济发展，而且制约整个国民经济增长；不仅关系农村社会进步，而且关系全面建设小康社会目标的实现；不仅是重大的经济问题，而且是重大的政治问题。”

自 2003 年以来，中央开始实施城市反哺农村的政策。党中央提出把解决好“三农”问题作为工作的重中之重。可积重难返，冰冻三尺非一日之寒。生产模式的改变不可能一蹴而就。而没有生产模式的改变，就不可能吸引资金的投入，没有资金的投入，又继续使任何改变生产模式的企图停留在规划上。“三农”问题绝不是一代人可以解决的。

（二）农村金融问题是解决“三农”问题的关键

由于历史的原因，农村金融体系薄弱，也没有深厚的资本积累。想解决农村农业农民的问题，农村金融就成为解决方案中的纲领。农村金融是现代农村经济的核心。推进农业现代化，加快建设新农村，必须解决好农村金融问题。这一方面是行政上的返还，不仅不再征收农业税，而且进行政府资金支持。另一方面，发展金融，还是要通过市场吸引资金的加入。目前的农村市场状况是收益低，风险高。所以促进市场的发展成为关键。

党的十七届三中全会提出，加快建立商业性金融、合作性金融、政策性金融相结合，资本充足、功能健全、服务完善、运行安全的农村金融体系。这为深化农村金融改革指明了方向。2010 年 7 月 28 日，中国人民银行网站上正式刊登了《中国人民银行中国银行业监督管理委员会中国证券监督管理委员会中国保险监督管理委员会关于全面推进农村金融产品和服务方式创新的指导意见》，加上此前 7 月 26 日国务院发布的《鼓励和引导民间投资健康发展重点工作分工的通知》，此次“一行三会”所发布的指导意见，无疑是对十七届三中全会、中央农村工作会议和《中共中央国务院关于加大统筹城乡发展力度进一步夯实农业农村发展基础的若干意见》（中发〔2010〕1 号）文件精神，2010 年《政府工作报告》中提出的切实改善农村金融服务的有关任务的落实和细化。

根据这个指导意见，银行业、保险业，证券行业，乃至期货行业都要采取新的举措，推动农村金融创新。本章主要谈论我国的农产品期货市场如何进行农村金融创新，如何促进农村金融的发展。农产品期货市场作为发现农产品价格与规避农产品价格风险的重要场所，对于解决我国"三农"问题具有重大意义，已得到中央决策层的重视。在近年连续出台的6个中央一号文件中，都对农产品期货市场如何围绕"三农"开展建设提出了具体要求。

（三）农产品期货市场的建设是农村金融体系中不可或缺的一环

当前新农村建设中，农村金融体系建设是一个重点，而农村金融体系建设中又包括农村信贷、农业、农村期货市场等几个方向的分支建设。农村期货市场的发展，是当前新农村建设中亟须的且可操作的。农产品期货有望进入分散农业行业风险的新阶段。2010年7月28日"一行三会"发布的指导意见对农产品期货专门进行了阐述。

二、拓宽金融服务范围，合理运用多样化的金融工具管理和分散农业行业风险。

第（十）条，鼓励农产品生产经营企业进入期货市场开展套期保值业务，充分运用期货交易机制规避市场风险。推动期货业经营机构积极开展涉农业务创新，逐步拓展农产品期货交易品种，为农村经济发展服务。

2009年，全国农产品期货市场成交量达到12.4亿手（占当年总成交量的57%），成交额达到62.2万亿元（占当年总成交额的48%）。我国农产品期货市场具备了支持"三农"经济快速健康发展的坚实基础。对比2010年1月31日发布的2010年中央一号文件"加快发展农产品期货市场，逐步拓展交易品种，鼓励生产经营者运用期货交易机制规避市场风险"，此次对于期货业经营机构也提出了专门要求，即推动期货业经营机构积极开展涉农业务创新。

作为金融避险工具，期货市场根源于农产品市场，在中国起步较晚，但发展至今，我国已经形成了涵盖粮、棉、油、糖等较为完善的农产品期货体系，郑州商品交易所、大连商品交易所主要承担了我国农产品期货交易以及新的农产品交易品种拓展。大宗农产品主要品种在期货市场上基本可以找到分散风险的工具。在具备基础之上，如何发挥涉及农产品期货各方的积极性，共同推动农产品期货向更深层次服务于我国"三农"，规避农业行业风险的作用，的确仍有很多工作要做。

2010年至今，我国部分农副产品，尤其是一些杂粮等小农产品经历了大涨—回落—再到目前大幅上涨阶段，在此过程中，对于农产品产业链的最初端农民一方，却没有得到任何的好处。这也就造成了尽管近年来农产品价格整体走高，但很多农作物种植面积不增反减，产量受到直接的威胁。这样的信息反过来进一步加剧了中间商的炒作，并形成了今年我国小麦收购初期，乃至后期秋粮作物上市，农民普遍惜售心理，价格一路走高。从另一方面，也加大了后市价格一旦走低，引发的产业链风险问题。

因此，如何有效规避农业产业经营风险，稳定农产品种植面积，避免价格大起大落，最终促进我国农业、农产品相关产业链各方协同发展，作为现代金融管理工具，农产品期货有序规范建设，有着不可推卸的责任。

五　农产品期货解决农村金融问题的渠道之一：指导生产

（一）什么是期货农业？

传统农业注重生产，包括生产技术的提高，生产品种的选择等。随着商品社会的发达，传统农业被"订单农业"代替。所谓"订单农业"是指在生产前签订关于农产品的订购合同、协议。该合同具有市场性、契约性、预期性和风险性。订单中规定的农产品收购数量、质量和最低保护价，使双方享有相应的权利、义务和约束力，不能单方面毁约。比起计划经济和传统农业先生产后找市场的做法，"订单农业"则是先找市场后生产。

在期货市场健全发展的现代社会中，"订单农业"又被"期货农业"代替。以前的"订单农业"的基本形式是农户进行生产，将产品交由农产品加工产业、种子生产单位，而现在期货农业则是借助于期货市场。它与以前的"订单农业"相似但也有不同。

1. 相似之处：因为订单是在农产品种养前签订，所以也是一种期货贸易。两者均为远期交割，并且部分支付合约金额（订单农业中的定金；期货交易中的保证金）。

2. 相异之处：期货合约绝大多数为博取价格差获利，所以实际完成交割的比例非常低。而订单农业基本上都会履约。另一点不同是期货合约流动性非常好；而订单农业的交易双方基本固定。

3. 期货农业优于订单农业之处：作为"订单农业"的双方，这种模式只是解决了双方现货产销问题，无法规避市场价格波动带来的风险。而"期货农业"则不仅解决了产销问题，还关注价格，保证了利润。

总体而言，与"订单农业"相比较，"期货农业"正以其风险性低、价格提前发现、农民增收效益显著等优势特点而被农产品交易市场和广大农户所接受。

（二）期货农业的例子

国外用期货农业的成功范例是美国，如美国政府将玉米生产与玉米期货交易联系起来，积极鼓励和支持农民利用期货市场进行套期保值交易，以维持玉米的价格水平，替代政府的农业支持政策，通过玉米期货市场，美国已经成为全球玉米定价中心，农民的收入也得到了保障。

现在我国已经有不少农产品实行了期货交易，相应地也产生了期货农业。这里给出两个"期货农业生产"的例子：黑龙江省的大豆交易市场和河南省的小麦交易市场。

- 大豆生产

大连商品交易所的大豆期货价格正在成为全球最大的非转基因大豆定价中心，已经成为国内大豆产业中最具权威性的指导价格。大连期货价格与国内现货市场大豆价格相关系数也比较高，达到 0.9 左右，具有高度关联性。

黑龙江农垦集团是大豆的主要供货商。在有了大豆期货之后，它通过利用期货价格的超前性和权威性，科学安排生产种植，改变了在生产种植中的被动调整状态。每年 4 月，黑龙江农垦集团会在参考分析大连商品交易所大豆期货价格后，向下辖农场发布大豆种植面积指导意见。集团下属的 103 个农场，都配有大连商品交易所的行情终端，可以随时了解到大连商品交易所的大豆期货价格。其中有 50 多家农场更是直接参与期货交易，对未来生产的大豆进行套期保值，提前锁定利润。

每年 4 月，该集团都会在参考分析大商所大豆期货价格后向集团下辖农场发布大豆种植面积指导意见。2000 年，由于玉米、小麦、水稻价格走低，大豆期货价格比较高。集团农场调减了其他品种的种植比例，而将大豆种植面积由 680 万亩调增至 1200 万亩；2002 年 3 月，由于大豆期货价格较低迷，集团农场拟调减大豆种植面积，但其后大豆期货价格对国家转基因政策反应迅速，大豆期货价格持续上涨，农场随之使大豆种植面积维持在上年水平。

近年来，我国大豆现货市场价格受国际市场和国内现货市场供求关系的影响变化非常大，但是在期货市场价格的引导下，黑龙江农垦集团大豆生产在产量与价格上始终保持比较稳定的局面。黑龙江农垦集团在参与期货市场的前后，大豆生产发生了根本性的变化，再也不用为销售价而提心吊胆了。

- 小麦生产

河南省延津县的小麦交易成功地使用了"期货农业"这一现代农业产业化经营模式。其具体做法是：在延津县政府的引导和推动下，该县粮食局下属的麦业有限公司，发起成立了全县小麦协会，通过 400 多个中心会员（中心会员以行政村为单位）向全县 10 万多农户实行供种、机播、管理、机收和收购"五统一"。以高于市场价格 0.05 分/斤—0.06 分/斤与农民签订优质小麦订单，同时粮食企业通过期货市场进行套期保值，在小麦种植或收获之前，就卖到期货市场，并根据在期货市场套期保值的收入情况，对参与订单的农民进行二次分配，使"期货农业"这一为广大农户保障增收的经营模式，在延津县取得了多赢的效果。

（三）"期货农业"的特点

"期货农业"具有多方面的功能和作用，概括来说主要有以下四个方面：

1. "期货农业"最重要的功能就是相应提前发现农产品价格。农产品的价格波动，使种植者回避农产品的价格风险，可以帮助农民避免农产品在收获季节卖不出去的危机困境。农民在春播时节可以先了解农产品的期货价格，如果某类农产品当年价格低，就可以当年不种植，而改种其他农产品；如果当年价格高，有相当利润，那么就开犁播种，同时还可以在期货市场先将农产品卖掉，得到利润同时没有后顾之忧，显示出灵活的调节性，这样就会将价格波动影响因素消除。这个价格不是目前市场上的价格，而是数月后市场上的价格。

2. 可转移交易市场上的风险。在农产品经营者和农户签订订单合同后，农民将其价格风险转移给农产品经营者，农产品经营者则又可以提高在期货市场上的套期保值交易，将风险转移给期货市场上的众多投机者，进而锁定成本，以此有效保证"期货农业"的顺利实施，另外，农产品经营者在与农民签订订单时，可以把市场上期货价格作为参考，科学、合理地制定订单合同的收购价格。

3. 使农民增收更有保障。发展"期货农业"就等于把农民产后的销售活动转移到了产前，农民作为卖方事先按照平等互利、自愿协商的原则，就农产品的数量、质量、规格和价格等事宜形成具有法律效力的合同，达成农业订单，这样就可以减少生产的盲目性和价格波动性，确保农民收入增加。

4. 为解决"三农"问题助一臂之力。随着我国农村经济的迅猛发展，对农业产业化的深化和推进日益加强，农业产业化成为新时期农村改革发展的根本取向。"期货农业"就是在农业产业化这一大背景载体下生发运行的新经营模式，通过"期货农业"来解决"三农"问题，有利于增强农产品在市场中的地位和竞争力，可以形成统一、透明和权威的市场价格，为农民和农产品经营提供经营决策参考，推动农业种植结构调整，为经济的宏观调控提供了有效的市场工具。

同时，期货农业还规范了生产标准，也促使企业重视质量管理。随着农产品期货品种的不断丰富和完善，"期货农业"将会在国内农业领域得到更有效地运用，也将促进农业合作组织更好地发展。

（四）期货农业的社会效益

期货农业不仅对农业、农民、农村有好处，而且也利于整个社会。它主要体现在：

1. 期货价格具有前瞻性，因此，通过价格发现不仅用来安排生产，期货价格还可以安排资金使用。这是因为衍生品市场的价格能反映基础市场未来预期的收益率。因此，期货市场不仅能配置近期资源，而且能配置远期资源；不仅能配置商品资源，而且能配置资金资源。由于期货的交易成本大大低于现货市场的交易成本，加上金融衍生工具对新信息的反应速度也高于现货市场，这些也都同时改善了资产的定价效率。

2. 具有价格的真实性：真正的市场价格的形成需要一系列条件，如供求的集中，充分的流动性，市场的秩序化，公平竞争等，以使信息集中，市场透明，价格能真实反映供求，从而通过竞争形成公正的市场价格。期货市场能满足这些条件。期货市场集中了大量的来自四面八方不同目的的买者和卖者，带来了大量的供求信息，大量市场信息在场内聚集，产生，反馈，扩散，这就使在大量高质量的信息流基础上形成的衍生产品交易价格能客观地、充分地反映供求关系的变化；同时期货市场还提供了严格的规则和法律保障，如禁止垄断操纵市场、平等竞争、竞价制度等，使形成的价格能真实地反映供求双方的意向和预测。

3. 期货的价格具有权威性。期货价格是真正反映了世界范围各方面有关信息的价格，所以期货价格也是国内和国际金融、金属、能源、农产品市场中应用最广泛的参考价格。因此政府的宏观调控可以通过期货市场来进行。

六　农产品期货解决农村金融问题的渠道之一：风险管理

金融的核心就是风险管理。所有的金融问题都可以归结为风险管理及风险与收益的关系。农村金融的问题也是这样。为什么银行不愿意在农村进行贷款，因为风险太大得不到相应的收益补偿，而这种风险又比较难于管理。所以发展农业保险也是健全农村金融体系的一个重要方面。

（一）农村农业的风险

根据"一行三会"的指导意见，健全农村金融也要加快发展农村保险事业，扩大保险范围和保险对象，健全政策性农业保险制度，加快建立农业再保险和巨灾风险分散机制。一是要积极发展洪水、干旱等面积广、影响大、灾害频繁的专项巨灾保险，加快建立全国范围的政策性农业保险网络和农业保险基金；二是鼓励引导商业性保险机构到农村地区设立机构、开展业务、开发适合农村需求的各类保险产品；三是健全再保险市场体系；四是探索建立农村信贷与农业保险相结合的银保互动机制。

频频发生的农业自然灾害，在带来巨大的灾害损失的同时，保险业却缺失了。在商业保险发达的今天，为何农业保险仍然处于真空？这自然与农业的风险特点有关。农业风险的特点如下：

1. 农村生产经营的高风险，不仅是农业风险的种类多、涉及范围广，更重要的是农业风险发生的概率大。目前，我国农业受灾的比例每年大约在40%以上，比一般发达国家高出10%至20%。农业的高风险，也意味着经营农业保险存在着较大的风险，使得保险公司缺乏拓展农业保险业务的动力，农业保险发展十分缓慢。

2. 巨大的风险是保险业拓展市场的机会。但中国农村却并不是保险公司的优质顾客。受农民收入水平和购买能力所限，如果保险公司完全按照市场价格制定保险费率，农民买不起；如果按农民可以接受的标准制定保险费率，保险公司赔不起。

3. 立法滞后，导致政策扶持落实不到位。《中华人民共和国保险法》第一百五十五条明确规定：国家支持发展为农业生产服务的保险事业，农业保险由法律、行政法规另行规定。但有关农业保险的法律、行政法规至今没有出台。由于立法滞后，国家提出对农业保险的扶持都是宏观层面的，往往因缺少具体支持政策而落不到实处，这也是农业保险发展缓慢的一个重要因素。由于缺乏政府扶持，所以农村保险问题仍是不能开展。

由于农业受自然灾害影响较大，承担支农重任的银行机构也处在这一风险之下。如果农业保险这个屏障没有建立，任何形式的银行机构潜在风险都是巨大的，这将影响"三农"的信贷投入，进而影响到社会主义新农村建设的进程。

这里谈的是要借助于农产品期货来降低风险。因为期货市场对风险的管理在我国当前已具备了基础，不需要等到保险业完善之后再来谈农村风险管理。

（二）以期货来管理风险、降低风险的说明

这里以期货来管理风险中的风险目前主要指市场风险，即商品价格波动的风险。国外有天气期货产品，可以对自然灾害进行风险管理。但我国天气期货出台时间尚很不明确，这里从略。期货管理风险的原理见下例说明。

某大型面粉厂的主要原料是小麦，2010 年 3 月小麦的现货价格为 1800 元/吨（该例子中的数字为近似数字），该厂计划在两个月后购进 600 吨小麦，由于担心届时价格上涨而提升成本，导致利润下滑，于是决定买入套期保值。3 月初以 1820 元/吨的价格买入 600 吨 5 月到期的小麦期货合约。（注意：远期的价格不是现货价格。另外，小麦期货合约只有 1、3、5、7、9、11 月。）5 月初，小麦现货价格已上涨至 1900 元/吨，而此时期货价格也涨至 1920 元/吨。于是，该面粉厂以 1900 元/吨的价格在现货市场上购进了 600 吨小麦，同时在期货市场上以 1920 元/吨的价格卖出平仓。其最终盈亏平衡表为：

时间＼市场	现货市场	期货市场
3 月初	现货市场价格为 1800 元/吨，有 600 吨小麦的购买计划，但没有买	以 1820 元/吨的价格买进 600 吨 5 月到期的小麦期货合约
5 月初	在现货市场上以 1900 元/吨的价格买入 600 吨小麦	以 1920 元/吨的价格将原来买进的 600 吨 5 月份到期的合约卖出而平仓
结果	5 月初买入现货比 3 月初买入多支付 100 元/吨的成本	期货对冲盈利 100 元/吨

由此可见，价格上涨导致该面粉厂在过了 2 个月后以 1900 元/吨的价格购进小麦，比 3 月买进小麦要多支付 100 元/吨的成本。但是由于做了套期保值，在期货交易中盈利了 100 元/吨的利润，用以弥补现货市场交易中多付出的价格成本，从而使得其实际购进的小麦的价格仍然为 1800 元/吨，避免了价格风险。

假如 5 月初小麦的价格不涨反跌，现货、期货都下跌了 100 元/吨，则最终的盈亏平衡表为：

时间＼市场	现货市场	期货市场
3 月初	现货市场价格为 1800 元/吨，有 600 吨小麦的购买计划，但没有买	以 1820 元/吨的价格买进 600 吨 5 月到期的小麦期货合约
5 月初	在现货市场上以 1700 元/吨的价格买入 600 吨小麦	以 1720 元/吨的价格将原来买进的 600 吨 5 月到期的合约卖出而平仓
结果	5 月初买入现货比 3 月初买入少支付 100 元/吨的成本	期货对冲亏损 100 元/吨

由此可见，该面粉厂在 2 个月后买入小麦比 3 月初买入时少支付 100 元/吨，但由于在期货市场上做了套期，期货市场亏损了 100 元/吨，因此，该面粉厂小麦的实际进价成本仍然为 1800 元/吨，即用现货市场上少支付的

100 元/吨弥补了在期货市场上亏损的 100 元/吨。

该厂在期货市场上所做的套期保值买入，实际上起到的作用就是将进价成本锁定在 3 月初认可的 1800 元/吨，避免价格波动给企业带来的不确定风险。

（三）套期保值的基本原理

套期保值是指把期货市场当作转移价格风险的场所，利用期货合约作为将来在现货市场上买卖商品的临时替代物，对将来需要买进（或卖出）商品的价格进行保险的交易活动。

套期保值的基本做法是，在现货市场和期货市场对同一种类的商品同时进行数量相等但方向相反的买卖活动，即在买进或卖出实货的同时，在期货市场上卖出或买进同等数量的期货，经过一段时间，当价格变动使现货买卖上出现的盈亏时，可由期货交易上的亏盈得到抵消或弥补。从而在"现"与"期"之间、近期和远期之间建立一种"对冲"机制，以使价格风险降低到最低限度。

套期之所以能够保值，是因为同一种特定商品的期货和现货的主要差异在交货日期前后不一，而它们的价格，则受相同的经济因素和非经济因素影响和制约，同时涨或同时跌。而且，期货合约到期必须进行实货交割的规定性，使现货价格与期货价格还具有趋合性，即当期货合约临近到期日时，两者价格的差异接近于零，否则就有套利的机会。因而，在到期日前，期货和现货价格具有高度的相关性。在相关的两个市场中，反向操作，必然有相互冲销的效果。

买入套期保值的优点和代价：

优点一：回避价格上涨所带来的风险。如在上例中，面粉厂通过买入保值，用期货市场上的盈利弥补了现货市场上多支付的成本，回避了价格上行的风险。如果是卖出商品，就是回避了价格下跌的风险。

优点二：提高了企业资金的使用效率。由于期货交易是一种保证金交易，因此用少量的资金就可以控制大批货物，加快了资金的周转速度。保证金通常以交易金额的一定比例表示。如果保证金要求是 5%，意思即是：交易金额 100 元时，只需 5 元钱即可。

如在上例中，根据交易所 5% 的交易保证金，该面粉厂只需动用 $1800 \times 600 \times 5\% = 54000$ 元，即使加上 5% 的资金作为抗风险的资金（这是期货投资中为了避免被强制平仓而采取的通常做法），其余90%的资金在2个月内可加速周转，不仅减少了资金占用成本，还节约了仓储费、保险费和损耗费。

优点三：能够促使现货合同的早日签订。如在上例中，面对小麦价格上涨的趋势，即使你想买，供货方一般不会愿意按照3月初的现货价格签订5月初的供货合同，而是希望能够签订活价供货合同，即成交价格按照到期的现货市场价格为准。（如果你有了小麦继续上涨的判断，供货方也有很大可能做出相同的判断。）如果买方做了买入套期保值，就可以放心地签订活价供货合同，因为即使价格真的上升了，买货方可以用期货市场的盈利弥补现货多支付的成本。

买入套期保值所付出的代价是：一旦采取了套期保值策略，即失去了价格下跌带来的好处。也就是说，在回避对自己不利的价格风险的同时，也放弃了因价格可能出现的对自己有利的机会。比如，在上例中，如果小麦价格下跌，该厂的买入套期保值出现亏损，尽管现货市场少支付的成本可以弥补期货市场上的亏损，但与没有进行套期保值相比，进货价格相对提高了。

由于农业生产的特殊性，农产品价格的波动是影响农业经济的重要因素，而农产品期货则具有套期保值、锁定价格风险的重要作用。因此，完善与发展农产品期货市场对提升农业产业化水平，促进新农村建设具有重要的意义。

七　期货的介入对现货市场的影响

上一节谈到的风险管理，是利用了期货产品与生产产品进行对冲而得以降低风险。期货降低风险还有另外一层意思。它指的是期货的引入使得现货市场的波动性降低。本节根据中国已上市的期货品种，对此做一实证分析。

（一）文献回顾及问题的提出

国外对期货引入后现货市场波动性的影响主要分为理论研究和实证研究两方面。

理论研究方面，考克斯（Cox）认为如果期货价格能够很快地对新出现的信息作出反应，并且这种反应能够通过期货市场与现货市场之间的套利机制传递至现货市场，那么现货市场的波动性和效率会同时增加。洛斯

（Ross）认为在无套利条件的约束下，现货市场上股票价格的波动性取决于信息量的大小，股票收益率的波动性就相当于"信息流"的变化率。这两个人的研究表明，若期货交易带来了更多的信息进入现货市场，而且这些信息能够对现货价格产生影响，那么期货市场就会增加现货价格的波动性。

哈里斯（Harris）认为期货市场所带来的投机交易对现货价格波动性的影响是两方面的。一方面，当有新的基本面消息出现时，商品价格往往会出现较大的波动。由于期货市场具有价格发现的功能，而且与现货市场相比，其具有较低的交易费用，因此期货价格对新消息的反应较快。另一方面，期货市场上大量投机者的参与会在一定程度上使价格出现过度的反应。这种过度反应会通过套利交易传递给现货市场，加大现货价格的波动。查思阿德（Chassard）和哈里维尔（Halliwell）认为投机交易可以人为地扭曲价格，夸大价格对基本面消息的反应，进而增加现货价格的波动。

而弗里德曼对投机活动持有不同的看法，认为投机者在价格下跌至较低的位置时买入，在价格上涨至较高的位置时卖出，这种行为会减缓价格的波动幅度。由于理论分析的结论并不一致，国外学者开始致力于通过实证分析来考察各国期货交易对现货价格波动的影响。

在实证研究方面，沃克迎（Working）对洋葱交易历史进行了详尽的统计研究，提出了大量的证据，他的论文《期货交易的价格效应》成为关于这个问题的经典分析。在这篇论文中，沃克迎将洋葱的现货价格数据分成三组，不存在套期保值交易、存在少量套期保值交易和存在大量套期保值交易，经过对比分析发现，套期保值交易在整体上明显地减缓了洋葱现货价格的波动。

随着计量经济学的发展，各种波动性衡量技术和模型被广泛地应用到实证研究中。辛普森（Simpson）和爱尔兰（Ireland）运用静态回归模型考察了期货交易对美国国民抵押协会债券（GNMA）现货价格波动性的影响，研究结果发现，期货交易的引入并没有增加现货价格的波动。波尔多夫（Baldauf）利用方差自回归（ARCH）模型对标准普尔指数（S&P500）市场进行了实证分析，分析结果显示期货交易引入前后，现货价格的波动性并没有出现显著性的改变。安东尼欧（Antoniou）和福斯特（Foster）利用广义自回归条件异方差模型对1986年至1990年布伦特原油现货价格进行了实证分析，研究结果发现，期货交易的引入减缓了原油现货价格的波动，但同时也增加了现货价格波动的群集效应。古楞（Gulen）和梅休（Mayhew）运用事件分析法，通过对 25 个国家和地区的股指期货与现货指数波动的实证分析，发现除美国标准普尔 500 指数期货与日本日经 225 指数期货显著加剧现货指数波动外，其余国家和地区的股指期货对其现货指数的波动并无影响，甚至减缓了现货指数的波动。

国内方面，针对农产品期货波动性影响的研究较少，杨楠（2007）通过广义自回归条件异方差模型对国内玉米和白糖进行研究，发现农产品期货的推出减缓了现货价格的波动。他认为原因在于期货市场上存在大量投机者，投机者的投机活动平抑了现货价格的波动。

不同于已有文献，本文的贡献主要有以下几方面。首先，这是对中国农产品期货进行波动性影响研究的较少文献之一，并且我们研究了中国整个农产品期货体系的现货价格数据，数据涵盖的品种最广且时间跨度最长，因此结论的准确性大大提高。

纵观已有文献，杨楠（2007）认为农产品期货的推出降低了现货市场的波动性，但她的研究显示但这种影响较小。刘欢（2010）则认为股指期货上市显著降低了股指的波动性。已有文献在这方面结论不一，很可能是因为样本数据量不足造成的。我们在选取了一个更大样本量数据和去除了可预测因素的影响之后，我们得出股指期货上市显著降低了股指的波动性的结论，这一结论也与前后标准差的比较结果吻合。

另外，2009 年 4 月 20 日早籼稻期货推出，稻谷期货的上市，标志着我国粮棉油糖等主要农产品期货品种体系已基本健全，因此把早籼稻纳入研究体系将是第一份全面分析农产品价格波动的文章。

（二）数据来源

中国的第一个农产品期货合约产生于 1999 年 1 月 4 日，目前农产品期货品种已达到 12 种。表 1 介绍了中国农产品期货的相应品种和推出时间。随着农产品期货品种越来越多，交易额越来越大，深刻了解期货和现货市场之间的关系也变得尤为重要。已有文献主要关注于大宗商品期货和股指期货的研究，而对农产品期货较少涉及。在研究农产品期货的论文中，研究者的目光又集中于个别农产品，因此已有研究得出相互矛盾的结论。一些学者发现期货的推出加剧了现货市场价格波动，另一些学者则发现没有影响或者降低了波动性。

表1　　　　　　　　　　　农产品期货品种及上市时间

品种	上市时间	交易所
硬麦	1999 年 1 月 4 日	郑州商品期货交易所
大豆一号	1999 年 1 月 4 日	大连商品期货交易所
豆粕	2000 年 7 月 17 日	大连商品期货交易所
强麦	2003 年 3 月 28 日	郑州商品期货交易所
棉花	2004 年 6 月 1 日	郑州商品期货交易所
玉米	2004 年 9 月 22 日	大连商品期货交易所
大豆二号	2004 年 12 月 22 日	大连商品期货交易所
白糖	2006 年 1 月 6 日	郑州商品期货交易所
豆油	2006 年 1 月 9 日	大连商品期货交易所
菜子油	2007 年 6 月 8 日	郑州商品期货交易所
棕榈油	2007 年 10 月 29 日	大连商品期货交易所
早籼稻	2009 年 4 月 20 日	郑州商品期货交易所

　　在这篇文章中，我通过分析 10 个现货品种的周收益率时间序列，以此发现它在相应期货推出前后波动性的变化。首先，通过广义自回归条件异方差模型来分析虚拟变量系数的正负及显著性，从而检验现货价格波动性是否发生结构性变化。其次，通过比较期货推出前后现货品种的均值及方差变化情况进一步验证波动性的变化结果。

　　我们基于整个农产品期货品种的分析研究，并采用了两种方法对检验结果进行验证，旨在统一农产品期货对现货价格波动性影响的结论，有别于以往文献中或增加价格波动或减少价格波动的结果，我们得出的结论是绝大部分农产品期货会显著降低现货价格波动，仅有棕榈油的现货价格波动性在期货推出之后增加，而硬麦现货市场波动性则没有受到明显影响。原因我们将在下文中分析。

（三）数据描述

　　本文选取大连商品交易所和郑州商品交易所的 10 个期货品种。分析对象是这 10 个品种的现货批发价格周数据，数据来源是中华粮网。我们将价格周数据转化为周收益率，10 个交易品种构成一个完整的棉糖粮油农产品期货体系，包括棉花、菜子油、硬麦、白糖、早籼稻、大豆二号、豆粕、豆油、棕榈油和玉米。对于每一个品种，我们选取期货上市前一段时间和上市后一段时间的价格数据，时间从 1998 年到 2010 年。各期货品种上市时间和上市前后现货周价格样本数见表 2。

表 2　　　　　　　　　　　　期货前后样本数量

品种	时间区间	期货前样本数	期货后样本数
硬麦	1998 年 1 月 9 日—2010 年 11 月 12 日	616	51
大豆一号	1998 年 1 月 9 日—2010 年 11 月 12 日	51	616
豆粕	1998 年 1 月 9 日—2010 年 11 月 12 日	126	541
棉花	2002 年 6 月 14 日—2010 年 9 月 10 日	96	322
玉米	1998 年 1 月 9 日—2010 年 11 月 12 日	396	271
白糖	1999 年 5 月 28 日—2010 年 9 月 10 日	333	239
豆油	1998 年 1 月 9 日—2010 年 11 月 12 日	412	255
菜子油	1998 年 1 月 9 日—2010 年 11 月 12 日	485	182
棕榈油	2005 年 4 月 1 日—2010 年 11 月 12 日	98	231
早籼稻	1998 年 1 月 9 日—2010 年 11 月 12 日	583	84

（四）模型分析

本文选取 GARCH 模型来分析现货的波动性。模型如下：

$$\begin{cases} R_t = \beta_0 + \beta_1 X_1 + \beta_2 CPI + \beta_3 M_2 + \varepsilon_t \\ h_t = \theta_0 + \theta_1 \varepsilon_{t-1}^2 + \theta_2 h_{t-1} + \theta_3 D \end{cases}$$

其中，R_t 是指现货的价格变化幅度，收益率方程中，我们去除了收益率中中可以预测的部分。X_1 为农业生产资料价格指数，CPI 为消费价格指数，M_2 为货币余额变化幅度。这样残差中就是消除了农业生产资料带来的现货价格波动和通货膨胀带来的价格波动。ε_t 来自收益率回归方程，其服从 N（0，h_t）分布，而波动性 h_t 由广义自回归条件异方差模型来界定。我们在广义自回归条件异方差模型中加入虚拟变量 D，其取值是：股指期货引入之前取值为 0，引入之后取值为 1。上述广义自回归条件异方差（1，1）模型的检验结果如表 3。

表3   GARCH 模型检验结果

品种	θ_0	θ_1	θ_2	θ_3
硬麦	0.3986	0.000361	3.0526	0.0223
	(0.102)	(0.9942)	(<0.0001)	(0.9272)
大豆一号	41.0859	-1.26E-10	0.0326	-1.37E-10
	(<0.0001)	(<0.0001)	(0.4903)	(<0.0001)
豆粕	52.4458	3.36E-10	-4.21E-11	-4.21E-11
	(<0.0001)	(<0.0001)	(<0.0001)	(<0.0001)
棉花	1.8236	-8.43E-11	0.9076	-8.43E-11
	(<0.0001)	(<0.0001)	(0.0115)	(<0.0001)
玉米	17.2438	3.14E-09	-4.21E-11	-4.21E-11
	(<0.0001)	(<0.0001)	(<0.0001)	(<0.0001)
白糖	6.8967	0.001496	0.3913	-3.38E-10
	(0.7911)	(0.9997)	(<0.0001)	(<0.0001)
豆油	25.9468	-3.16E-11	1.3578	-3.42E-10
	(<0.0001)	(0.9892)	(<0.0001)	(0.0012)
菜子油	20.086	-1.48E-10	0.1049	-1.48E-10
	(<0.0001)	(<0.0001)	(0.0281)	(<0.0001)
棕榈油	7.6854	-1.05E-11	-3.79E-10	10.4176
	(<0.0001)	(<0.0001)	(<0.0001)	(<0.0001)
早籼稻	17.6615	3.00E-09	-4.21E-11	-4.21E-11
	(<0.0001)	(<0.0001)	(<0.0001)	(<0.0001)

﹡说明：每种商品第一行为参数估计，第二行括号内数字为 P-value。

　　表中可见，在 1% 的置信水平上，10 个农产品中有 8 个品种显著为负，包括棉花、白糖、菜子油、大豆二号、豆油、玉米、早籼稻和豆粕，表明这 8 个品种期货推出后显著降低了相应现货价格的波动性。棕榈油期货的推出则显著增加了现货价格的波动性，而对硬麦而言，期货推出对其没有显著影响。因此，对于大部分农产品而言，期货品种的推出显著降低了现货市场的波动性，硬麦和棕榈油除外，期货在一定程度上熨平了现货价格的起伏。

　　有一点我们需要说明的是，我们已竭尽努力在数据选取和数据处理上消除可预测部分的影响，即使仍然可能残存部分对数据处理有影响的因素，但是这些影响已经可以忽略不计，这一点可以从检验结果极高的显著性上看出，因此我们的结论相对已有文献有很高的准确度。

此外，我们进行表观上的统计量比较，以验证上一步的结论。以各农产品期货品种推出时间为截点，将现货价格收益率分为期货推出前及期货推出后两段，分别统计两者数量特征，数据如下表：

表4　　　　　　　　　　　期货推出前后样本统计特征比较

品种	期货推出之前		总体特征		期货推出之后	
	均值	标准差	均值	标准差	均值	标准差
硬麦	0.00269	1.59054	0.063405	1.62691	0.068333	1.631
大豆一号	-0.52223	8.44977	-0.19724	6.44466	0.156063	2.99217
豆粕	-1.0113	9.50092	-0.37895	7.2375	-0.23465	6.61628
棉花	0.707226	2.04117	0.191403	1.44204	0.039219	1.17169
玉米	-0.25977	5.63807	-0.07465	4.15502	0.121357	1.36466
白糖	0.245515	4.00469	0.20238	3.50406	0.142461	2.6638
豆油	-0.53286	8.14797	-0.21384	6.70971	0.277828	3.43775
菜子油	-0.13587	5.23013	-0.05882	4.57225	0.138866	2.08888
棕榈油	0.507678	2.73869	0.350372	3.70743	0.233892	4.29302
早籼稻	-0.07957	4.4656	-0.04576	4.20547	0.188086	1.4401

对比 10 个期货品种推出前后现货价格周收益率序列的描述性统计量的数据，可以看出农产品期货推出后，棉花、白糖、菜子油、大豆二号、豆油、玉米、早籼稻、豆粕的周收益率水平及周收益率的标准差均降低，说明这 8 种期货的推出有助于减缓现货价格的波动性。硬麦收益率数列的标准差在期货推出前后变化幅度不明显，棕榈油的标准差则在相应期货推出后有较大幅度的提高。

结合 GARCH 模型和均值及标准差测算结果来看，结论是一致的，即对于大部分农产品来说，期货的推出有助于减缓现货价格的波动性。

（五）结论

本文中，我们检验了中国整个农产品期货体系中 10 个期货品种推出前后现货农产品市场的波动性。首先，我们在去除了可预测部分对波动性的干扰之后用 GARCH 模型分析了农产品期货推出对现货市场的波动性影响，我们的结果显示除棕榈油和小麦外，其他 8 个期货品种的推出显著降低了现货价格的波动性。

最后，我们通过农产品期货推出前后现货价格周收益率均值标准差统计量比较来进一步从表观上验证第一步的结果，我们发现比较的结果与模型结果完全吻合。

尽管存在一些无法抗拒的因素影响，如金融危机的干扰，本文的结果仍然反映了一个较为准确的事实，即农产品期货的推出降低了农产品现货价格的波动性。Stein（1987）认为开通期货有正反两方面的影响，一方面风险对冲降低了现货市场的波动性，另一方面由于投机者的参与增加了市场的波动性。可能在金融体系高度发达的国家，更多的是拥有消息的投机者，而在金融体系不够发达的国家，参与者更多的是风险对冲者。这是 Stein 的理论模型，而国外文献对这一方面的研究也验证了这一结果，在美国和日本，期货推出增加了现货市场的波动性，而在其他很多国家尤其是新兴国家如印度，期货的推出则降低了市场波动性。本文对中国农产品期货的研究结果也与这一理论模型相符。

八　结论与建议

本章分析了农产品期货如何帮助实现农村金融的发展。主要结论是：期货的产生与利用可以指导农村生产，可以降低农业风险。我们的第二个结论是期货本身的推出也降低了农产品现货的波动性。即使目前农民还不能用得上期货，期货的推出也降低了现货价格的波动。从整体上降低了市场风险。

充分发挥利用农产品期货的功能，可以为解决"三农"问题起到积极作用：

1. 能够促进农业种植结构的调整，指导生产，扩大生产。

2. 期货交易提供了套期保值等方式，防范市场风险，降低了企业的经营风险，提升了企业的经营和竞争能力，促进了农业产业化更好发展。

3. 期货为农民提供了明确的价格信号，增强了农民对生产销售的掌控能力，通过直接或间接利用期货市场提前锁定未来销售价格，有助于解决农民"销售难、售价低"的问题，实现农民增收。"三农"问题的关键点在于如何保证农民增收。期货市场能够让农民把卖粮变为可持续性的行为，并且能够帮助农民把握出售的时机。

4. 期货完善了农村中介组织的发展路径，通过提高农村组织对期货市场的利用程度，降低农民组织化生产的市场风险，实现"小生产"和"大市场"的有效对接。

"三农"问题是困扰着政府完成农村体制改革，共同发展和谐社会的难题。农产品期货，充分发挥其套期保值以及价格发现功能，服务我国三农，稳定农产品种植，规避价格的大起大落，为农产品现货行业的经营保驾护航。

以农产品期货来发展健全农村金融体系有着光明前途，但目前的形势并不如意，还需要进行期货市场的完善才能实现期货市场功能的发挥。下面提出利用农产品期货市场的几点建议。这些建议，一是对于期货市场而言，要继续扩大期货种类。二是对于农业相关产业参与者而言，要加强组织，充分利用期货市场这样一种现代工具。

我国的农产品期货市场从 20 世纪 90 年代建立以来，经过多年的发展，已初步涵盖了粮棉油糖四大系列农产品期货品种体系。但期货市场仍有许多待改进的地方。主要的不足就是需要增加更多品种。

从我国期货市场十几年的发展历程看，农产品交易一直占据着重要的份额。自 1998 年对期货交易所精简合并后，保留和成立了大连、郑州、上海三家期货交易所。农产品期货市场交易量年增长率超过世界农产品期货的平均增长水平。但是，我国农产品期货市场的规模与农产品现货市场规模相比，仍然不够。农产品期货品种仍嫌不足。

在我国主要农产品中，有许多品种其产量在世界上占据着重要的位置，例如稻谷、小麦、肉类、棉花、花生、油菜子、水果等产量都居世界首位，玉米、大豆等生产量分别为世界第二位和第四位，是名副其实的农业大国，但从我国农产品的上市品种来看，2007 年底，我国 3 家商品期货交易所共上市农产品期货品种 12 个。而在期货市场较为发达的美国，其农产品期货和期权品种达到了 50 多个。可以看出我国农产品期货的覆盖范围较为有限。从已上市品种的交易规模来看，虽然已取得了不小的成绩，但是总体交易量仍较小，与现货市场的发展规模不相适应。以大豆和玉米为例，2006 年我国大豆期货交易量与现货生产量的规模比为 10.98，而美国为 35.5，2006 年我国玉米市场期现比为 9.3，而美国玉米市场为 22。

可以成为新的期货品种的农产品包括生猪、大蒜等农副产品。因为这些农产品经历了大幅的价格波动。生产者（菜农、养殖户）和销售者面对如此剧烈波动，承担着巨大风险。这就迫切需要市场建立一套价格发现体系。而这种价格发现体制最好的办法，就是建立不同品种的蔬菜副食品的期货交易。

大蒜作为期货品种，也许规模上不去。但任何一种农产品都关系到背后整个生产链。如果提供这些细分的市场品种，自然有其专门的供应商在市场上交易。美国在这方面就做得很细，交易内容也很丰富。芝加哥各类期货交易所，就有3个月后收获的包心菜和洋葱之类的期货交易品种。而期货交易所在成熟开发了许多期货品种之后，也并不会因为小品种而遭受太多损失。

因为真的开设了这样的小品种期货，也一定会形成专门的交易商，迟早会产生上规模的交易。现在新闻报道里囤积上千吨大蒜的现货投机商，就有可能利用自己对产品的生产和销售的熟悉程度，做成大的农产品的供应商。美国农场主就是这样慢慢形成的。虽然中国的农副产品的生产会有自己的特质，但中国的菜农养殖户都是富有智慧的人，不会不去学习好的市场交易方式。

而生猪期货的上市，必将对我国城市肉食供给，稳定肉价有着重要的意义，同时也将对其上下游养殖业及饲料行业有着重要的意义。加大农产品新品种的开发及上市力度，拓宽期货市场对农产品的覆盖面，将为品种背后的相关企业及农民提供新的市场机会，从而带动相关产业的快速发展。

第二个不足是期货的教育与宣传不够。我国期货市场发展不过短短十余年，且局限于大中城市的金融投资领域，在中国广大的农村，期货概念依旧非常模糊。对于农民而言，期货或是一个极其陌生的概念或是一知半解，真正利用和参与期货市场的农民少之又少。由于人们对其认识上的障碍和受其自身发展环境的影响，制约了其功能的充分发挥。期货交易所与期货公司有义务就期货的套期保值、风险管理功能进行教育。增强农民对农产品期货的市场意识、加大对农民的期货教育工作力度。

虽然农产品期货对农民非常有裨益，但如果农民认识不到这一点，再好的政策也是空话。在美国，有65%的农民都直接或间接地参与到农产品期货交易中来，但我国却寥寥无几，这与我国农民缺乏市场意识与金融意识非常有关联。对于农产品期货的认识与理解，要在有实力的期货经营机构、专业的从业人员的帮助下，继续进行普及教育，同时积极发挥行业协会、商品交易所、农业专业合作社的引导作用，在农产品相关经营各方中，深入进行农产品期货规避农业风险的套期保值知识讲座，帮助企业进一步完善介入期货市场的相关保值、交割、风险控制制度，更加深入的推动农产品期货服务。

对农民与农村企业的建议

第一要产业化。单独的小规模农业是要被淘汰的生产方式。只有产业化，才能提高生产效率。也才能更有效地利用金融市场。由于我国改革开放以来的分田到户，实现产业化现实中困难重重。目前我国农业生产方式主要是以农户为基础单位独立进行的。并且生产与种植计划也是以当期现货市场价格为依据来确定。我国农民的组织化程度较低，参加合作组织的农户仅为总农户数的 21.8%，以家庭为单位的农户生产分散，规模太小，同集中而大宗的期货交易相矛盾，一个标准的农产品期货合约规定的交易一般每次不得少于一手 10 吨，一般的农户显然难以达到这一要求。因此如果让各家各户分散播种的农户参加期货交易根本不能现实，这也是为什么要提倡培育农产品中介服务组织，以其为依托，大力开展农业公司与农户联姻的捆绑经营方式的原因。

发达国家农业发展的成功经验。以美国为例，美国农业生产一般以家庭农场为主，其特点是农场主集中经营较大面积的耕地，便于管理；种植品种单一，利于维护；农业机械化水平高，产品质量均衡；农民文化素质较高，接受能力强。发展新农村建设，成立农村合作组织，统一销售粮食。这可能需要政府帮助组织，并且和期货市场（交易所、期货公司等）进行联合。如此操作，估计在短期内就能实现让农民在期货市场进行售粮，这是达成农民增收切实可行的一种方案，期货公司在这里同样承担了组织、协调、指导、监督的作用。

培育农业资本，这可以由农村兼并完成，也可以引进战略投资者。引导更多的金融资金和社会资金投向农村。但注意农村基本性，要避免国际敌对资本的控制。农业资本的组成应该包括农户、家庭农场、农业产业化公司。而基金是一种较好的形式。纯粹的非农企业资本并不能长久地促进农村金融建设，而只是炒作。

利用农产品期货市场，推动农业产业化，这是农村经济的最根本之处，也是农村金融最易下手的地方。当产业化形成之后，农村经济问题将不再成为特殊的问题，因为城乡一体化已经改变了农村生产、组织方式。在农村生产组织方式改变之后，农民的增收问题才有可能赶得上时代，通过新技术、新产品来实现。

参考文献

1. 范恒森：《走向富强的战略选择——农业资本战略》，人民出版社 2009 年版。

2. 赵强：《新农村金融建设中期货公司如何发挥作用》，《期货日报》2007 年 6 月 5 日。

3. 蔡胜勋：《我国农民利用农产品期货市场的再思考》，《河南大学学报》（社会科学版）2008 年第 5 期。

4. 甘爱平、王胜英、张丽：《农产品期货市场与新农村建设的现代化》，《当代经济研究》2007 年第 5 期。

5. 杨楠：《我国农产品期货交易对现货价格波动性影响的研究》，硕士论文，2007 年 5 月。

6. 刘凤军：《期货价格与现货价格波动关系的实证研究》，《财贸经济》2006 年第 8 期。

7. 夏天：《国内外期货价格与国产现货价格动态关系的研究》，《金融研究》2006 年第 2 期。

8. 《农产品期货助力农村金融 拓展大宗农产品期市》，国务院发展研究中心信息网，2007 年 1 月 23 日。

9. 《引导更多金融资金和社会资金投向农村》，《人民日报》2010 年 8 月 11 日。

10. 《完善与发展农产品期货市场，变革农业生产方式，促进新农村建设》，国务院发展研究中心信息网，2007 年 2 月 14 日。

11. 《借农村金融创新东风 农产品期货有望再次飞跃》，中财网，2010 年 8 月 5 日。

12. Brad Baldauf, "Stock price volatility: Some evidence from an ARCH model", Journal of Futures Markets, 1991 (2): pp. 191 – 200.

13. Antoniou, A., Holmes, P. & Priestley, R. (1998), "The effects of stock index futures trading on stock index volatility: An analysis of the asymmetric response of volatility to news." *Journal of Futures Markets*, 18, pp. 151 – 166.

14. Huseyin Gulen & Stewart Mayhew, "Stock Index Futures Trading and Volatility in International Equity Markets", *The Journal of Futures Markets*, 2000 (7): pp. 661 – 685.

15. Neil Shephard & Kevin Sheppard, "Realising the future: forecasting with high-frequency-based volatility (HEAVY) models", *Journal of Applied Econometrics*, 2010 (2), pp. 197 – 231.

第五章 农村金融风险管理的理论框架

金昉毅

(中央财经大学中国金融发展研究院)

一 引言

即使近几年城市化进程从没有停滞过,农村常住人口和农村国土面积还是在全国占有绝对比重,这是对中国社会经济现状的准确描述。本章分别从规范和实证的研究角度提出了一个针对中国农村金融风险管理的理论框架,即以农户家庭金融风险管理为核心的研究框架。

本章的主要观点有如下三部分:第一,风险管理可以减少市场信息不对称而创造价值。第二,中国农村金融的核心问题是农户融资难。造成这一结果的主要原因是信息不对称和信用风险高,而对农户家庭金融的研究可以改善农户的风险管理以减少信息不对称和道德风险,同时对于金融机构构建适合农户信贷的信用评估模型有启示意义。第三,针对中国农户家庭金融的实证研究表明,融资需求在中国农村地区普遍存在,而经济不发达的内陆地区、年老的、教育程度低的农户的融资需求相对更大,违约风险也越高。

本章的创新之处有以下两点:第一,根据理论模型,首次提出以风险管理作为信号来降低农村金融市场的不对称性。第二,首次以收入支出差额作为衡量融资需求的方法。

近几年来国内学者对于农村金融的研究主要分为以下几大分支。首先是对农村金融制度的研究。洪正等(2010)指出由于农村普遍缺乏抵押品,如何发展抵押品替代机制是农村融资机制设计的关键,并提出组织化(或分散化)和监督是两个重要的抵押品替代机制。周振海(2007)按照金融机构的正式化程度提出中国现有农村小额信贷市场的几个显著特征,并基于垄断和价格管制条件下，利用垄断厂商理论论证了当前中国农村小额信贷市场存在价值损失和信贷配给现象。张劲松、赵耀（2010）以分析农村信贷主体的行为入手，构建了一个农业金融信贷合约模型。陈建新（2008）利用经济机制设计理论对传统的农贷技术、农地抵押技术和小额信贷技术进行了比较分析。王元（2006）在对农村金融市场的盈利空间进行分析的前提下，从信息处理能力和博弈参与能力两个方面探讨了农村金融市场上的正规金融机构的内在不足。这些研究都指出了正规金融机构在农村金融市场上的困境。

因此有一些学者关注中国农村的非正式金融。如胡必亮（2004）初步建立了村庄信任的理论概念与分析框架。朱信凯、刘刚（2009）提出正规金融与非正规金融并存的二元化结构是我国农村金融体制的主要特征。龙海明、柳沙玲（2008）、金烨、李宏彬（2009）则实证研究了家庭经济、家庭结构以及人口特征对于农户向非正规金融渠道借贷行为的影响。但是，非正式金融毕竟不能解决所有的农村融资需求，并且非正式金融往往伴随着借贷成本高的问题。因此本章内容还是以正规金融为分析主体。

与本章对农户融资需求的实证分析最为接近的研究包括李锐、朱喜（2007）、北京大学中国经济研究中心宏观组（2007）、熊学萍等（2007）、周宗安（2010）以及田秀娟（2009）。但是这些实证研究面临三大问题：第一，数据调查抽样不具备代表性。通常都只局限于某个省的单个地区。第二，农户融资需求如果以农户实际产生的借贷来衡量，往往由于农村金融机构的匮乏以及普遍存在的融资难的问题，实际的借款额可能远远小于真实的融资需求。第三，农户自己申报的融资需求主观性强，而且无法量化那些申请不到的贷款。本文提出的用支出收入缺口来衡量融资缺口能够较好的解决以上难题，在第四节中会有更加详细的叙述。

本章余下的内容由以下几个部分组成：第二节介绍了中外文献在农村金融风险管理的理论研究。第三节介绍农村金融风险管理的核心——农户家庭金融风险。第四节运用中国农村个人家庭资产的抽样调查数据来分析农村融资需求以及对信用风险管理的启示。第五节是对本章的小结。

二 农村金融风险管理的理论意义

（一）避险无用定理

要想对我国农村金融进行风险管理的理论意义进行探讨，必然会提出这样一个问题：风险管理到底是否产生价值？本节首先讨论风险管理是否增加股东财富，即当风险管理的唯一好处只是降低股票回报率的波动率的时候，是否股东还愿意让公司花钱去降低公司现金流的波动率。我们假设这家公司的股东只关心他们投资在股票中的财富的期望回报率和波动率，并且他们的股票组合已经很好地分散化投资，他们也已经选择了一个最优的风险级别。我们知道经典的资本资产定价模型（CAPM）把股票回报的波动率分解成不能被分散投资所消除的系统性风险和其他可以被分散投资所消除的非系统性风险，那么我们不妨将风险管理策略分成两种，一种是降低非系统性风险的，另外一种是为了降低系统性风险的。

1. 可分散的非系统性风险。根据资本资产定价模型，期望回报率只用来补偿股票的系统性风险，所以降低非系统性风险的风险管理措施都不能改变投资者的回报率，也就是说，消除非系统性风险不能增加公司价值。

2. 系统性风险。公司股东可以轻易地改变自己所承担的系统性风险（比如卖空一个市场组合来降低贝塔值），所以完全没有必要让公司花费成本去实现同样的目的，通过风险管理消除系统性风险因此也不能增加公司价值。

由此，我们可以得到避险无用定理：当承担风险的成本对内部管理者和外部投资者是一致的时候，对于风险的规避并不能提升公司的价值。

（二）风险管理创造价值

然而，现实生活中由于有各种交易成本以及税的存在，市场不是完全的无摩擦的，经济人也不总是拥有相同的对于公司经营状况的信息。下面我们就来讨论几种在不完全市场中风险可以创造价值的情况。

1. 降低破产风险

当一个公司在它的资本结构里拥有债务时，公司的营业收入就有一定的可能不够向债权人支付利息或者本金。这种时候公司就有可能宣告破产。而破产会降低公司的价值，因为破产程序中需要雇用律师和财务顾问，而管理层在破产程序中所花的时间也是一种成本。据研究，破产的直接成本平均占公司的总资产价值的3%（Weiss，1990）。把公司破产的概率乘以破产的直接成本后就能得到公司发行债务的期望破产成本。

从更广泛的意义上讲，即使公司没有在法律意义上的破产，公司也可能陷入财务困境。陷入财务困境虽然不至于马上破产，但陷入财务困境的公司会在以下各方面带来额外的开支。例如，为了债务重组而进行的谈判、由于资金匮乏而放弃有价值的项目、由于支付能力受损供应商供货条款更加苛刻、因为顾客担心公司没有良好的售后服务支持而流失的销售额以及在应对这些现金流问题上管理层所付出的时间和精力。因此，陷入财务危机以及破产都会对公司造成额外的损失。

由于破产或者财务风险并不能被股东像对付贝塔风险和产品价格风险那样有效的规避掉，降低破产或财务风险就能够增加公司的价值。如果这种避险是没有成本的，那么公司会毫不犹豫地通过避险来消除破产或财务风险。但是大多数避险措施都是有代价的，那么只要这个代价小于减少破产或财务风险而带来的好处，风险管理就是有必要的，能够提升公司的价值。

2. 降低应税收入的波动性

当公司面临累进税制时，即收入越高，税率就越高时，可以通过风险管理使得应税收入更加平滑，从而减少应付税额。虽然说当期的亏损可以用来退回以前交的税额或者用来抵充未来盈利期的应付税额，但是金钱的时间价值并不会相应的调整。比如过去交的税额虽然可以在本期退回，但不会加上从过去到现在的利息；同样，抵消将来的应付税额也不会算上从现在到未来的利息。

虽然公司税制受到各种复杂的因素影响，比如说利息和折旧的避税作用。即使有这些复杂因素，模拟的分析也表明通过风险管理降低应税收入的波动率确实可以减少应付税款的现值，从而增加公司的价值。总体来说，风险管理策略能够将应税收入从高税额年份转移至低税额年份，这样通过减少总应付税额来增加公司价值。

3. 降低加权平均资本成本

在最优资本结构（债务的最优比例）模型中，公司可以通过提高债务而增加利息来避税，从而提高公司价值，直到避税的收益小于因提高债务而增加的破产成本（参考 2.2.1）。如果通过风险管理使得破产成本降低，那么就可以增加资本杠杆率来降低公司总体的资金成本即加权平均资本成本。由于公司的资金成本降低了，公司的净现值就会提高。

4. 降低可分散风险

在 2.1 这一小节中，我们知道投资者无需公司来减少可分散风险，因为他们自己可以通过持有一个高度分散的股票组合来分散风险，因为风险管理就没有价值。但是对于一个大股东来说，尤其当他的个人财富的相当一部分投资在这家公司中，他就会倾向于在特定风险小的公司中投资。

而大股东的加入是可以提升公司价值的。这种提升来自于两方面：首先，大股东往往精通于公司管理和行业发展，这样可以帮助公司高管更好的经营公司；其次，大股东可以对公司高管更好的监督，即大股东减少了困扰现代企业的经营权与所有权分离所带来的代理成本。

5. 降低债台高筑的可能性

当一家公司由于债台高筑接近资不抵债的境地时，董事会可能不得不放弃一些具有正的净现值的投资项目。因为如果投资成功，则股价上升，股东满意，如果不成功，那无非就是资不抵债，公司破产，损失的是债权人。所以这种情况下，债权人是不会支持项目融资的，这样公司只能发行股票来融资，然后发行新股会造成现有股东的股权稀释。所以最后的结果是董事会不得不放弃优质项目。如果风险管理可以降低公司的杠杆率，使得公司资不抵债的可能性更小，那么就会有更多的机会接受优质项目，从而增加公司的价值。

6. 降低信息不对称

在公司治理方面一个非常核心的问题就是信息不对称，即外部的投资者不知道公司真实的运营情况。信息不对称可以在两方面影响到融资成本：首先，当公司在寻求外界资金来维持高增长时，投资者必须依赖于公司管理层给出的对于未来盈利能力的估计值；其次，公司盈利状况不佳时，投资者不知道这是由于公司内部管理不善还是外界因素造成的。

而风险管理可以缓解上述两个问题，从而使得资金成本降低，公司价值得到提高。一方面降低信息不对称使得内部融资更能得到股东的支持，使得内部融资变得更加可能，从而降低资金成本。另一方面，将不受管理层控制的风险规避掉能够使得公司的管理更加透明，这样会增加外部投资者的信心，即更加相信公司的运营结果是公司治理水平的真实反映。投资者信心的增加会体现在投资者对于期望回报率的降低，这就是造成资金成本降低的另一个原因。

（三）农村金融风险管理的意义

从上面两个小节的讨论我们可以得到如下结论：当市场不完全时，风险管理就有存在的必要性。本节将回到农村金融上来，按照前面讨论的逻辑来分析在农村金融实施风险管理的意义。

农村金融风险管理的必要性同样是以农村市场的不完全性为基础的。本节依据农村市场特别是中国农村市场的不完全性分别来展开讨论在农村实施风险管理的必要性：

1. 信息不对称

由于农村市场的主体是农户和乡镇企业，因此普通市场上一直存在的股东与管理层的不对称性一般不明显。但是农户和乡镇企业与主要融资渠道金融信贷机构之间的不对称性却是非常明显。当农户向金融机构提出借款申请时，由于金融机构远离农户，无法知晓农户的还款能力。根据信息不对称理论（Stiglitz & Rothschild，1976），市场缺失和市场不完全的原因在于道德风险和逆向选择。农村金融市场上的道德风险是指没有还款能力的农户得到借款从而违约。逆向选择是指没有还款能力的农户往往是贷款的积极申请者。道德风险和逆向选择的后果是导致贷款的信用风险，即使市场上有信贷风险很小的选择，金融机构往往也会选择不发放任何贷款。由于中国农村生产和投资行为的高度分散性，加之中国信用体系还没建立起来，信息不对称在农村金融市场比城市金融市场更严重。何广文（2002）指出缓解农户融资难的关键在于解决农户与农村金融机构之间的信息不对称引起的逆向选择和道德风险问题。

从本章第二节的论述我们知道风险管理有助于消除信息不对称。对于农村金融特有的信息不对称性风险管理主要从以下几方面来改善。第一，农户和乡镇企业等良好的风险管理使得他们的破产风险降低，从而降低整个市场的道德风险和逆向选择。完善的风险管理制度也可以起到一个信号作用。效益好的企业或者农户肯花成本在风险管理措施上投入，这样就能很好地区别开效益不好的借款企业或者农户。而这些效益不好的借款企业或者农户如果模仿优秀企业也进行有成本的风险管理措施，由于融资项目的期望收益率太低，无法弥补进行风险管理的成本，所以当最终市场达到均衡时，只有优秀企业才会建立风险管理体系，从而引导金融机构更愿意向农村金融市场投放信贷。第二，完善的抵押品替代机制可以降低道德风险。正如洪正等（2010）指出，农民融资难是农村金融体系面临的核心问题。由于农村普遍缺乏抵押品，如何发展抵押品替代机制是农村融资机制设计的关键。他们的分析表明，组织化（或分散化）和监督有助于降低最低抵押品要求。

2. 交易成本

由于农村金融机构和农户在地理上的高度分散性，双方在促成一笔交易时的成本都很高。一方面，农户需要除了支付交通、信息成本外，高额利率也是其不得不面临的问题。在中国的农村地区，虽然近年来政府投入了大量的资金发展低息贷款，大多数农户仍然从非正规金融的渠道融资（何广文，1999；温铁军，2001；李锐、李宁军，2004）。根据蔡（Tsai）（2001），中国的非正规金融可以分为合法、半合法以及非法者三类。非正规金融中合法的渠道主要有个人之间的直接接待以及典当业；半合法金融服务机构主要有农村合作基金会以及一些"互助会"；非法的金融机构包括高利贷、私人钱庄以及某些地区的和会、抬会等。在处于经济转型期的中国，非正规金融市场对于农业生产以及中小民营企业的发展都有重要的意义（郭斌、刘曼路，2002；何田，2002）。

另一方面，金融机构在农村发放小额贷款的成本也较高。中国政府在1997年开始把小额信贷作为一种扶贫项目进行试点，并于1998年在较大范围内推广。1999年底，农村信用合作社也开始推动小额信贷业务。2001年12月，中国人民银行制定下发了《农村信用合作社农户小额信用贷款管理指导意见》。明确了农户小额信用贷款管理办法，并对利率、农户信用的评级、联保方式等进行了规定。但是小额信贷项目在运行过程中仍然存在很多问题。从农信社的方面来看，小额贷款的发放成本较高。

农村金融的交易成本还体现于农户使用金融工具避险时的成本较高。例如，当农户想要分享整体经济的发展而参与股市，从而更好的分散他们个人在农业生产上的风险集中度时，他们发现股票交易营业所很少，即使采取网络交易，他们也必须去营业所开户，而这往往是阻止农户成为股票投资者的重要原因。雷晓燕、周月刚（2010）利用中国健康与养老追踪调查数据，研究了决定中国居民家庭资产组合的因素。结果表明农村居民的股票投资远远小于城市居民。而交易成本（固定或者可变成本）是决定投资者参与股市投资的重要因素。维星－乔根森（Vissing-Jorgensen）（2002）估计出每个阶段大约50美元的固定费用就可以解释一半的不投资股市的原因。又例如，当农户想要规避农产品价格波动的风险而在期货市场进行套期保值时，他们没有足够的资金交保证金，而期货公司的营业所就更加少了。

由于上述交易成本的存在，使得农村金融风险管理可以提高社会总效益。农村金融机构更完善的信用管理体系可以使得金融机构特别是新设立的村镇银行给出更低的利率来和私人钱庄竞争。由于多数的交易成本的提高是由于信息不对称所致，所以前文中提到的用来消除信息不对称的风险管理措施都可以减少交易成本。

3. 税收

我国近年来实行农村税费改革，将各种费用或取消，或改成按照经济能力来应税。这项改革有利于增加财政收入，有利于减轻农民负担，调动农民生产积极型。但同时也对农户对自己收入的平滑管理提出了要求。良好的风险管理能够使农民免于灾害性天气以及其他原因使得收入产生很大的波动，从而造成应纳税额的增加。

4. 破产成本

由 2.2 的分析可知，破产时候产生的额外成本是使用风险管理来降低破产的可能性从而提升价值的重要原因。而农村金融系统尤其脆弱，任何一方，包括农户、乡镇民营企业以及农村金融机构的破产都会对我国社会经济造成巨大的损害。农村常住人口和农村国土面积占有绝对比重，这是对中国社会经济现状的准确描述，也暗示了三农问题对中国经济未来走向的制约。

5. 不完全竞争

中国现有农村金融信贷市场是基于垄断和价格管制条件下的。周振海（2007）指出，中国农村小额信贷市场中，能够提供小额信贷产品的正规金融机构只有农村信用社一家，农信社拥有事实上的垄断地位。1997 年以后，农村政策性金融机构业务的萎缩、国有商业银行推出县以下农村和邮政储蓄在 2007 年以前"只存不贷"，导致农村信用社是正规金融机构中唯一能够为农户提供小额贷款服务的机构，其本身就是农村小额信贷市场中事实上的垄断者。我国农村信贷市场还普遍存在信贷资金的价格管制——实行贷款利率上限管理以及政府补贴等这些市场扭曲。金融风险管理特别是金融监管当局的严格管理、独立性和公信力是可以缓解这些市场扭曲，促进市场竞争的。此外，完善的存款保险制度也不可缺少。

6. 农业特有的风险

农户的生产和收入受到各种不确定因素的影响。灾害性天气就是其中特别针对农户的风险。也就是说，这个风险是可以通过持有一个市场组合来分散掉。但是，农户本身已经把大量的财富投入到农业生产中去，所以没有多余的财富去组成一个分散化的市场组合。在这种情况下，对于灾害性天气的避险就能使得农户不受其他因素干扰，而专注于经营风险。

有一些农村金融市场上的风险由于风险管理市场的不完全而无法利用金融工具被保险、分散或者转移。这并不能算市场失灵，而政府能不能起到积极的作用往往取决于整个风险管理系统的好坏。普通的风险是指经常发生的但不具备巨大破坏力的风险,这些风险通常都在乡镇企业和农户级别就被处理掉了。税收、医疗保险和社会保险系统就能被拿来应付这些风险。灾害风险发生频率低,但会造成很大的破坏,它的非常不确定性以及巨大破坏力使得市场很难找到一个解决方案,这时候市场失灵就比较容易发生。在这两个极端之间,有一些风险的频率中等,破坏也中等,这些风险是有可能被规避的。

综上所述,风险管理对于农村金融的三大主体:农户、乡镇企业和农村金融机构都会提升价值,对于整个市场的发展更是具有推动作用。

三 农村金融风险的核心——农户家庭金融风险管理

由上一章的论述所知,困扰中国农村金融风险的核心是农户的融资需求以及信息不对称所带来的金融机构无法满足农户的融资需求之间的矛盾。本文提出一个新的思路,即以提高农户的家庭金融风险管理,改善家庭理财来解决金融机构不敢放贷的困局。本章着重讨论什么是家庭金融以及相关理论和实证研究。

中国改革开放 30 年,人民的生活由解决温饱问题到逐步全面实现小康,家庭资产有了极大的提高,到 2008 年末,居民储蓄存款余额达 21.8 万亿元,如果加上其他方面的投资,可以看出我国的家庭资产是一笔巨大的数额,因而,越来越多的人开始关心家庭理财的问题。特别是家庭资产组合的风险与家庭财产和年龄之间的实证关系在家庭金融的理论领域中是非常重要的。这种重要性体现在两个研究领域:第一,家庭金融的理论之一假设人们总是有足够的智慧去做出正确的投资决策。在这个假设的指引下,学术界就会建立灵活性更大的模型使一些看上去不理性的实证结果变得理性化(请参考 Polkovnichenko,2005;Benzoni et al.,2007)。第二,研究者假设人们不能总是做出理性的投资决策,因而会以理论模型的结论去指导人们进行正确的投资(请参考 Calvet et al.,2006)。在这种情况下,我们就必须知道是哪一群人做出了不适当的投资行为。这个信息对于一些社会福利项目和家庭理财咨询尤为重要。不管是以上的哪一种研究领域,都依赖于家庭资产组合的实证研究,即,到底现实生活中,每个家庭承担了多少风险以及他们的资产组合是如何的。

虽然我国学者和专家对此焦点问题的讨论起步较晚，但还是有一些学者做出了开拓性的研究。李涛（2006）用 2003 年开户数作为中国投资者参与股票市场的指标，结果发现仅仅只有 5.36 % 的中国人参与股票市场。吴卫星和齐天翔（2007）发现不流动资产影响了中国居民的股票市场参与度，中国居民投资的"生命周期效应"不明显但是"财富效应"显著。雷晓燕和周月刚（2010）发现健康状况变差会导致城市居民减少金融资产，尤其是风险资产的持有。国外学术界对此问题的研究却已经有广泛的研究，并取得很好的进展，但针对特别的情况，依然面临着一些困境，在此，我们对国外近来的一些研究情况进行一个概括。

（一）家庭金融研究的挑战

家庭金融（Household finance）是一个在学术界崭露头角的新兴研究领域。和公司金融相比，家庭金融主要研究个人投资者如何利用金融工具来实现他们的目标。有关家庭金融问题有许多特殊的性质需要我们区别对待。家庭等个人投资者必须做一个长期的投资计划；他们有许多非交易性资产，比如人力资本；他们有流动性不佳的资产，比如房产；他们在借贷上通常有限制；他们还有可能面对复杂的税收规则。当然，家庭所拥有的资产对于资产定价同样重要。从这一点来说，富有的和风险承受能力大的家庭拥有的定价能力显然强于贫穷的和风险承受能力差的家庭。但是在家庭金融领域，所有家庭，无论富裕和贫穷的，都是需要研究的对象。像其他经济学研究一样，家庭金融也分实证和规范研究。实证研究描述了经济人事实上是如何行为的，而规范研究指导人们什么是应该做的。经济学家通常假设事实上的行动和理想的行动是一致的，或者能够通过一个适当的模型来一致地解释二者。然而，家庭金融在这个方面却面临一个巨大的挑战。虽然许多家庭从理财规划师或者其他专家那里寻求咨询，但是相当多的家庭做出的投资决策却与得到的建议和标准模型的预期不一致。要解释这种不一致，有两种途径。第一种是维持那个事实行动与理论行动一致的假设，而考虑一些非标准型的偏好和效用函数来解释不一致的现象。这就是说，事实与理论预计还是一致的，只是需要修改理论模型。第二种途径是假设家庭是非理性的，那么他们的事实行为与理论行为当然会不一致。这样，家庭需要受到理财培训来知道如何正确投资。坎贝尔（Campbell）（2006）采用了第二种途径，他比较了实证家庭金融研究和规范家庭金融研究。他发现实证和理论的差距对于教育程度低的家庭非常大，简单的拓展改良传统模型也无法解释，那样的话，就只能把这些实证和理论的不一致性认为是投资错误。他认为这些投资错误是家庭金融领域的核心。

下面我们就来看看家庭金融研究所面临的两个挑战。

1. 第一个挑战：数据

实证研究所需要的数据很难得到。一个原因是人们都不希望其投资决策和财务状况得到泄露；事实上，如今的社会要得到财务隐私要比获得生活隐私更困难。此外，许多家庭的财务状况很复杂，他们有多个银行账户和计税账号，他们既可以有公募基金，又可以投资股票或者债券。即使有家庭愿意透露其财务状况，他们也不一定能够很准确的回答详细的财务问题。一个适合实证家庭金融研究的理想的数据库需要至少包含以下五个方面：第一，数据库必须包含一个具有代表性的样本。尤其重要的是，它必须在年龄和财富上有足够广泛的包容性，因为许多投资决策都受到这两个变量的影响。第二，数据库必须既包含每个家庭的总财产，又能够提供各个分类财产的明细。第三，各个分类财产能够分解到各项资产中去，这样，我们就能知道家庭是如何分散投资风险的。第四，数据必须有足够高的准确度。第五，数据库最好能够对家庭进行历史跟踪，也就是说，这将是个面板数据而不仅仅是一个截面数据。多数的实证家庭金融的研究依赖于抽样调查。在美国，最好的有关家庭金融财产的数据库是《消费者财务调查》（*Survey of Consumer Finances*，SCF）。SCF 在上述提出的五项条件中的第一和第二点上做得非常好。首先它很有代表性，其次它包含了财产的各个方面，包括流动性好的与不好的。但是，SCF 在另外三点上就做得不是很好。另外一个数据库《健康和退休调查》（*Health and Retirement Study*，HRS）就在数据的准确度上做了很大的改进。

而在中国，数据匮乏的现象尤为突出，之前的实证研究使用的数据都存在样本空间小，样本缺乏代表性，调查内容不详尽的问题。例如针对去银行的储蓄用户或者去股票交易所的股民的调查都有很严重的样本选择问题。一直到北京大学国家发展研究院于 2008 年开始预调查的《中国健康与养老追踪调查》（*China Health and Retirement Longitudinal Study*，CHARLS），中国第一次有了真正意义上的按人口学取样的家庭资产调查。雷晓燕和周月刚（2010）已经使用了 2008 年夏天收集，2009 年 4 月对外公布的包括浙江和甘肃两个省的预调查数据进行了实证研究，取得了一定的结果。

本文第三章采用中国的《中国健康与养老追踪调查》和美国的《健康

和退休调查》来进行家庭资产的比较研究是基于以下的原因。第一，两份调查的问卷设计非常相似，针对人群相似，都是对 45 周岁以上的人群及配偶。如此高的相似度提供了一个天然的实验对照组来进行比较研究。第二，两份调查数据抽样科学，代表性强，内容翔实，都具备了进行家庭金融实证研究的基础。这都在各自国家被专家学者们所证实。第三，本研究小组的成员分别对两份调查数据进行了大量的前期研究工作，对数据结构、变量定义等的了解非常有利于本研究更深一层的比较研究。

2. 第二个挑战：理论模型

家庭金融研究的第二大挑战是理论模型。因为家庭的投资决策会受到多方面的影响，而这些影响又通常被标准的教科书所忽略。最明显的是，家庭金融是针对一生的长期决策而不是短期行为。默顿（Merton）（1969，1971）的研究奠定了此领域的理论基础。默顿在 1971 年得到了一个包含人力资本的标准生命周期模型。这一类的经典模型假设投资者有一个确定或者不确定的生命期，收入是外生的。每一年，投资者必须决定消费多少和如何将储蓄分散投资在各个不同的资产中，同时，他又面对各种限制，即预算、借贷和卖空。投资者的目标是要将预期的折现终生效用最大化。如果将未来收入的现值记为 PV（FY），风险资产占总资产的比例记为 α，那么默顿的解可以被重写为：

$$\alpha = \frac{\mu}{\gamma\sigma^2}\left(1 + \frac{PV\ (FY)}{W}\right) \tag{1}$$

这样，风险资产在家庭财产中的比重就等于两个部分的乘积。第一个部分是个常量，它等于风险资产的剩余期望回报 μ 和方差 σ^2 与风险偏好系数之积的比率。第二个部分和未来收入的现值和财产总值之比有关。从式（1）我们可以得到三个关于投资组合的预测：第一，假定人力资本不变，风险资产的比重随着财富的增长而增长。第二，假定财产不变，年轻的家庭由于拥有更多的人力资本从而投资于风险资产的比重比老年家庭更大。第三，贫穷而年轻的家庭甚至会贷款来投资于风险资产。

然而，之前的实证研究结果却和式（1）的预测相反。以下的这些矛盾被认为是家庭投资组合中的"组合之谜"。第一，风险资产在家庭投资组合中的比率要么是随着财富的增长而增长，要么是保持不变（请参考坎贝尔（Campbell，2006）和圭索等人（Guiso et al.，2003））。第二，风险资产的比率通常在年轻的时候比较低，然后随着年龄的增长要么增长，要么呈现驼峰状（请参考阿美里克斯（Ameriks）和泽尔德斯（Zeldes）（2004）和泊特巴（Poterba）

和森威科（Samwick）（2001）。第三，年轻而财产少的家庭受限于借贷并且倾向于不持有股票。这些矛盾对于评价那些理论模型产生了极大的挑战。

作为试图解决这个"组合之谜"的尝试，学术界到目前为止主要集中在完善已有的理论模型去解释发现的投资行为。比如说，科克等（Cocco et al.，2005）将收入考虑为一个随机过程。但是，他们得到的结论却并没有使这样的改变对以前的解有质的改变。虽然说一些模型对于偏好和收入加上一些特殊的假设可以解释部分的"组合之谜" ［请参考 Polkovnichenko（2007）和 Benzoni et al.（2007）］，学术界却很令人疑惑地忽略了从实证研究入手再度解决这个谜的可能性。

尽管实证的家庭资产组合风险函数对于理论家和政府部门非常重要，现存的实证文献却只找到了一些模棱两可的证据，特别是有关资产组合风险和家庭财产和年龄的关系。布伦内麦尔（Brunnermeier）和那格尔（Nagel，2006）和圭索等（Guiso et al.，2003）通过截面数据分析发现风险资产的比例和家庭财产的关系实际上是平坦的，即风险资产的比例不随家庭财产的变化而变化。而在另外的一项研究中，坎贝尔（Campbell，2006）发现风险资产在家庭资产中的比例是随着财产的增加先下降后上升的 U 形曲线，最低点是在 7 万美元。从生命周期效应的角度来讲，阿美里克斯（Ameriks）和泽尔德斯（Zeldes）（2004）估算得到了一个驼峰型的年龄对权益资产的效应曲线。而坎贝尔（Campbell，2006）却发现年龄效应非常微弱。金肪毅（Jin，2010）采用美国的《动态收入面板研究》数据（*Panel Study of Income Dynamcis*）得到结论表明，如果将私营投资、房地产也作为风险资产，并且考虑到房屋贷款的杠杆作用的话，家庭"组合之谜"就能被解释了。这些模棱两可的事实使得去评价家庭资产组合的理论模型非常困难，因为不同的模型会选择有利于自己的经验数据来支持它的结论。从另外一方面讲，由于经验数据的模糊不清，我们无法得知哪一部分人群做出了不正确的投资决策，这样，相关的政府部门就无法做出针对性强而有效的政策。

（二）农村家庭金融研究的意义

第一，此项研究给我国农村金融市场发展提供了一个重要的决策依据。随着中国家庭富裕程度的提高，居民们越来越多地参与到金融市场中。目前 A 股市场持股市值结构仍以个人投资者为主。在目前 A 股市场中，个人投资者的持股市值、开户数量、交易金额等仍然占绝对多数。根据上海证券交易所的统计，2007 年 1 月至 3 月，沪市个人投资者持股流通市值比例高达 60.1%。根据深圳证券交易所的统计，2007 年 1 月至 8 月，深市机构投资者持股流通市值比例为 35.3%，个人投资者的持股市值比例将近 64.7%。然而，农村家庭是否在这金融市场发展中得益？农村地区长久以来的融资困难能否从资本市场中得到缓解？这些问题都是值得研究的课题。

我国金融市场的发展借鉴的主要是西方发达国家的成功经验，包括金融产品设计和交易机制。然而，我国的特殊国情与文化传统决定了未必所有的金融工具都能够提升我国人民的福利。这需要我们研究者去了解我国居民对于风险资产的偏好和投资行为与西方发达国家居民的典型差异以设计出适合中国居民的投资产品。而此项研究力图填补这项空白，并期望能从第一手数据中归纳出对决策有用的信息。

第二，此项研究对我国制定有效的农村地区财税政策提供依据。农村地区各项税收制度与普通农民家庭息息相关。比如个人所得税的调整、房屋购置税以及遗产税的开征。财税政策作为社会财富第二次分配的基础，对千家万户的收支以及投资决策都产生极大的影响，然后，对家庭资产没有一个整体而详细的了解，是无法制定出有效的政策的。例如，为了避免一些减税政策起到"劫贫济富"的效果，有必要知道富裕家庭和贫困家庭各自的资产结构和投资决策。

第三，此项研究对我国金融机构更好地服务于农村经济，有效地进行信用风险管理提供了宝贵的市场研究资料。随着我国农村居民逐渐解决了温饱问题，除了必要的消费以外，居民有了更多结余进行投资理财。而如今可以投资的渠道和金融产品也越来越多。在眼花缭乱的各种理财产品中如何进行有效的选择以适合每个家庭对回报和风险的偏好已经成为每个家庭最关心的问题之一。因此，家庭理财咨询业便应运而生。

同样，家庭理财咨询起源于西方社会，现在我国所提供的理财产品的设计基本都来自于国外。但是我国居民的投资需求和国外是有差异的。比如中国居民的储蓄率高，在中国居民中愿意承担高风险的人群可能和西方社会不一样。但是，没有比较，就无法制定出有的放矢的理财产品。因此，本项研究将提供宝贵的市场信息给理财师以及各大金融机构。

此外，困扰中国农村金融市场的老大难问题是微观金融需求难以满足。王芳（2005）指出，与典型中国小农家族金融需求相适应的，只能是人情借贷、互助信用、民间信贷和国家农贷等传统金融安排。只有当公共保障机制取代家庭保险功能，农民收入水平提高到一定程度，现代商业性金融才可能引入广大农村。而本文认为，研究家庭金融有利于现代金融机构掌握农户的投资理财规律，从而规避信用风险。

四　中国农村融资需求与信用风险实证研究

中国农村到目前为止还是以农户为主的体系，也是农村金融市场的需求主体。"三农"问题也是当今社会普遍关心的热门话题。因此本章的最后一节将重点关注农户的融资需求以及相对于金融机构的农户信用风险。本节将从实证研究入手，利用最新的中国健康与养老追踪调查数据，衡量中国农村家庭的融资需求并研究决定融资需求的因素，同时，对农村金融信用风险的模型提出了方案。

本文的创新之处在于用农村家庭的支出收入缺口来量化融资需求。这项创新有以下优势：第一，支出收入缺口包含了显性融资与隐性融资需求，反映的是对资金的刚性需求。以往的农户融资需求的实证研究都以农户实际产生的借贷来衡量融资需求，如北京大学中国经济研究中心宏观组（2007）的调查就以 2006 年全年借款额和借款次数等作为研究依据。但是往往由于农村金融机构的匮乏以及普遍存在的融资难的问题，实际的借款额可能远远小于真实的融资需求。而支出收入缺口则反映了农户确确实实的资金缺口。第二，支出收入缺口比农户自己申报的融资需求更加客观和准确。周宗安（2010）注意到潜在或隐藏贷款需求的问题，将问卷中选择"申请也得不到"、"贷款手续太麻烦"等也作为具有信贷需求的。但是这样的问卷调查主观性强，而且无法量化那些申请不到的贷款。支出收入缺口能够量化所需资金缺口，并且避免让调查者回答"您需要多少资金"这类笼统难以估算的问题，而是通过详细的分类分别计算各种收入以及支出，最后计算出支出收入缺口来量化出所需资金缺口。这样的统计方式能够最大限度地减少误差的产生。

（一）　所用数据

本文使用的是北京大学国家发展研究院收集的首期中国健康与养老追踪调查数据（China Health and Retirement Longitudinal Study, CHARLS）。《中国健康与养老追踪调查数据》数据属于著名的《健康与退休研究》（*Health and*

Retirement Study）系列，该系列自美国开始，后被多个国家采用。中国由北京大学国家发展研究院于 2008 年开始预调查，预计从 2011 年开始进行全国追踪调查，此后将会隔年一次。该调查的目标是获得中国 45 岁以上人群及其配偶（可能小于 45 岁）的代表性数据。我们使用的是 2008 年夏天手机，2009 年 4 月对外公布的包括浙江和甘肃两个省的预调查数据，它们分别代表中国相对富裕和相对贫穷的地区。这组数据为我们提供了丰富的家庭和个人信息，包括人口统计学变量和社会经济变量等。这个调查数据通过科学抽样方法获得，包括来自 1570 个家庭的 2685 个个体样本，能够代表农村、城市和年龄的构成状况。这是迄今为止在中国最为科学的抽样调查，相比之前类似的调查更具有代表性。本文采用农村的样本，在去掉关键变量缺失后，使用的样本是 809 个。调查样本总体分布状况如表 1 所示：

表 1　　　　　　　　　　　　调查样本地区分布

省份	浙江	甘肃
调查农户数	297	512

（二）农户融资需求

1. 计算方法

本文的农户融资需求是以农户过去一年的收入支出缺口来衡量的。首先计算农户过去一年的家庭收入，将下列项目相加求得：除主要受访者外其他家庭成员工资收入（FA001_ a）[①]，除主要受访者外其他家庭成员开办个体或私营企业收入（FA003_ 2），除主要受访者外其他家庭成员从养老金、各种政府补助、存储款及投资和其他方面一共获得收入（FA005），生产的农产品和林产品总值（FB002），卖出去的和自家消费的牲畜及水产品总值（FB007），家养的牲畜生产出来的副产品总值（FB008），家庭从交通运输、建筑采掘、加工、商业及其他活动中净收入（FC003），家庭政府转移支付收入（FD001、FD002、FD003），主要受访者个人收入（FM002、FM003）。

然后计算农户过去一年的家庭支出，由下列项目相加构成：农林业生产总投入（FB003），购买牲畜及水产品花费（FB006），养牲畜及水产品花费

---

① 括号中的编号为该变量在原始数据中的代码。

（FB009），钱购买食品、外出就餐、购买香烟、酒水等花费（FE004），消费自家生产农产品总值（FE005），邮电通讯支出，水费电费、燃料费、用人支出，交通费、日用品、文化娱乐支出（FE008），衣着、旅游、取暖、教育和培训、家庭设备、健康保健、医疗、交通工具维修、税及杂费（FE009）。

收入与支出的差值作为农户融资需求。

2. 融资需求描述性分析

用两省总体数据，共计 809 户，农户融资需求如表 2 所示：

表2　　　　　　　　　农户融资需求描述性统计量　　　　（单位：万元）

	均值	标准差	最小值	最大值
家庭总收入	1.35	2.06	0	22.09
家庭总支出	2.09	2.44	0	33.93
收入支出差额	-0.75	2.54	-32.99	13.51

其中，收入小于支出的家庭数占样本的 74.28%。平均资金缺口达 0.75 万元，这表明相当一大部分的农户存在着刚性的融资需求，这和之前文献所提出的农村金融融资需求的大量存在是一致的，如李锐、朱喜（2007）发现农户金融抑制的程度为 70.92%。

浙江省和甘肃省的数据分别统计在表 3 和表 4。浙江省共有 297 个家庭观测值，甘肃省共 512 个家庭观测值。浙江省入不敷出的家庭数占样本的 66.30%，小于两省混合的数据，且家庭总收入均值高于两省平均水平，融资需求额低于两省平均水平，平均资金缺口在 0.31 万元。而甘肃省入不敷出的家庭数占 82.40%，平均资金缺口为 1 万元。这样的结果表明，当地经济的发展对于融资需求有非常大的影响。除了继续向边远地区定向提供资金以外，发展当地经济对于解决资金缺口问题可能更加重要，正所谓授人以鱼不如授人以渔。甘肃省农户家庭平均收入明显低于浙江省且有强烈的融资需求。比较表 3 和表 4 可以看出，浙江省农户资金缺口的减少主要是由于家庭平均总收入的提高，这一项比甘肃省高出了 1.05 万元，而平均总支出只提高了 0.36 万元。资金缺口的降低更多的应归功于家庭总收入的提高。

表3　　　　　　　　**浙江省农户融资需求描述性统计量**　　　（单位：万元）

	均值	标准差	最小值	最大值
家庭总收入	2.01	2.61	0	22.09
家庭总支出	2.32	2.06	0.15	23.33
收入支出差额	-0.31	2.35	-16.34	13.28

表4　　　　　　　　**甘肃省农户融资需求描述性统计量**　　　（单位：万元）

	均值	标准差	最小值	最大值
家庭总收入	0.96	1.53	0	21.20
家庭总支出	1.96	2.63	0	33.93
收入支出差额	-1.00	2.61	-32.99	13.51

　　由于我们在收入和支出的统计中包括了工伤补贴等一次性收入或者支出，所以表2到表4的结果可能受到一次性收入或者支出的影响。为了消除这些影响，我们将收入和支出分别按经常性与非经常性分类。工伤补贴、灾难救助以及社会捐助等一次性所得收入被定义为非经常性收入，而家庭设备等大宗耐用消费品支出被定义为非经常性支出，除此之外的收入和支出都属于经常性支出和收入。那么经常性融资需求就是经常性收入减去经常性支出，两省的经常性融资需求均值如表5所示：

表5　　　　　　　　　　**经常性融资需求均值**　　　　　　（单位：万元）

	两省	浙江	甘肃
经常性收入	1.30	1.99	0.91
经常性支出	2.03	2.25	1.91
收入支出差额	-0.73	-0.27	-1.00

　　由表5和表2到表4对比可知，扣除一次性收入和支出后的融资需求和扣除前的相差不大，这表明一次性收入和支出并不会影响之前的结果。上述结果进一步表明，农户日常生产生活存在资金缺口，浙江省相对富裕，收入明显高于甘肃省且融资需求明显较小。

　　如果将收入与支出进一步细分，可以知道收入与支出可分为用于消费及投资。特别是对于农户来说，劳动收入只占很小一部分，而很大一部分来自于生产所得，那么投资于生产要素的支出会不会是资金缺口产生的原因呢？表6将支出按消费性支出和投资性支出进行分类后再次统计融资需求。用于日常生活衣食住行方面的花费被归为消费性支出，而购买生产资料的支出被归为投资性支出并由此计算消费性及投资性融资需求。

表6　　　　　　　　　　　消费性与投资性融资需求　　　　　　　　（单位：万元）

	两省	浙江	甘肃
消费性支出	0.59	0.66	0.55
投资性支出	0.35	0.33	0.36
收入与消费性支出差额	0.76	1.34	0.41
收入与投资性支出差额	1.00	1.68	0.60

可以看出，消费性支出约在总支出的60%，而且浙江省农户的消费性支出量与比例都比甘肃省更高，而投资性支出量与比例都比甘肃省更低。这反映出浙江省农户比甘肃省农户更接近于城镇居民，这和浙江省城镇化的比例更高是一致的。而这从另一个侧面反映了甘肃省农户对融资的渴求更加关系到他们的再生产能力。从收入与支出差额可以看出，农户的收入能够分别满足消费或者投资的需求，但是，一旦两者相加，则收入就不够支出了。

3. 影响农户融资需求的因素

通过上文的分析，我们知道融资需求在农村普遍存在。但是，农户融资需求的差异性也非常大。从表2中可以看出，融资需求的最大值与最小值相差近40万元，而标准差也有2.5万元，因此，我们有必要了解到底是什么造成了农户融资需求的差异性。

（1）主要受访者的年龄与性别特征

首先，我们了解一下主要受访者的人口学特征。如表7所示，从年龄分布来看，超过三分之一的主要受访者位于51—60岁年龄段，近三分之一位于61—70岁年龄段。这与调查本身的设置有关。在过滤问卷中，中国健康与养老追踪调查预调查声明"本次调查是在甘肃和浙江两省随机抽取1500个家庭并对家庭中45岁以上的人进行调查。"

表7		主要受访者年龄分布		（单位：人，%）	
年龄段	≤＝50	51－60	61－70	71－80	＞80
个数	121	270	202	113	21
占总样本的比例	16.64	37.14	27.79	15.54	2.89

（2）主要受访者的文化程度

主要受访者的学历分布普遍偏低。近三分之二的人从未受过教育，而高中以上学历的主要受访者仅有一人。绝大部分的农户学历低于初中水平，表明农户的总体文化水平低。

表8		主要受访者学历分布		（单位：人，%）	
受教育水平	文盲	小学	初中	高中	高中以上
个数	497	99	97	33	1
占总样本的比例	68.36	13.62	13.34	4.54	0.14

注：成人教育（如电大，夜校，自考，函授，扫盲班，速成班）未被统计在内。

（3）样本农户的家庭规模特征

由于有变量缺失，所以样本调整为727个，农户家庭规模最小为1人，最大为11人，平均每户3.5人。其中三人以下最多，为257户，占35.35%，家庭成员数为3—4人的户数与之相当，占33.84%。七口人以上的家庭仅占样本的3.44%。由此可见，农户家庭规模偏小。

表9		主要受访者家庭规模分布		（单位:%）	
家庭成员数	总户数	占总样本比例	最小值	最大值	均值
＜3	257	35.35			
3—4	246	33.84	1	11	3.55
5—6	199	27.37			
≥7	25	3.44			

（4）影响农户融资需求的因素分析

农户融资需求受多因素共同作用。一般而言，家庭主要成员的文化水平、年龄、家庭成员数、健康水平、所在省份等因素会影响农户的收入支出水平，从而进一步影响其融资需求。

a. 省份

如图 1 所示，由于经济发展水平的差距，两省农户有近 6000 元的平均融资需求的差额。同时，不同的地理区域对农户的思维方式、生产经营活动以及生活方式都有相当大的影响。这些原因都不同程度揭示了两省之间的差距。

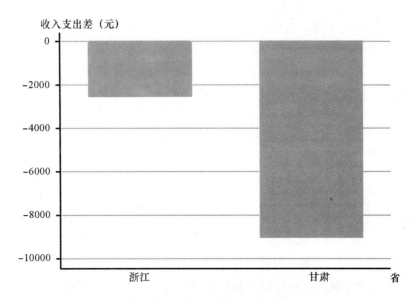

图 1　基于省份的农户收入支出差额

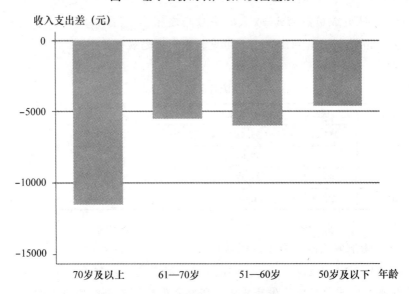

图 2　基于年龄的农户收入支出差

b. 年龄

融资需求在各年龄段普遍存在，且农户的年龄与融资需求的关系十分明显。主要受访者为 70 岁以上的农户资金缺口最大，融资需求强烈。并且收入支出差大体上随年龄减小而递减。从银行授信的角度来看，应该主要面对 50 岁以下的农户，因为他们的破产风险相对最小。

如果我们只计算消费性支出，即将农户家庭总收入只减去消费性支出后，农户家庭平均呈现盈余的状况。如图 3 所示，收入的盈余额随主要受访者年龄的上升而递减。因为年纪、身体状况等原因，农村老年人从事农业活动的生产力明显不如年轻劳动力，因此收入支出差更小，除去日常生活所用后，可支配资金明显减少。这就进一步证明了年轻农户对资金的需求主要来自于生产投资，也更加凸显出对年轻农户给予贷款的必要性。

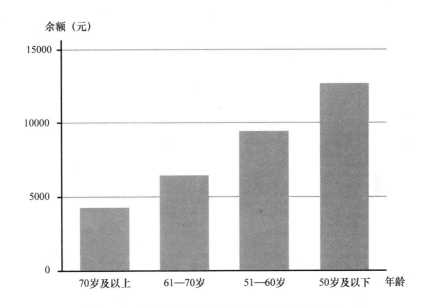

图 3　基于年龄的农户家庭收入与消费性支出之差

c. 家庭成员数

家庭规模对融资需求的影响在图 4 中得到体现。随着家庭规模的增加，融资需求呈上升趋势。

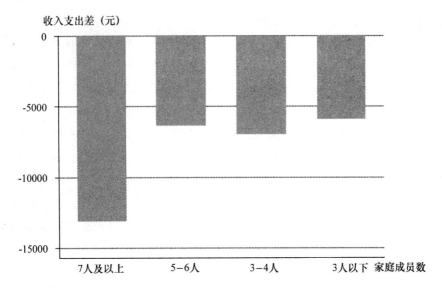

图4　基于家庭成员数的农户家庭收入之差

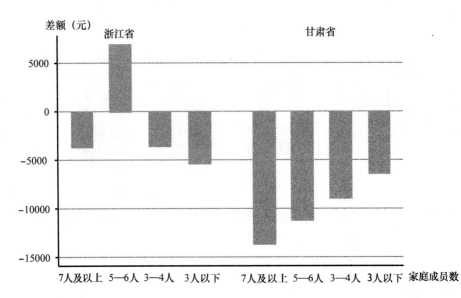

图5　基于家庭成员数的各省农户家庭收入之差

　　具体来看，两省的情况非常不同。如图5所示，浙江省5—6人的家庭过去一年有节余，而其他构成的家庭均表现为入不敷出；且各个组别的家庭融资需求额差距不大。而甘肃省农户收入支出差额始终为负且数额较大，随家庭成员数的递增而减小，越多的人口数意味着越差的家庭经济状况和更大的融资需求。这对金融机构的信用风险管理是一个很有意义的启示，中国农村各地情况相差很大，不能用同一个信用评级模型来评价每个地区。在甘肃地区，家庭规模越小，信用风险越小。而在浙江省，家庭规模中等的信用风险最小，而规模太大或者太小都会增加信用风险。

（4）健康水平

图 6 显示主要受访者的健康水平与农户家庭收入支出差额正相关。调查中，五个健康水平组别由高到低每组人数分别为 15、69、130、284、229。由于健康状况评价基于受访者本身的主观感受，且感觉自身健康水平为"非常好"的人数仅占样本的 2.06%，第一组对总体结果的影响可以忽略。

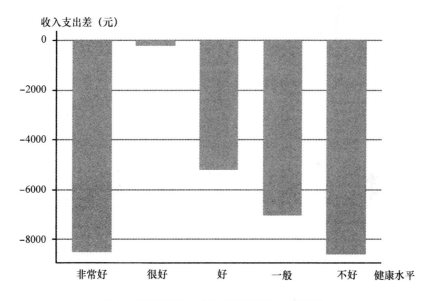

图 6　基于健康水平的农户家庭收入支出差

（5）负债水平

一般来说，负债水平越高，农户经济状况越差，收不抵支的概率就越大。从图 7 中看，有负债的农户扣除消费后家庭收入明显小于没有债务的农户。可见金融机构的信用模型中必须考虑农户的负债水平。

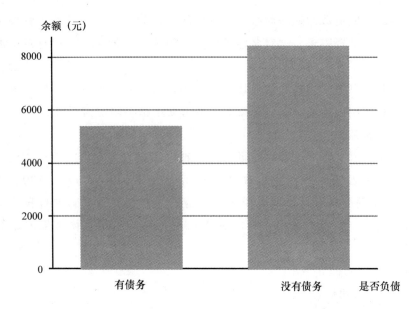

图7　基于负债水平的农户家庭收入扣除消费支出后的余额

（三）农户融资需求与金融机构信用风险

本章的研究对象虽然是农户的融资需求，但是融资需求在很大程度上代表了农户的还款能力，因此对于金融机构建立良好的针对农村金融的信用风险模型有启发作用。首先，从上文的分析中可以看出，农户的所在省份、家庭规模、健康状况、年龄以及债务水平都会影响农户的还款能力。当然，收入支出差额为负的农户不一定都会选择不还款，只是在还款意愿相等的情况下，这些农户的还款能力更差。第二个启示是银行的农户信用评级模型必须考虑地区的差异性。最后，整体来说，农户的家庭理财能力还非常落后，抵御风险能力也远不如城镇居民。

五　本章小结

本章研究的主要目标是对中国农村金融风险管理提供一个理论框架。对此，我们认为，针对中国农村金融的现状，现阶段农户家庭风险管理是实现农村整个金融体系良好的风险管理系统的核心。在此论点的基础上，我们在本章第二节从理论上论述了风险管理（包括家庭风险管理）能够提升社会财富的原因。在第三节介绍了家庭金融以及风险管理的内容和国内外的相关研究成果。第四节则应用中国健康养老跟踪调查的数据来实证研究中国农户的融资需求和家庭特征的关系，以期为农村金融机构更好地服务于农村金融，进行有效的信用风险管理提供依据。

本章的研究结果衍生出以下政策建议可供进一步探讨：

第一，构建多层次、梯度化的农村金融机构风险管理系统

本章的实证研究结果表明，各省份不仅农户融资需求不同，决定农户融资需求的变量以及影响效果也不尽相同。那就需要金融机构在具体实行风险管理措施时因地制宜，需要有一个梯度化的差异管理。从政府对农村的金融安排角度来讲，需要一个多层次金融并存的农村金融制度。其中，既有直接金融也有间接金融；既有正式金融安排也有非正式金融安排；既有传统金融也有现代金融；既有政策性金融和互助性金融，也要有商业性金融和资本市场、保险市场通道，甚至还需要人情信贷和民间金融。这些多层次的安排都是为了适应我国农户家庭风险的差异性和需求。

第二，发展地区经济，培育生产性农村金融需求

本章的研究表明，地区的经济发展对农户的金融需求起到非常重要的作用。经济的发展可以同时提高农民收入和支出，但是融资缺口却显著下降。这证明满足农村金融需求在现阶段农村信贷市场信息不对称性的矛盾立即改变的情况下最有效的方法还是发展地区经济。政府在农村金融中应当合理定位。其职责不是通过深度介入金融活动，一相情愿地向农村提供金融资源供给；也不是以财政资源主导农村金融；而是应当耐心地从实体经济基础和人文家庭结构的发展着手，培育农户的生产性金融需求，同时予以满足。

概括起来，解决农村金融需求的矛盾，当从提高地区经济为第一要义。关注农户的家庭层面的生产与消费需求，减轻农民负担、建立农村公共保障机制和转移农村剩余劳动力。加强金融机构风险管理的能力，有效地规避、管理农户的违约风险，地方政府要致力于营造有利的农村金融制度环境，尽量降低市场的信息不对称，从而达到吸引商业性金融或规范发展本地区民间金融的效果。

参考文献

1. 北京大学中国经济研究中心宏观组：《2006 年农村家庭借贷情况调查研究》，《金融研究》2007 年第 11 期。

2. 陈建新：《三种农户信贷技术的绩效比较研究》，《金融研究》2008 年第 6 期。

3. 郭斌、刘曼路：《民间金融与中小企业发展：对温州的实证分析》，《经济研究》2002 年第 10 期。

4. 何广文：《从农村居民资金借贷行为看农村金融抑制与金融深化》，《中国农村经济》1999 年第 10 期。

5. 何广文：《农村金融服务供求现状、问题及对策建议》，"农村金融服务问题研究"专题报告，农业部"中国农业和农村经济结构战略性调整"课题，2002 年。

6. 何田：《"地下经济"与官职效率：民间信用合法性问题实证研究》，《金融研究》2002 年第 11 期。

7. 洪正、王万峰、周轶海：《道德风险、监督结构与农村融资机制设计——兼论我国农村金融体系改革》，《金融研究》2010 年第 6 期。

8. 胡必亮：《村庄信任与标会》，《经济研究》2004 年第 10 期。

9. 金烨、李宏彬：《非正规金融与农户借贷行为》，《金融研究》2009 年第 4 期。

10. 雷晓燕、周月刚：《中国家庭的资产组合选择：健康状况与风险偏好》，《金融研究》2010 年第 1 期。

11. 李锐、李宁军：《农户借贷行为及其福利效果分析》，《经济研究》2004 年第 12 期。

12. 李锐、朱喜：《农户金融抑制及其福利损失的计量分析》，《经济研究》2007 年第 2 期。

13. 李涛：《社会互动、信任和股市参与》，《经济研究》2006 年第 1 期。

14. 龙海明、柳沙玲：《多重均衡条件下农村正规金融发展与经济增长的关系——基于中国省际数据的实证分析》，《金融研究》2008 年第 6 期。

15. 田秀娟：《我国农村中小企业融资渠道选择的实证研究》，《金融研究》2009 年第 7 期。

16. 王芳：《我国农村金融需求与农村金融制度：一个理论框架》，《金融研究》2005 年第 4 期。

17. 王元：《信息处理、博弈参与和农村金融服务中介》，《金融研究》2006 年第 10 期。

18. 温铁军：《农户信用与民间借贷研究》，农户信用与民间借贷课题组报告，2001 年。

19. 吴卫星、齐天翔：《流动性、生命周期与投资组合相异性》，《经济研究》2007 年第 2 期。

20. 熊学萍、阮红新、易法海：《需求指向研究——基于湖北省天门市的农户调查》，《金融研究》2007 年。

21. 张劲松、赵耀：《农村金融困境的解析：信贷合约的角度》，《管理世界》2010 年第 2 期。

22. 周振海：《基于垄断和价格管制条件下的中国农村小额信贷市场分析》，《金融研究》2007 年第 8 期。

23. 周宗安：《农户信贷需求的调查与评析：以山东省为例》，《金融研究》2010 年第 2 期。

24. 朱信凯、刘刚：《二元金融体制与农户消费信贷选择》，《经济研究》2009 年第 2 期。

25. Ameriks, J. and S. Zeldes, 2004, "How Do Household Portfolio Shares Vary with Age?", Working Paper, Columbia University.

26. Benzoni, L., P. Collin-Dufresne, and R. Goldstein, 2007, "Portfolio Choice over the life-Cycle Whenthe Stock and Labor Markets Are Cointegrated", *Journal of Finance* 62, pp. 2123 – 2167.

27. Brandt, L. and Li H., 2003, "Bank Discrimination in Transition Economics: Ideology, Information or Incentives?", *Journal of Comparative Economics* 31 (3): pp. 387 – 413.

28. Brunnermeier, M. and S. Nagel, 2006, "Do Wealth Fluctuations Generate Time-Varying Risk Aversion? Micro-Evidence on Individuals' Asset Allocation", Working Paper 12809, NBER.

29. Calvet, L., J. Campbell, and P. Sodini, 2007, "Down or Out: Assessing the Welfare Costs of Household Investment Mistakes", Working Paper 12030, NBER.

30. Campbell, J., 2006, "Household Finance", *Journal of Finance* 61, pp. 1553 – 1604.

31. Carroll, C., 2002, "Portfolios of the Rich" in *Household Portfolio*, eds. Guiso, L., M. Haliassos, and T. Jappelli, 1 – 24, Cambridge: The MIT Press.

32. Constantinides, G., J. Donaldson, and R. Mehra, 2002, "Junior Can't Borrow: A New Perspective on the Equity Premium Puzzle", *Quarterly Journal of Economics* 117, pp. 269 – 96.

33. Constantinides, G., J. Donaldson, and R. Mehra, 2005, "Junior Must Pay: Pricing the Implicit Put in Privatizing Social Security", *Annals of Finance* 1, pp. 1 – 34.

34. Flavin, M. and T. Yamashita, 2002, "Owner-Occupied Housing and the Composition of the Household Portfolio", *American Economic Review* 92 (1), pp. 345 – 62.

35. Guiso, L., M. Haliassos, and T. Jappelli, 2003, "Household Stockholding in Europe: Where Do We Stand and Where Do We Go?", Economic Policy 18 (37), pp. 523 – 77.

36. Hurd, M., 2002, "Portfolio Holdings of the Elderly" in *Household Portfolio*, eds. Guiso, L., M. Haliassos, and T. Jappelli, 1 – 24, Cambridge: The MIT Press.

37. Jin, F., 2010, "Revisiting the Composition Puzzles of Household Portfolio: New Evidence", Working Paper, Central University of Finance and Economics.

38. Merton, R. C., 1969, "Lifetime Portfolio Selection Under Uncertainty: The Continuous-

Time Case", *Review of Economics and Statistics* 51 , pp. 247 – 257.

39. Merton, R. C. , 1971 , "Optimum Consumption and Portfolio Rules in a Continuous-Time Model", *Journal of Economic Theory* 3 , pp. 373 – 413.

40. Polkovnichenko, V. , 2005 , "Household Portfolio Diversification: A Case for Rank Dependent Preferences", *Review of Financial Studies* 18 , pp. 1467 – 1502.

41. Poterba, J. and A. Samwick, 2001 , "Portfolio Allocations over the Life Cycle" in S. Ogura, T. Tachibanaki, and A. Wise (Eds.), *Aging Issues in the United States and Japan*, Chicago: University of Chicago Press, pp. 65 – 103.

42. Sinai, T. and N. Souleles, 2005 , "Owner-Occupied Housing as a Hedge against Rent Risk", *Quarterly Journal of Economics* 120 , pp. 763 – 789.

43. Stiglitz, Joseph and M. Rothschild, 1976 , "Equilibrium in Competitive Insurance Markets: An Essay on the Economics of Imperfect Information", *Quarterly Journal of Economics* 90 : pp. 629 – 650.

44. Tsai, K. , 2001 , "Beyond Banks: The Local Logic of Informal Finance and Private Sector Development in Contemporary China", Paper prepared for the Conference on Financial Sector Reform in China, Cambridge, MA, September , pp. 11 – 13.

45. Vissing-Jorgensen, A. , 2002 , "Towards an Explanation of Household Portfolio Choice Heterogeneity: Nonfinancial Income and Participation Cost Structures", NBER Working Paper.

46. Weiss, Lawrence A. , 1990 , "Bankruptcy Resolution: Direct Costs and Violation of Priority of Claims", *Journal of Financial Economics* 27 (2): pp. 285 – 314.

第六章 农村金融风险分类分析

周生辉

（中央财经大学中国金融发展研究院）

一 农村金融机构利率风险和商品价格风险

（一）利率风险

我国农村金融的核心力量是农村信用合作社，因此本章以其为例分析农村金融利率风险。我国农村信用社的主要业务是吸收存款和发放贷款，盈利手段主要是利差收入，而市场利率变化会影响信用社的利息收入和利息支出，从而影响净利息收入，导致信用社遭受损失。

利率是货币的价格。名义利率包括真实利率和预期通货膨胀率。利率主要由人们的财富、资产预期收益、资产风险和资产流动性决定，利率的期限结构和风险结构也会影响利率变动。利率的变化受诸多因素的影响，不管哪些具体因素导致了利率的变化，利率变化本身将影响金融机构的利差收入，进而影响其盈利能力，从而导致利率风险。

当农村信用社的资产负债不匹配的时候，利率变化就会导致利息收入和利息支出的变化，最终导致信用社发生损失。具体来说，会面临再融资风险和再投资风险。再融资风险是指信用社在资产到期日大于负债到期日时，要通过吸收存款、再贷款或同业拆借重新借款来保持流动性，这时候如果市场利率突然升高，信用社就会面临更加高的融资成本（以至于超过资产收益），从而导致损失。再投资风险是指资产到期日小于负债到期日时，信用社在回收资产后，需要重新寻找新的投资机会，如果此时市场利率下降，那么就会降低新的投资机会的收益，从而形成损失。衡量利率风险的主要方法有缺口分析方法和久期风险方法。针对我国信用社规模较小、资产负债结构简单等情况，相比较而言，缺口分析方法是比较实用的方法。缺口分析法通过信用社对利率敏感性资产和对利率敏感性负债及其差额（即缺口）的分析，来估计利率变化可能对信用社收益的影响。简单地讲，就是因为信用社的净利息收入等于利息收入减去利息支出，而利息收入和利息支出则会受到利率变化的影响。因此缺口大小能在某种程度上反映利率风险的大小。

其公式如下：

$$\triangle NII = (GAP)\ \triangle r$$

$\triangle NII$ 是净利息收入变动，GAP 代表缺口，$\triangle r$ 代表利率变动。

过去有些政策对信用社的利息收入有很大的影响。我国曾经实施过保值储蓄制度。这一制度要求，如果存款市场利率（新的利率）低于原来存款时的利率，那么，信用社仍对存款户按原来利率支付利息。若新的利率高于原来存款利率，则按新的利率向存款户支付利息。这样可以保护存款户的利益，但也给信用社造成了巨大的影响。特别是存款比较多的信用社，当遇到需要进行这种补贴时，往往由于存款多而造成损失。

由于我国的存贷利率受到严格的限制，信用社的利率风险还不是很凸显。如果人民银行利率调整中增加存贷利差，那么信用社的存贷利差就增加；如果人民银行利率调整中减小存贷利差，那么信用社的存贷利差就减小。

如果信用社的存贷利率可以随着中国人民银行规定的利率而浮动，那么利率风险就更加不凸显。而目前，人民银行允许农村信用合作社的贷款利率拥有较其他商业银行（包括中国农业银行）更灵活的浮动范围，在《中国人民银行关于扩大金融机构贷款利率浮动区间有关问题的通知》（2003）中规定商业银行、城市信用社贷款利率浮动区间扩大到［0.9，1.7］，即商业银行、城市信用社对客户贷款利率的下限为基准利率乘以下限系数0.9，上限为基准利率乘以上限系数1.7；农村信用社贷款利率浮动区间扩大到［0.9，2］，即农村信用社贷款利率下限为基准利率乘以下限系数0.9，上限为基准利率乘以上限系数2。因此，现阶段农村信用社的利率风险不是十分明显。

（二）商品价格风险

作为信用社的主要产品，近几年的小额信用贷款实行了贷款对象分散的策略。但事实上由于地方政府产业结构的导向作用，许多贷款集中于某一类农产品的生产，因而极易受到市场波动或者自然环境的影响。由于信用社的贷款对象大部分是经营规模较小的农户或者是农业经营者，一旦市场环境发生逆转，大部分借款人难以抵御这种突如其来的市场波动，而这种风险就可能会传导成为大规模的信用风险。由于农产品的品质不一，保存时间难以持久，在借款人发生违约后，农产品在低迷的农产品市场中难以尽快变现。这就导致信用社的信贷损失，形成不良贷款。形成这种状况的起因，可能是某类农产品的价格突然逆转导致农户或农业企业损失；又或者是由于农业化肥、农业生产资料价格的突然上涨，导致农业生产成本急剧上升，农户预期的项目难以实施。

由此可知，在农村金融领域，农村信用社并不是直接面对商品价格的波动。通常是由农村信用社贷款对象所面临的农产品或农业生产资料价格波动而引起的，并通过信用风险传导回农村信用社。由于这类风险不是直接面对信用社，在信用风险分析中也未必能够对这类具有相似性质的涉农贷款进行相关的处理，因此往往会被忽视。农村信用社的定位和业务决定了其必然要面对这类间接的商品价格风险。因此，农信社有必要在信用风险分析中对其进行处理和防范。

二　农村金融机构操作风险分析

农村经济作为整个经济体系的组成部分，其发展离不开金融系统的有效运行。我国农村金融机构风险管理非常薄弱。目前我国农村合作金融机构对于操作风险的管理尚处于起步阶段，由于员工素质不高、缺乏有效的公司治理和内部控制以及外部监管缺失，同时操作风险度量难度高等原因，农村金融机构操作风险管理形势不容乐观，案件频发。2007年，全国银行业金融机构涉案金融百万元以上的案件数量中，农村合作金融机构占比达到53%，其中属于"操作风险"的违法案件占到70%以上，明显超越信用风险和市场风险。农村金融机构要提高竞争力、有效防范操作风险，就必须深化改革、完善治理体制、健全法人治理机制。

（一）操作风险的界定

虽然2006年《巴塞尔新资本协议》在十国集团正式施行，并且银监会也已出台商业银行操作风险管理的有关指导性文件，但是由于农村金融机构人员素质普遍偏低，同时基层机构对于员工规章制度和业务操作流程的教育培训力度偏低、不成系统，培训的深度和广度不够，导致很多地区基层农村金融机构对于操作风险产生误解。操作风险要么仅仅被视为业务操作过程中的失误所导致的损失，要么被分散在经营风险、法律风险、信用风险或者市场风险等风险中，没有被单独列为一类风险。为了能使农村金融机构有效管理操作风险，这里有必要大体上界定操作风险。

目前国际上对于操作风险的定义主要有三个方向：广义、狭义和强调内部可控要素的观点。广义的操作风险指的是除信用风险和市场风险以外的所有风险。这种定义虽然全面广泛，不但包括法律风险和声誉风险，还包括了战略风险、国家和转移风险等，但却使得操作风险难以度量，从监管的角度讲缺乏实际使用价值。狭义的定义认为只有那些与金融机构操作部门有关的风险才是操作风险。即由于控制、系统及运营过程中的失误或不当而可能引致的潜在损失的风险，从而操作风险设计的内容大多被定位于后台管理部门。该定义方法虽然将每个后台部门的管理重点集中到其面临的主要风险上，但是忽略了以上分类以外操作风险，从而有可能遭受一些不可预见的损失。第三种强调可控要素的定义实际上介于广义和狭义定义之间。其基本思想是将银行业务划分为可控和不可控两类，将因可控事件引起的风险视为操作风险。例如英国银行家协会（BBA）于1999年发布了《操作风险管理——下一个前沿》的调查报告，根据银行业内部操作风险的各自表述归纳分析，提出了"操作风险共同的核心定义"，强调操作风险是由不足的或失败的内部流程、人员和系统或外部事件等可控要素所造成的直接或间接损失的风险。巴塞尔委员会基本沿用了英国银行家协会的定义，在新资本协议中，将操作风险定义为"由内部程序、人员、系统的不当与失误或外部事件冲击所造成直接或间接损失的风险。"这一定义包含了法律风险，但是并不包含策略风险和声誉风险。巴塞尔委员会的定义从操作风险的导致因素出发，基本涵盖以下几个方面：一、人员因素，主要指人的道德素质问题，包括越权或擅权行为、欺诈（内部作案和内外勾结作案）、关键人员流失等；二、流程因素，主要指内控制度缺陷、制度和流程设计不完善、人员操作失误以及执行不力等；三、系统因素，指系统失灵、参数设置错误、系统出现缺陷等；四、外部事件，主要是外部欺诈、抢劫、黑客攻击、盗窃以及地震、战争等不可抗拒因素以及法律、税收和监管方面的变化。在此基础上巴塞尔委员会根据操作风险导致损失发生的根源划分七种损失类型：内部欺诈（Internal Fraud）；外部欺诈（External Fraud）；雇用合同以及工作（Employ Practices & Workspace Safety）；客户、产品以及商业行为（Client, Products & Business Practices）；有形资产的损失（Damage to Physical Assets）；经营中断和系统出错（Business Disruption & System error）、交割以及交易过程管理（Execution Delivery & Process Management）。同时结合八条损失业务线，即公司财务（Corporate Finance）；交易与销售（Trading & Sales）；零售银行业务（Retail Banking）；商业银行业务（Commercial Banking）；支付与清算（Payment & Settlement）；代理服务（Agency）；资产管理（Asset Management）和零售经纪（Retail & Brokerage）组成五十六个元素的损失矩阵。这种分类以其定义中引起操作风险的四大因素为基础，然后对每一因素所包含的事件进行细分，最后再结合各损失业务线组成矩阵，构成操作风险统计的基础。巴塞尔委员会也指出各国银行业可以根据自己的实际对损失类型进行自我定义，从而决定哪些操作风险类型应该被包括进定义之中。这样既可以考虑到各银行自身的不同特点，不搞一刀切，又不至于使定义差别太大而影响监管机构的统一监管。巴塞尔委员会的这一定义和分类在理论界和实务界最为权威，对各国商业银行界有着重要的影响。

《巴塞尔新资本协议》正式文件早在 2004 年就已颁布，2006 年起成员国开始实行该协议。我国至今仍实行 1988 年资本协议，短期内人不需要为操作风险配置资本。但是为了适应国际银行业发展的趋势，在有效借鉴了《新资本协议》的基础上，中国银监会于 2007 年 5 月发布了《商业银行操作风险管理指引》。该《指引》旨在完善银行业监管体系，提高监管的有效性，推进中国银行业监管标准与国际银行监管标准接轨。该《指引》基本构建了我国操作风险管理框架；阐述了操作风险管理体系的要素、完善公司治理结构的要求、操作风险度量方法、管理信息系统、业务连续方案、缓释政策、重大操作风险事件等，同时给出了操作风险的定义，即操作风险是指由不完善或有问题的内部程序、员工和信息科技系统，以及外部事件所造成损失的风险，包括法律风险，但不包括策略风险和声誉风险，并给出了损失事件的分类（见表1）。

目前银监会已经完成对工、中、建、交等几家银行实施《巴塞尔新资本协议》（Basel Ⅱ）的预评估，目前正在整理材料。下半年将根据预评估结果，确定可以正式申请在明年实施新资本协议的银行。从目前的评估结果来

表1　　　《商业银行操作风险管理指引》对操作风险的分类表

内部操作风险	外部操作风险
内部程序： 　　内部流程不健全、流程执行失败 　控制和报告不力、文件或合同缺陷 　担保品管理不当、产品服务缺陷、 泄密与客户纠纷等	外部事件： 　　外部欺诈 　　自然灾害 　　交通事故 　　外包商不履责 　　政治、监管、政府、社会、竞争
员工： 　　内部欺诈、失职违规、违反用工 法律	
信息科技系统： 　　信息科技系统和一般配套设备不 完善	

资料来源：《商业银行操作风险管理指引》。

看，在系统建立、数据模型、系统与数据的整合等方面对各家银行依然有很大挑战。但不管怎么说，我国银行业对于操作风险的管理在国际化的道路上有望加速。一旦试点成功，可在全国稳步推行，这对于减少农村金融机构操作风险损失、提升农村金融机构操作风险管理水平，进而构建全面的风险管理起到有力的推动作用。

（二）我国农村金融机构操作风险管理存在的问题

农村金融机构作为一个产权不明晰、内部管理基础薄弱的传统的地方性金融机构，由于点多面广、战线长、管理难度大，几乎具备操作风险发生的一切条件，不断发生的操作风险损失也给农村金融机构带来了十分严重的后果。2007年，全国农村合作金融机构共发现各类案件237件，涉案金额67亿元。其中，百万元以上案件68件，涉案金额5.9亿元，百万元以上案件平均案值达870万元，同比上升26%，"操作风险"方面的案件数量和涉案金额分别占到案件总数和涉案总额的70%以上。从已经查出和暴露的违规操作和各类案件看，涉及存款、信贷、投资、融资、结算、财务会计、安全保卫、计算机等业务的方方面面，几乎每个业务领域均有违规、违章、违纪，以致违法现象。从操作风险的识别角度看，内外部人员欺诈、内部流程不健全执行失当、信息系统不完备导致的操作风险损失是主要方面：

1. 内部欺诈和内外勾结欺诈严重

从查处的案件来看，欺诈所导致的损失占据很高比例。农村金融机构所遭遇的欺诈一是来源于内部人员欺诈，二是来源于内外勾结。农村金融机构员工素质总体偏低这是一个不争的事实。员工缺乏法律法规、职业操守观念，在业务操作中，规章制度观念淡薄；人员的任用、考核机制存在缺陷，重要岗位人员使用失察，平时对个人行为缺乏考核和监督，为少数人利用职务便利作案提供机会。外部欺诈行为多是一些违规、违法活动，其中相当一部分违法违规活动的存在是由内部人和外部人联手、相互配合下发生的。例如 2007 年河北高阳县信用联社副主任宋亚安利用他人违规放贷，最终卷款 1.57 亿元潜逃，震惊全国；2002 年湖南靖州县信用社主任与客户内外勾结，通过伪造证件、印章，疯狂骗取信用贷款 300 余万元。由于农村金融机构存在多重委托—代理关系，内部人、外部人道德风险在所难免，在没有一个良好的约束机制和有效的内部管理的情况下，直接导致金融机构人员操作风险，进而造成损失。

2. 内部流程不健全，执行失当

农村金融机构由于操作流程不健全、执行不当造成的损失，归根结底在于内部控制机制不健全。农村金融机构很多制度规定过于原则化、简单化，缺乏操作性，且有些制度规定分散在各个业务部门，不利于协调执行。在有些业务领域还存在制度盲区，由于无章可循和制度本身不科学不合理，致使大量的违规操作和案件发生。比如基层机构财会制度不完善，管理流程不清晰，财会系统缺陷等普遍存在；文件档案管理不善、文档结构不健全，以及作为关键流程有效控制与否证据的协议出现错误或者直接缺乏协议，如贷款抵押权证丢失等；监控、报告流程混乱，有报告义务的部门的职责不清，数据不全，造成未能充分履行汇报义务或汇报不准。当前，存款、贷款、汇兑依然是中国农村金融机构的业务主线，其中，贷款作为主要资产业务是最易因为流程的不当与失误而引发操作风险。比如某些基层农村商业银行贷前调查不合规，对借款人资料和资信状况、担保能力缺乏实际的调查评估，调查报告内容简单，不能如实反映借款人的信用程度；贷款审查不严格，重形式轻内容，农贷会计制度执行不到位，柜台监督简单化，违规违纪贷款在个别分理处屡禁不止。

3. 信息系统不完备

金融机构是信息网络技术普及程度较高的行业，信息网络技术广泛地应用于银行各项业务，由此带来的风险也遍布各种业务环节中。农村金融机构实现电子化管理后，一定程度上缩小了与其他金融机构基础设施建设的差距，但由于起步晚、缺乏统一规划和组织协调，成为操作风险高发的一个重要环节。许多农村地方基层金融机构由于信息系统管理和操作的缺陷，经常出现文件档案管理不善，业务操作中的数据出现差错。系统安全隐忧重重，一些农村合作金融机构在机房设计容量、建筑结构、供电、消防等设施方面达不到要求，维修保养费用不足，设备残旧、老化现象严重，故障率较高；专业技术力量薄弱，科技人员数量少，在科技管理与风险内控方面缺乏经验与能力，系统建设和维护过度依赖外包服务商。

当前由操作风险所引发的农村金融机构损失在金融风险造成损失中的比重不断上升，日益引起关注。农村金融机构法人治理结构不完善、操作风险管理框架不健全、内控机制不健全、管理手段落后、操作风险意识落后是操作风险多发根源。为了有效控制操作风险，农村金融机构必须建立有效可行的操作风险管理框架。

（三）对构建农村金融机构操作风险管理框架的探讨

我国国有商业银行、股份制商业银行基于《巴塞尔新资本协议》操作风险管理框架的构建也才刚刚起步，还处探索阶段，而广大农村金融机构操作风险管理整体框架几乎空白，尚有很长的路要走。但是 2010—2012 年我国商业银行将密集实行新资本协议，农村金融机构为了适应现代银行业风险管理要求，在未来十年内逐步构建操作风险管理框架将是一个不可回避的课题。

1. 基于巴塞尔协议的操作风险管理框架

按照巴塞尔委员会提出的十条定性原则，商业银行操作风险管理框架包括四个组成部分：风险战略、管理流程、基础设施和环境（见图1）。

（1）操作风险管理战略

操作风险管理战略是为所有关键业务及其过程制定操作风险的管理标准和目标，设置风险偏好和风险承受能力使得金融机构能识别、度量和监控所有重大的操作风险。并制定一系列准则、规章、制度，通过执行部门来控制操作风险。具体包括业务目标、风险偏好以及风险政策这三项。①业务目标是金融机构业务发展战略，即发展哪类业务、达到怎样的市场份额。这些目标同时构成了金融机构的损失业务线以及风险偏好。②风险偏好是指金融机构的风险承受度即"金融机构能够接受什么风险"、"接受这些风险能够到达什么程度"。③风险政策是为实现风险战略而对操作风险管理部门所采用

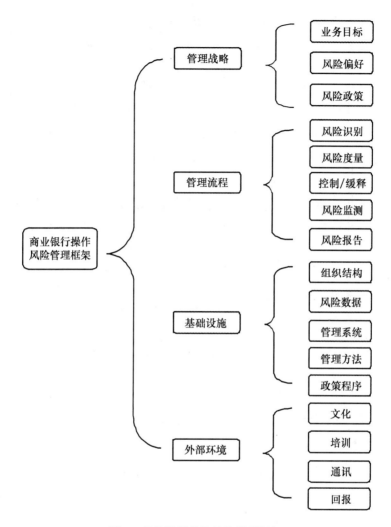

图1　商业银行操作风险管理框架

资料来源：根据巴塞尔委员会《管理和监督操作风险的稳健方法》编制。

的技术、方法等的具体规定。风险政策要对银行操作风险管理架构作出规定，这涉及操作风险管理委员会、风险管理部门的职责以及职能部门的作用。

（2）操作风险管理流程

操作风险的管理流程大致应该包括识别、度量、控制＼缓释、检测和报告五个环节。（如图2）①"操作风险的识别"是指识别潜在的操作风险、所处的内外部环境、业务目标、提供的产品和服务、内外部环境的变化及变化幅度。②"操作风险度量"即确定哪些操作风险是可以接收的，哪些是不可接收而需要缓释的。量化评估结果使管理层在风险战略和政策之间进行比较，发现银行无法接受的或偏离其风险偏好的操作风险，选择合适的风险缓冲机制。③"操作风险控制"是操作风险管理部门要求业务部门根据风险状况和特点，采取一定的措施减少风险事件可能造成的损失。④"操作风险监测"是指金融机构内部创造风险的监管程序，从定性和定量方面评估操作风险；保证控制手段和体系发挥作用，预防潜在风险；建立操作风险矩阵或关键风险指标（KRIS），确保职能部门及时有效发现异常值。监测通常由内审部门执行。⑤"操作风险报告"包括风险评估结果、损失事件、风险诱因、关键指标以及资本要求水平五个部分。通过这些信息高级管理层可以确定各个部门风险管理的职责，根据金融机构风险战略和偏好，评估全面风险状况，监控关键风险指标，评估防范行为的效果。报告应针对风险的变动情况评估资本的充足状况，并提出改进建议。

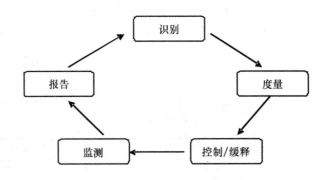

图 2　操作风险的流程

资料来源：根据巴塞尔委员会《管理和监督操作风险的稳健方法》编制。

（3）操作风险基础设施

基础设施是用于操作风险管理的组织结构、数据、系统、方法、程序。①操作风险管理组织结构是指所有相关职能部门及其人员。金融机构要设定人员在操作风险管理过程中的责任和任务，操作风险管理由风险管理委员会承担，风险管理委员会负责操作风险管理实施过程中的授权和日常的决策工作，以确保操作风险管理过程能够正常运行。②操作风险数据是管理层决策的基础。金融机构应收集损失事件/业务线数据、发现风险诱因、建立风险指标。③操作风险管理系统用于建立损失数据库、风险度量、建立资本模型、风险指标收集与报告。④操作风险管理方法是指基于数据和系统建立资本模型。⑤操作风险管理的政策与程序是为实现风险战略而对操作风险管理部门所采用的技术、方法等的具体规定。

（4）外部环境

风险环境主要是指操作风险管理文化、培训、通讯、回报四个方面。①操作风险文化强调金融机构上下重视操作风险的控制和管理，员工要有高的职业道德水平。②培训是指金融机构加强员工操作风险管理培训，提高员工对操作风险的认识和管理水平。③通讯是指金融机构应建立畅通的交流沟通渠道，确保政策意图准确及时传达，确保风险信息可以时时共享。④回报是指金融机构的激励机制和相关奖惩制度。

2. 我国农村金融机构操作风险管理框架

在巴塞尔委员会的十条定性原则的基础上，参考相关研究成果，并结合农村金融机构现实，我们认为，农村金融机构操作风险管理框架的基本要素包括：操作风险管理组织，包括操作风险管理决策部门、操作风险管理执行部门；操作风险基础设施，即操作风险管理整体得以正常运行的载体，包括人员、数据、系统、方法、程序；操作风险管理流程，即操作风险组织运用操作风险设施完成操作风险管理流程；外部环境，包括文化、培训、通讯、激励等要素。这四大要素按照逻辑关系可进一步分为：风险决策部门、风险执行部门、风险管理过程以及内外部要素，其逻辑关系是：理事会作为风险决策部门制定操作风险管战略，即具体管理过程的总纲；操作风险管理部门依据风险管理战略，运用内外部要素执行操作风险管理政策；风险管理过程是操作风险管理政策的具体实施步骤，在这一动态循环的监管过程中所得到的风险数据和风险报告成为董事会修订风险管理战略的依据和参考。

从长久来看，构建完整的操作风险管理框架对农村金融机构而言是大势所趋。但就目前而言，我国农村金融机构虽然也具备了操作风险管理框架中的某些要素，但要构建完整的管理框架还有很长的路要走。农村金融机构应从治理结构、内部控制、风险量化、信息系统安全以及文化道德、激励机制等薄弱环节入手，适应现代风险管理的要求，建立相应的组织、设施，制定相应的战略、政策以及流程，逐步构建全面的操作风险管理框架，从而有效控制和防范操作风险。下面依据构建农村金融操作风险框架的要素，探讨操作风险管理框架。

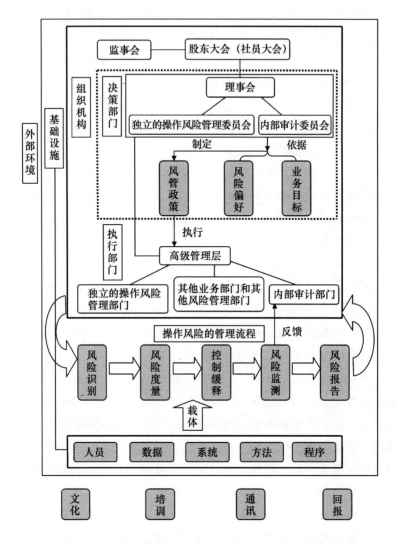

图 3   我国农村金融机构操作风险管理框架

资料来源：作者自己编制。

（1）组织机构

组织机构分为操作风险决策部门和操作风险执行部门。农村股份制金融机构理事会负责制定风险战略，其下属应具有独立的操作风险委员会，具体负责相关事宜。操作风险管理部门是风险管理中的执行部门，它依据风险管理战略，按照既定的操作风险管理流程，运用内外部要素执行操作风险管理政策。要使各组织机构能够各司其职、按章运行，存在一定的前提。

①公司治理

从上世纪90年代中期，我国农村金融机构经历了几次比较大的产权制度改革，很多合作金融机构走上了公司化治理道路。在治理结构的改革中，基本实现了"一级法人、多级管理"的体制。一级法人在一定程度上减轻了由于多重委托—代理关系所致的操作风险；多级管理并明确划分机构总部与分支机构的职能，使管理经营分离、决策执行分离，总部机构专司法人职能以及决策职能，分支机构则专司经营活动。这在一定程度上有利于农村金融机构稳定发展。但同时，我们更应看到内部治理结构混乱的另外一面，这主要表现在：一、内部人控制问题依然严重。金融机构高管人员以及分支机构主要负责人权力过于集中，内部监督又薄弱，容易进行违法违规操作，进而造成操作风险。二、内部制衡机制不完善。农村金融机构"三会"制度很多形同虚设。内部控制部门在总部机构领导下，缺乏独立性、权威性，片面服从高层指挥，不能独立地进行审计检查等工作。同时监事会发挥不了监督的作用。三、管理层级过多。虽然分级管理实现了有利的职能分离，但如果分级过多、内部管理链条过长就会导致信息交流不对称，总部机构对分支机构的控制力层层减弱，管理政策执行不力。

规范的法人治理结构是农村金融机构各组织按制度行使职权的基础，建立操作风险管理框架所需解决的根本性问题。当前农村金融机构亟待完善法人治理结构。具体而言：一、明晰产权关系，优化股权结构。合理的产权关系是建立合理的法人治理结构的基础，是组织结构中各部门能够按制度运行的基础。由于农村金融机构几经产权变更，虽然很多农村金融机构实现了法人治理，但股权结构混乱，历史包袱严重，这其中既有原有经营管理问题，又有政府干预因素，因此改革股权结构成了明晰产权的关键。中央和地方政府要承担历史亏损和资产损失，新股募集要适当扩大"投资股"比例，各产权主体按照股权大小行使表决权，并承担相应责任，从而完善农村金融机构法人治理的产权基础，从根本解决"内部人控制问题"。二、完善权力制衡机制。股东（社员）大会、理事会、监事会应建立权力制衡机制。确保股东（社员）大会股东切实行表决和监督权力，减少外部干预。严格实行理事长与经营管理层的分设，考虑建立独立理事制度，聘请独立理事更好发挥理事会的监督功能。保证监事会的监督权力，监事会要独立依法行使监督权，不受制于理事会和高级管理层，对股东（社员）大会负责。三、减少农村金融机构管理层级，实现管理层级"扁平化"，提高管理效力，从而保证机构层级之间"通讯"畅通，保证政策执行力。总之规范的法人治理结构是使各组织机构能够各司其职、按章运行的根本性前提。

②内部控制

目前，我国农村金融机构已经基本建立了独立的风险控制部门，对信贷资产质量与风险交易加强监督，在很大程度上提高了信用社的风险管理能力，防止了重大损失的发生。但很多地区尤其是中西部地区，农村金融机构尚未形成一整套完整的内控体系，在操作风险的控制方面十分薄弱。主要表现为：一、内控意识薄弱，操作风险管理理念落后。不少地区农村金融机构过于注重业务规模和发展速度，而轻视风险控制，导致业务发展速度与内部控制之间的矛盾日益突出，违规违法案件随之发生。二、内控制度存在漏洞。农村金融机构往往缺乏一个整体全局的内控制度及操作规则，不少制度简略而模糊，定性多定量少，缺乏操作性。内控制度是各级管理人员针对基层业务部门实行的，对高级管理人员缺乏约束力，这也是导致内部人员欺诈案件频发的主要原因之一。由于内控制度缺乏整体性，各部门在执行操作风险管理制度时各管各摊，相互割裂甚至抵触。三、内部审计监督力薄弱。内部审计应具有独立性和权威性。独立性指内审可以不受干扰地独立开展，并可以不经过高级管理层直接向理事会汇报。权威性是指内部控制的监督评价上享有绝对的权威。很多农村金融机构难以达到内部审计部门的独立性和权威性要求，内部审计非常薄弱。有些法人金融机构未设立隶属于理事会的独立的内部审计委员会；审计过程发现的操作风险问题限期内得不到整改，操作风险越积越多。四、内控执行不力。如对制度理解不透彻，甚至曲解，导致执行中的错误。又如不严格按照制度和流程要求执行，而是随意按照经验、习惯省略程序或逆程序操作导致操作风险未被及时发现。五、机构内部"通讯"不畅。充分全面的信息和有效地沟通渠道是保证内控开展的重要条件之一。然而农村金融机构由于管理层级过多，组织结构冗杂，导致政策下达不畅、报告上行不畅，操作风险内部控制的有效性被极大削弱了。

内部控制作为操作风险管理框架内部环境的一个子系统，其运行好坏直接决定了操作风险控制的有效性。目前农村金融机构普遍没有一套完整操作风险内控体系，因而在构建操作风险管理框架时应根据当前实际，循序渐进地完善农村金融机构内部控制系统。具体而言：一、培养操作风险管理文化。农村金融机构应当重视操作风险文化的建设，能够将其融入上岗培训、政策制定、流程控制、部门职责以及绩效考核中，改革不合理的激励机制。二、可以借鉴先进商业银行的做法，由专门的内部控制部门制定全局的系统的规章制度，并且量化细化，使之有可操作性。规章制度的制定还应考虑对各级管理层的权力约束。三、操作风险管理部门要与经营、保障部门保持相互独立，内部审计部门应完全独自立于管理、经营和保障部门，直接向理事会负责，保证内部控制的有效性。四、要保证部门之间信息沟通便捷、迅速、准确，能最大限度地获取全面信息，使政策下达无误、报告上行准确。

　　（2）基础设施

　　操作风险基础设施是操作风险管理整体得以正常运行的载体，包括人员、数据、系统、方法、程序等要素。对于农村金融机构而言，操作风险管理中，最突出的、最需要关注的是系统和数据的问题。

　　①系统

　　操作风险管理系统用于建立损失数据库、风险度量、建立资本模型、风险指标收集与报告。目前农村金融机构大多实现了电子化管理，在一定程度上缩小了与其他金融机构基础设施建设的差距。但由于起步晚，农村金融机构电子化信息化的发展滞后，与业务、管理要求还有不小的差距，主要体现在两个方面：一是发展水平低。由于起步晚，农村金融机构数据集中化程度低，网络覆盖率低，比如有些地方信用社电子化网络只覆盖到省一级的范围，制约了其业务发展；内控部门还未能有效配置电子信息系统进行监督和预警，操作风险的管理很多仍然采取手工操作，即便是已配置的单位也存在难以有效利用电子信息系统管理具体业务；功能单一，不能为金融机构操作风险管理提供充分、完整的数据。二是系统安全性低，正如上文所说，一些农村合作金融机构在机房设计容量、建筑结构、供电、消防等设施方面达不到要求，维修保养费用不足，设备残旧、老化现象严重，故障率较高；专业技术力量薄弱，科技人员数量少，在科技管理与风险内控方面缺乏经验与能力，系统建设和维护过度依赖外包服务商。

　　因此，农村金融机构应该增加科技设备的投入，逐步建立集中化程度高，覆盖所有业务、管理部门的电子网络信息系统。该网络信息系统包含操作风险控制模块，要有利于内部控制部门实现电子监督，电子预警；同时保证机构内可以实现顺畅的信息交流，为操作风险控制提供准确全面的损失事件数据、业务线数据等等。同时需要加强对金融机构网络信息系统安全性的投入，减少因为系统故障或外部因素等原因造成操作风险损失。

②数据

现代银行业由于国际金融创新不断深化，金融市场日趋复杂，银行业规模不断扩大导致银行业运营复杂程度不断提高，操作风险急剧积累，客观上要求银行业采取定量分析的方法量化操作风险，以实现有效的控制。国际先进银行已大量运用数量统计模型来度量操作风险，而我国银行业对于操作风险管理缺乏量化的手段，依然是以定性分析为主，与数量模型相比，缺乏科学性。这主要是因为国内银行业普遍没有建立风险数据库，决策主要依据定性分析结果。《巴塞尔新资本协议》要求为操作风险配置资本，资本量的计算依据是银行经营中各项经济指标，如果各项经济指标不能精确的计量，就无法计提资本。目前十国集团银行业提倡使用的高级计量法，就是建立在完善的数据库、网络信息系统和精确计量手段的基础之上。目前我国大部分银行业金融机构尚不具备实行新资本协议量化管理操作风险的能力，与国外商业银行相比还有很大差距。但量化管理是大势所趋，我国银行业应积极切实应对。目前农村金融机构操作风险的量化管理几乎空白，从长远看，为了实现构建全面的操作风险管理框架这个总目标，也应考虑量化操作风险当前的障碍以及今后如何实现操作风险的量化管理。

操作风险的量化管理是建立在数据和数量模型以及网络信息系统之上的。操作风险的度量就取决于数据和数量模型。其中数据是风险识别的产物，是风险度量的基础。

从目前的情况看，由于农村金融机构普遍没有建立操作风险损失数据库，因而缺乏构造数量模型的大量数据，表现为：一、缺乏内部数据。农村金融机构普遍数据集中程度低，金融机构内部损失数据的搜集非常困难。同时各分支机构没有操作风险损失数据库，而且没有按照其业务种类所划分业务线，所记录操作风险损失数据有可能在信用风险、市场风险之间重复发生。二、已有的数据难以使用。农村金融机构在中国转轨经济大环境下，由于经济结构变动，所搜集的历史数据相关度不高。三、外部数据也难以获得。外部数据需要考虑机构之间的可比性。我国农村金融机构操作风险在很大程度上是内生的，一个机构的损失事件与另一机构的操作风险未必具有很强的相似性。而且农村金融机构都是非上市金融公司，操作风险的信息披露不充分，可利用的外部数据有限。

农村金融机构要实现操作风险量化管理，建立操作风险损失数据库是当务之急。具体应从以下方面着手：一、划分业务线，并且对损失事件进行分类。同时建立损失数据库，计算并记录损失事件发生的概率、损失程度等相关数据，并将其逐年保存于损失数据库中，作为操作风险量化管理的依据；二、建立有效的执行程序，经常对相关指数等进行有效性检验，以确保内部外部数据全面和精确。

（3）管理流程

在操作风险损失数据库构建充分的前提下，建立合适的数量模型来度量操作风险是管理流程的核心问题。《巴塞尔新资本协议》给出了三类操作风险度量模型，即基本指标法、标准法、高级计量法。

①基本指标法（Basic Indicator approach，BIA）

基本指标法是三种度量方法中最简单的一种，其基本思想就是按总收入中的一定比例计提操作风险资本要求。采用基本指标法银行持有的操作风险资本应等于前三年总收入的平均值乘以一个固定比例：

计算公式如下：

$$K_{BIA} = GI \times \alpha$$

其中，K_{BIA}：基本指标法需要的资本；GI：前 3 年总收入的平均值；$\alpha = 15\%$，由巴塞尔委员会设定。总收入不是用来度量操作风险的，而是度量业务活动规模的合理指标，这里选择总收入的原因在于，在不同地区具有持续性和可比性，且容易获取。基本指标法虽然操作简单，但由于操作风险暴露与总收入之间的联系并不密切，它无法正确反映操作风险结构的复杂性。因此基本指标法只适用于业务简单的小规模银行。

②标准化法（Standardized approach，TSA）

在标准化法中，银行的业务被划分为八个产品线：公司财务（Corporate Finance）；交易与销售（Trading & Sales）；零售银行业务（Retail Banking）；商业银行业务（Commercial Banking）；支付与清算（Payment & Settlement）；代理服务（Agency）；资产管理（Asset Management）和零售经纪（Retail & Brokerage），用各业务部门的总收入大致代表各业务部门的操作风险暴露。各产品线操作风险资本要求等于各产品线当年总收入乘以该产品线适用的系数 β。β 值代表行业在特定产品线的操作风险损失经验值与该产品线总收入之间的关系。银行操作风险要求配置的资本总额是各产品线操作风险配置资本的简单相加。

其计算公式如下：

$$K_{TSA} = \sum (GI_{1-8} \times \beta_{1-8})$$

其中，K_{TSA}：用标准化法计算的操作风险资本配置要求；GI_{1-8}：为 8 个产品线，各产品线当年的总收入；β_{1-8}：由巴塞尔委员会设定的固定百分数，建立 8 个产品线中各产品线的总收入与资本要求之间的联系。标准法划分了银行的产品线，由于它按照行业标准对不同的产品线设定不同的操作风险权重，因而密切联系了操作风险暴露与总收入之间的关系。因此与基本指标法相比，标准化法基本能够反映银行基于不同业务线的各操作风险水平，从而可以适当降低操作风险资本要求，具备很强的可操作性。但是标准化法与基本指标法一样，也未区分损失事件类型，资本要求并不直接与损失数据相联系，同时 β 值的可信度低。因此标准化法适用于业务相对简单的银行。

③高级计量法（Advanced Measurement Approach，AMA）

高级计量法包括内部衡量法、损失分布法和积分卡法等方法。由于采用高级计量法（AMA）来计算操作风险资本配置对银行的要求很高，巴塞尔委员会为采用银行设定了定性和定量的资格标准。由于积分卡方法主观性很强，损失分布法过于复杂，即使在发达国家运用也相对困难，因此巴塞尔委员会并不推荐这两种方法，而推荐使用内部衡量法（Internal measurement approach，IMA）。内部衡量法是在标准化法的基础上为每一个产品线划分 7 个损失事件类型，这样 8 个产品线和 7 个损失事件类型组成含有 56 个元素（组合）的矩阵，然后再给每一组合设定一个风险暴露指标（EI），该指标用来表示某产品线操作风险的暴露规模。银行利用内部损失数据计算每类损失事件的损失程度（LGE）以及操作风险的发生概率（PE）。则某一组合的预期损失（EL）为：$EL = EI \times PE \times LGE$。然后监管者根据全行业的损失分布，为每组合设定一个将预期损失转换为资本配置要求的转换因子，算出每个组合的资本要求。实际操作中由于各银行操作风险损失分布与银行业整体的操作损失分布存在一定差异，为此，巴塞尔委员会引入风险特征指数（Risk Profile Index，RPI），来调整通过内部衡量法计算出来的操作风险资本配置要求。

计算公式如下：

$$K_{IMA} = \sum_i \sum_j \gamma_{ij} EL_{ij} = \sum_i \sum_j \gamma_{ij} \times EI_{ij} \times PE_{ij} \times LGE_{ij} \times PRI_{ij}$$

其中，K_{IMA} 为内部衡量法计算的操作风险资本配置；i 为银行的 8 个产品线；j 为 7 种损失事件类型；γ 为将预期损失转换为资本要求的转换因子；EL 为操作风险的预期损失；EI 为操作风险的风险暴露；PE 为损失事件发生的概率；LGE 为给定事件概率下每个损失事件的平均损失比例率；RPI 为风险特征指数。操作风险总资本需要是每个组合所得资本要求的总和。内部衡量法的优点是显而易见的，银行可以利用内部损失数据来计算资本要求，完整反映了所有业务的风险状况。但其缺点计算要求过于负责，需要耗费人力资源和时间去搜集损失数据，同时新资本协议要求搜集到至少 3 年的损失数据的条件过于严苛。因此内部衡量法一般只适用于业务复杂、国际活跃、规模庞大的银行。

当前农村金融机构并不具备采用何种度量方法来度量操作风险的条件，但农村金融机构正是遭受操作性风险损失较大的金融机构，为了构建全面的操作风险管理，应该逐步推进操作风险的量化管理。根据中国农村金融机构的现实，从方法的选择来看，基本指标法并不适用。正如前文所述，在基本指标法中操作风险暴露与总收入的联系并不密切，无法正确反映农村金融机构操作风险结构的复杂性，而且基本指标法只会加大金融机构的资本要求，不利于提高操作风险的管理效率。而标准化法能够基本反映金融机构在不同产品线上的操作风险水平，所以相对于基本指标法，标准化法可适当降低操作风险资本要求。此外，标准化法在操作上简单易行。因而该方法可以作为当前中国农村金融机构操作风险量化管理的过渡方法。高级计量法是中国银行操作风险管理的终极目标，对一般农村金融机构尤其是农村合作金融机构来讲要求过高，在目前阶段并不适用。

（4）外部环境

农村金融机构的外部环境整体并不乐观。外部环境包括文化、培训、通讯、回报四个要素。"通讯"是指金融机构的信息搜集、传播渠道，其侧重于考察金融机构业务或管理信息在不同部门之间传递的效率如何。这一点上面已有分析。这里重点介绍文化、培训、回报因素。农村金融机构近些年来虽然在提高员工素质方面做了大量工作，取得了一定成效，但由于长期以来管理体制不顺，队伍基础差，形成的历史原因不可能在短期内得到根本解决。人员素质相对不高，对操作风险认知不全面，风险防范意识薄弱，法制观念不强。有章不循、违规操作、以人情代替制度、以感情代替监督的现象时有发生，操作风险管理文化缺失。同时欠发达地区农村金融机构激励机制不合理，基层分支机构为了完成诸如存贷指标、收息指标的业绩考核任务，不惜违规操作，导致风险损失发生。

因此为了构建完整有效的操作风险管理框架，必须加强操作风险管理文化建设、加强员工培训、改革不合理的激励机制。农村金融机构应当重视操作风险文化的建设，要融入上岗培训、政策制定、流程控制、部门职责以及绩效考核中。金融机构全体员工要充分认识到内控的严肃性，坚决遵纪守法、照章办事。具体而言：一、通过培训增强员工素质。积极开展职业道德教育，使全员树立正确的价值观和高尚的职业操守；积极开展操作风险预防教育，增强风险防范意识和能力；加强对员工的规章制度、操作技能等方面的教育培训，提高员工职业素质。二、金融机构应鼓励主动报告风险，建立各风险管理部门之间有效的分工协作以及信息沟通机制，缩短汇报路径，提高对操作风险损失的反应效率，降低损失程度。三、制定合理的激励机制。整个机构内建立奖惩制度，对于操作风险控制好的部门、分支机构、人员应给予一定的物质精神奖励；对发现因操作风险而导致的重大损失的事件，金融机构要坚决查处，追究直接责任人及其相关负责人的责任。把个人对规章制度的执行情况纳入年终绩效考核，使员工自觉遵守规章制度，提高防范操作风险的自觉性。

三　农村金融信用风险分析

农业银行、农业发展银行、农村信用合作社、农村合作基金会等金融机构对农村经济的发展起到了积极的促进作用。随着金融体制改革的逐步深入，我国经济面临的农村金融风险逐渐加大。2004 年的新巴塞尔协议将商业银行的风险重新分类为信用风险、市场风险和操作风险三类，其中信用风险是金融机构面临的最主要的风险。

（一）农村金融信用风险原因分析

信用风险是借款人因各种原因未能及时、足额偿还债务或银行贷款而违约的可能性。发生违约时，债权人或银行因为未能得到预期的收益而承担财务上的损失。一般商业银行的信用风险是由两方面的原因造成的。

第一，经济运行的周期性。在处于经济扩张期时，信用风险降低，因为较强的盈利能力使总体违约率降低。在处于经济紧缩期时，信用风险增加，因为盈利情况总体恶化，借款人因各种原因不能及时足额还款的可能性增加。

第二，对于公司经营有影响的特殊事件的发生。这种特殊事件发生与经济运行周期无关，并且与公司经营有重要的影响。例如：产品的质量诉讼。

举例来说：当人们知道石棉对人类健康有影响的事实时，所发生的产品责任诉讼使约翰曼维尔公司，一个在石棉行业中处于领头羊位置的公司破产。

除此以外，农业及农产品有其自身的特点：农产品生长周期长，受天气影响较大，需求价格弹性小；农业产业化水平低、农业基础设施薄弱，造成农业在生产和经营过程中自然风险、市场风险、制度风险及技术风险等多种风险并存。农村是我国信用环境的薄弱地区，导致了农民无法偿还贷款，加大涉农金融机构的信用风险，据中国银监会初步统计，截至 2010 年二季度末，农村商业银行不良贷款率在各类银行中居榜首，达 2.34%。（外资银行不良贷款率最低，为 0.72%，股份制商业银行次之，为 0.80%，城市商业银行、大型商业银行分别为 1.11%、1.46%。）导致这一结果发生的主要原因是：

一是在现有农村政绩考核指标体系下，地方政府盲目地推广一些并不适合本地自然条件或经济发展条件的农产品种养殖。农村金融机构被动贷款，农户被动借款。但在这些农业推广项目出现问题时，农民并没有动力归还农村信用社的贷款，而农村信用社对这样的情形也没有得力的办法，只能寄希望于政府的干预和救助。

二是借款人还款能力不够，无力及时偿还贷款。借款人无力及时偿还贷款是指在贷款到期时借款人的财产在扣除基本生活需要后不足以偿还贷款的本息。借款人无力还贷的原因主要有三个：（1）身体方面的原因，即借款人本人或其家庭成员发生意外死亡、严重疾病等导致无力还贷；（2）灾害方面的原因，即发生较大的洪灾、旱灾、虫灾、火灾、泥石流、地震等自然灾害引起借款人财产受到较大损失，导致无力还贷；（3）经营方面的原因，即由于产品质量、市场变化、竞争等原因导致借款人经营失败，致使无力还贷。

三是借款人还款意愿不强，不愿及时偿还贷款。借款人不愿偿还贷款是指在借款人有还款能力的情况下，由于主观方面的原因而拒绝或拖延还款。借款人不愿还贷的情况主要有两种：一是借款人品质差，有部分农民抱着投机心理，从而产生恶意申请贷款、拖欠贷款的现象。由于我国的信用体制并不健全，没有建立起严格的信用档案，就使得这些不良贷款人有机可乘。二是信用环境差，如果当地的恶意拖欠贷款行为形成规模，在羊群效应的作用下，一些意志不坚定的农户加入这一阵营，造成贷款损失范围的进一步扩大。

四是农业风险保障体系十分落后。农业是一个高风险的行业，现代农业所面临的许多风险，例如：自然风险、生态风险、市场风险等，依靠传统的小农生产方式是无能为力的。加之缺乏农业风险保障与防预机制，就构成了较高的农村金融系统风险，加大了农村金融信用风险。

以上所提的是由农业及农产品自身性质和特点导致的信用风险，由于有效信用制度的缺失，造成农村金融信用风险的深层原因主要来自于逆向选择。农村金融机构资产结构单一，信用风险集中和道德风险。

第一，逆向选择。逆向选择理论是由美国著名经济学家乔治·阿克洛夫率先提出的，逆向选择是指在信息不对称的交易中，拥有信息不完全的一方会倾向于做出不利于自身的选择。在农村金融实践中，逆向选择的问题十分突出。由于金融机构贷款对象的广泛性和复杂性，对借款人的信誉状况、财务状况项目的风险和收益等信息的了解比借款人少，借款人对自身的情况和贷款项目的风险无疑比金融机构更为熟悉。在贷款发放之前，要求金融机构掌握所有贷款项目的风险程度并制定相应的对策是不现实的，金融机构所能把握的只能是市场上各个项目的平均风险程度。这样，风险较低的项目由于借贷成本高于预期水平而退出借贷市场，保留的是那些愿意支付高利率的高风险项目。即使借贷双方签订的是担保合同，也可能由于借款担保人品质与能力低下，或者由于抵质押品质量低劣，从而导致贷款人员做出与正确选择相悖的逆向选择。如果农村金融机构想进行尽职调查并实行动态跟踪，则需要高昂的成本。

第二，农村金融机构资产结构单一。"鸡蛋不要放在一个篮子里"，这是资产组合理论的基本观点，是分散经营风险的主要手段。农村金融机构所面临的是农村经济活动产业结构单一的不利局面，造成大多数农村金融机构的贷款发放只能局限在单一的农业活动中。特别是在相对落后的中西部地区，农村金融机构的金融资产结构过于单一的矛盾非常突出。加之农村严重缺乏风险保障机制（例如农业保险），所以单一的资产结构，无疑使农村金融机构的资产风险难以分散，加大了经营风险和农民的违约风险。农村金融机构的资产业务不但表现在贷款对象过于集中，而且还表现在贷款对象的地域高度集中，这样分散资产经营风险的能力就大大降低。

第三，信用风险集中。信用风险集中是指某行业或某地区贷款人的信用风险过于集中到某一家金融机构上，使得该金融机构过于暴露于某一行业或地区的信用风险之下。由于不同的金融机构对不同行业或地区的贷款人情况了解程度不同，因此可能设定完全不同的贷款利率。即使不同机构对同一行业信用风险的了解程度一致，也可能仅仅由于偶然的因素而导致贷款利率不同。这使贷款人能够在不同的金融机构之间挑选对自己最有利的贷款利率和合约条款。于是提供最优惠利率的金融机构最后会拥有来自某一行业或地区非常巨大的贷款组合，将自己完全暴露在该行业或地区贷款人的信用风险之下。"信用风险集中"的问题起因也是基于"逆向选择"。金融机构为了避免此类问题，通常会限制向某一行业，或某一地区提供贷款的比例。

第四，道德风险。道德风险是 80 年代西方经济学家提出的一个经济哲学范畴的概念，即从事经济活动的人在最大限度地增进自身效用的同时做出不利于他人的行动。或者说是：当签约一方不完全承担风险后果时所采取的自身效用最大化的自私行为。贷款人由于并不完全承担某些行为的后果，因此倾向于采取冒险的经营策略。这种策略在贷款人完全承担它行为后果的情形下不会为贷款人采用，这使金融机构承受了过量的风险。道德风险一般在贷款人被授予较高的贷款额度，并且这种贷款额度超出他的实际还款能力时发生。金融机构为了控制由贷款人道德风险引发的信用风险，可以采用对贷款人贷款额度根据资信及项目情况进行限制的方法。在农村金融实践中，由于农户资信水平普遍较低，贷款额度容易高于其还款能力，由道德风险引起的信用风险会相当显著。

信用风险的存在，使得农村金融机构在向农户发放贷款时受到很大的限制，也不利于农民的脱贫致富。使用什么样的手段有效管理信用风险，对于快速发展农村金融至关重要。

（二）农村金融传统信用风险管理方法缺陷分析

商业银行在管理信用风险的过程中，包括以下几个环节：风险识别、风险测定、风险控制、评价并改进风险管理体系。在评定贷款人信用时，一般要进行以下步骤：经营能力分析，如核心竞争力、诚信；财务报表分析，包括资产负债表与现金流量表的分析及预测；行业分析，如贷款人所处行业竞争情况，价格变动趋势，产品区分度等。但由于中国农村的小农经济特征非常明显，许多贷款企业或农户并没有建立起财务、经营系统来供金融机构审查，况且各个贷款农户的具体情况相差非常大，从而为金融机构的评级设下了更多的障碍。所以一般商业银行的信用评价方法对于农业金融机构并不适用。尽管农村金融机构自身也提出了一些方法来管理信用风险，但是这些方法或多或少存在一些缺陷。

1. 抵押。许多金融机构，包括商业银行还采用了以资产抵押换取贷款的贷款人信用控制方式，农村金融机构也不例外。但是在农村金融的情形下，农村的小企业或者农户一般没有足够的资产可以用来抵押从而获得贷款。在其他发展中国家，有资产抵押的贷款最多的是以土地所有权作为抵押，但是在中国由于农民只拥有土地的使用权，从而使这种贷款方式受到限制。

2. 过度抵押。指金融机构要求贷款的抵押资产超过贷款的金额，以保证在贷款人违约时将抵押资产变现后可以获得足够的补偿。这种方式并不适用于农村金融市场的大部分客户。

3. 对农户财产设最低限。金融机构对于赤贫或者土地规模极其有限的农户的贷款给予限制。这样做虽然可以减少金融机构面临的信用风险，但是会出现富者越富，穷者越穷的现象。因此现在其他国家的农村金融实践一般通过政府补贴的方式来解决赤贫或极贫困农民的贷款问题。

4. 担保。即贷款人在贷款时需要由其他人或者机构作为担保人，担保人以自己的财产或信用作为贷款人偿还贷款的担保。当贷款人偿还贷款出现困难时，即由担保人承担担保责任，代为还款。在实际运用中，这种方式虽然能够解决农村金融机构信用风险的问题，但是这样的机制设计实际上相当于把信用风险转嫁到自然人或者民间组织身上。在没有政府补贴的情况下，这种担保力量十分有限。

5. 联保。是指农村金融机构将有小额贷款需求且风险属性相近的农户组成联保小组，通过小组共同分担违约风险来降低信用风险出现的频率。由于小组成员需要经常举行会议，并且涉及小组成员之间的互相监督，这都会给贷款农户带来较高的交易成本；这种方式在我国农村金融机构中广泛采用，但是这种方式在农村经济迅速发展的情况下会有比较大的局限性。在经济迅速发展时，联保小组中的某些成员会由于拥有更快的发展速度，从而使其对贷款的需求和个人的风险属性与其他成员明显不同，这使得联保小组经常需要调整。

6. 对某些低收益及高风险的活动限制放贷。由于极贫困农户刚开始脱贫努力时的活动并不能保持较高的收益率，这使他们的脱贫受到限制。这个问题同样需要政府来解决。

7. 将贷款的额度与贷款人在该金融机构的存款数量联系起来，一般情况下贷款额度是存款数量的一个倍数。这种方式下贷款额度的取得与实际的还款能力脱钩，同时在高速通货膨胀的情况下，对信用风险的控制也不是很好。

8. 新型农业保险。新型农业保险已经启动，具有主动管理风险的性质。但是实施效果还有待观察。现有的农业保险仅从形式上采取了类似于一般财产保险的安排，保费率和赔付额的确定仍具有相当的盲目性，相应的条款实施起来也会带来高昂的成本。

原有信用风险管理手段缺陷的存在，直接导致了农村金融机构面临两个选择。要么大量放贷，信用风险得不到控制，承受巨大的信用风险；要么为控制信用风险，有款不贷。

综上所述，我国农村金融机构由农民收入波动性导致的信用风险的解决，还有赖于更具有扩展性与实用性的农业保险市场的出现，从而将信用风险转移给第三方。农民缺乏可抵押财产这一信用风险来源，还有赖于政府担保基金的推广，既为农村金融机构解决信用风险过大的问题，同时也大范围解决农民贷款难的问题。

（三）农村金融信用风险管理方法创新分析

1. 扩大金融机构的规模并限制农业贷款的比例

国外的实践经验表明，规模越大的农村金融机构能够提供更为广泛的产品和服务，获取更有效的运营效率，并向客户收取更低的借贷利率。更重要的是这样可以多样化分散风险。大规模的农村金融机构可以同时从地域、行业、农作物三个维度对贷款组合进行多样化，从而有效对冲贷款组合里存在的信用风险。与我国国有商业银行大规模退出农村的趋势相反，实际上能够有效地应对农业贷款风险，最有效多样化分散这种风险的恰恰是国有商业银行。对于我国现有农村信用社来讲，由于过分的暴露于农业相关贷款，从而承担了过多农业相关信用风险，这与风险管理的原则相背。

美洲发展银行 2006 年对拉丁美洲的 47 家涉农金融机构做过一项调查，发现农业贷款所占总贷款的比例与金融机构所面临的贷款风险近似成正相关的关系。当多样化的效应逐渐消失时，农村金融机构的风险资产顺势上升。与此对应，印度的很多小额贷款机构把限制农业贷款在其贷款组合中所占比例作为管理信用风险的重要手段。

但自从 1997 年国有银行开始股份制改革以来，出于盈利的考虑，大部分的国有商业银行都大规模的退出农村金融服务领域。这导致农业贷款在农村金融机构中的加大，这实际上是把由各个商业银行共担的农村金融信用风险转嫁到一个农村金融机构体系上，它直接导致了农村金融中信用风险向农村信用社过度集中。同时，国有商业银行大规模退出农村金融服务领域又使农村资金大量外流，农村信用社信贷资金紧张，无钱可贷，这导致了农村信用社的资金瓶颈。但具体操作上，如果硬性要求商业银行恢复农村地区的网点，农村地区网点成本高昂、收益又相对较少却是不争的事实。国有商业银行到底需要在农村金融服务领域发挥什么样的作用？以国有商业银行对农村信用社等农村金融机构进行批发贷款（低息或者由政府贴息），再由农村信用社将这些贷款贷给农户是未来的选择之一。

2. 政府农业担保基金

所谓政府农业担保基金，就是政府专门设立农业担保基金专款，在农村中对有需要的用户实行担保，政府凭借其高信用，解决了农民没有担保或担保信用不够的问题。

江苏省从 2001 年起，开始实行新型的政府农业担保基金项目，在运作政府担保基金时采取了以下几条措施：①由农村信用社按照 1∶3 的比例足额发放针对贫困农户的小额扶贫贷款，政府担保基金对三倍于其金额的贷款额提供担保；②严格限制由政府提供担保贷款的发放对象。江苏省小额扶贫贷款的发放范围仅限于全省列入省政府扶贫计划贫困村的中等收入水平以下的贫困农户，具体名单由各县扶贫办公室负责编印。③政府担保基金专款专用，由省财政厅直接下拨到各贫困县农村信用社开设的小额扶贫贷款担保资金专户。④建立小额扶贫贷款的奖罚机制，充分调动农村信用社做好小额扶贫贷款发放及管理工作的积极性。⑤农村信用社对由政府提供担保的贷款同样实行较严格的风险控制流程，由信贷人员在一定程度上包放、包收，对没有按照扶贫政策既定目标和要求承办小额扶贫贷款的承办者，使其在利益上有所损失。

3. 指数化保险

指数化保险的主要原理是：保险机构选取能够作为指数保险产品的参照物，设定好标的值，然后把当年的实际量与标准值进行对比。如果要小于（或大于）该标准量，保险赔付机制即启动。指数化保险是一种以可度量的天气情况作为指数的保险产品，另一种是以区域某种农产品的平均收成或其他可度量指标为指数的保险产品。如天气指数保险产品就是：保险机构选取区域历年平均降水量为参照，根据区域的历年平均降水量设定降水量标的 X，为保护农户在干旱时能够得到赔付；当降水量小于 X 时，保险赔付机制即启动。

在世界银行的指导下，发展中国家正在进行的农村金融创新最主要就集中于指数保险产品。在这个过程中，有的国家已经取得了很好的效果，例如印度。1998 年的经济普查表明，印度农村大部分的信贷需要并不能够通过正规金融机构的商业信贷计划得到满足。由于没有足够的资金支持，贫穷的人没有资金来开办新的赚钱的企业，很少能够冒自然灾害的风险种植作物。对于印度的银行来说，怎样低成本的使贫穷的农民能够接触到信贷服务，并更好的管理风险，是一个很大的挑战。世行商品风险管理集团（CRMG）和印度的小额信贷机构巴斯克（BASIX）与另一保险公司，2003 年共同启动了一项针对印度小部分花生种植农户的天气保险计划。这项计划旨在保护农民免受干旱的困扰。产品由凯斯比实验室的网络向四个村子的印度的小额贷款机构借款者推行，推行的方式包括培训与定期的会议交流。总计有 230 名农户在雨季来临前购买了这项保险计划。这些农户大部分都只拥有非常有限的土地。整个保险计划通过保险公司和一家领先的国际再保险服务提供商得到了再保险。通过天气指数保险计划和其他一些保险计划的推行，现在农户购买相应的保险已经成为其获得印度的小额贷款机构直接贷款的必要条件。农民的收入稳定性大大增强，巴斯克（BASIX）也成功的控制了自身面临的信用风险。

指数化的保险产品由于可以从根本上转移农民的收入波动风险及由此引发的金融机构信用风险，给了农民从事农业生产得到稳定收入的可能性。如果能够得到广泛的应用，可以使农民更容易地获得贷款。对于手工农业占主导的地区，交易成本成为决定选择哪种产品的主要因素，政府可以试行指数化的保险产品。但是由于我国农民普遍的受教育水平较低，在推行这类产品时需要农村金融机构提供相应的培训，并由政府提供相应的激励。

参考文献

1. 王颖慧：《农村金融风险：现状、成因及防范》，《现代金融》2000 年第 4 期。

2. 周忠明：《小额扶贫贷款可持续性分析——江苏省农村信用社小额扶贫信贷的实践及思考》，《中国金融》2003 年第 8 期。

3. 谢家智、鲜明：《农村金融风险的成因分析》，《西南农业大学学报》2003 年第 6 期。

4. 秦继红：《我国农村小额信贷的风险管理》，《农村经济》2005 年第 12 期。

5. 郭河彬：《我国农村金融风险的形成与化解》，《金融观察》2006 年第 4 期。

6. 温涛：《新时期我国农村金融风险控制的理论思考》，《理论探索》2006 年第 5 期。

7. 李文喆：《农村金融信用风险管理手段创新研究》，清华大学硕士论文，2008 年。

8. 《江苏省 17.5 亿扶贫小额贷款回收率超过 96%》，《新华网江苏频道》2006 年 2 月 7 日。

9. 《江苏扶贫小额贷款创新高受益农户 13 万人》，《中国广播网》2008 年 1 月 11 日。

10. 银监会：《2010 年二季度中国商业银行不良贷款保持双降》，《中国日报财经频道》2010 年 7 月 22 日。

11. 巴曙松：《巴塞尔新资本协议研究》，中国金融出版社 2003 年版。

12. ［美］罗伯特·哈伯纳：《金融机构操作风险新论》，李雪莲、万志宏译，南开大学出版社 2005 年版。

13. 中国银行业监督管理委员会：《农村合作金融机构案件专项治理实务手册》，中国金融出版社 2006 年版。

14. 张吉光：《商业银行操作风险识别与管理》，中国人民大学出版社 2005 年版。

15. 顾京圃：《中国商业银行操作风险管理》，中国金融出版社 2006 年版。

16. 王哲华、尚静：《商业银行操作风险管理问题探析》，《现代管理科学》2004 年第 9 期。

17. 李宝宝、王言峰：《农村合作金融机构操作风险控制》，《江苏农村经济》2009 年第 9 期。

18. 刘安堂、周退江：《基层农村金融机构操作风险防控难的成因及治理路径》，《新疆金融》2009 年第 2 期。

19. 刘书霞：《我国农村金融机构操作风险管理》，《中国农机化》2009 年第 6 期。

20. 钟伟、王元：《略论新巴塞尔协议的操作风险管理框架》，《国际金融研究》2004 年第 4 期。

21. 阎庆民、蔡红艳：《商业银行操作风险管理框架评价研究》，《金融研究》2006 年第 6 期。

22. 姜福来：《对完善农村信用社治理结构的思考》，《管理》2008 年第 1—2 期。

23. 赵妹、顾金宏：《从内控视角分析我国商业银行操作风险》，《商业银行经营与管理》2007 年第 1 期。

24. 周玮：《商业银行操作风险与内部控制》，《中国金融》2004 年第 12 期。

25. 周彬、胡铃、赵听：《我国商业银行内部控制环境分析》，《新金融》2005 年第 2 期。

26. 张维、潘建国：《商业银行操作风险度量建模思路与模型选择研究》，《现代财经》2007 年第 4 期。

27. 翟琳：《农村合作金融机构操作性风险与计量方法的探讨 》，《西部金融》2008年第 7 期。

28. 张学陶、童晶：《商业银行操作风险的实证分析与风险资本计量》，《财经理论与实践》2006 年第 3 期。

29. 张晨：《基于证据理论的商业银行操作风险评价体系研究》，《合肥工业大学学报》，合肥工业大学博士论文 2009 年。

30. 银监会：《商业银行操作风险管理指引》2007 年 6 月 1 日。

31. 中国银监会：《关于加大防范操作风险工作力度的通知》，2005 年。

32. Geetha Nagarajan and Richard L. Meyer, "Rural Finance: Recent Advances and Emerging Lessons, Debates, and Opportunities". Working Paper, Ford Foundation, July 2005.

33. Jerry R. Skees, Jason Hartell, and Anne G. Murphy, "Using Index – based Risk Transfer Products to Facilitate Micro Lending in Peru and Vietnam". American Agricultural Economics Association annual meeting, Portland, OR, July 2007.

34. Mark Wenner, "Managing credit risk in rural financial institutions in Latin America", Sustainable Development Department Best Practices Series, Inter – American Development Bank, May 2007.

35. World Bank, "Agriculture And Rural Development Department. Rural Finance Innovations", *Topics and Case Studies innovations*, April 2005.

36. Jameson, R. "Playing the Same Game". *Risk*, 1998, (11)

37. Zhang Xiaopu, Luo Xun, Lin Ling. "The Classification Principles of Operational Risk Loss Event". *The Banker.* 2006 (04).

38. British Banker' Association. "International Swaps and Association and Robert Morris Associates, Operational Risk Management – The Next Frontier". *The Journal of Lending & Risk Management*, 2000, (03).

第七章　农村金融的实践创新

周月刚

（中央财经大学中国金融发展研究院）

在我国社会和经济建设过程中，农村经济和发展一直是一个重要内容，它包括发展现代农业、增加农民收入和建设社会主义新农村等重要内容。该目标是我国社会主义建设的重要任务，并且越来越受到各级政府和相关单位的重视。各级政府部门相关单位以及农民已经为解决"三农"问题进行不断地探索和创新，并取得了一定的成效。纵观阻碍我国农村发展的困难，农村金融的相对滞后是其中最紧迫而且最明显的一个问题。人们认识到，一个资本充足、功能健全、服务完善、运行安全的农村金融体系是农村乃至我国经济健康快速发展必不可少的保障。这就要求加快农村金融改革步伐，提高农村金融服务质量和水平，加快推进农村金融制度创新、产品创新和服务创新，建立多层次、广覆盖、可持续的农村金融服务体系。

虽然各个主体都在对农村金融创新进行不断探索，但主要的，并且已经发挥出一定功能的依然是由政府主导，大型专业的金融机构参与的创新。近年来，这方面的积极探索有由金融主管部门和各金融机构在农村推出的金融产品创新、服务方式创新和组织创新等方面。相应地，中央在法律法规和政策上也提供了必要的支持。2008年10月，央行和银监会共同出台了《关于加快推进农村金融产品和服务方式创新的意见》，选取中部六省和东北三省部分有基础的县市，开展加快推进农村金融产品和服务方式创新试点。试点工作开展以来，试点地区各级地方政府、金融管理部门和金融机构紧紧围绕服务"三农"，共同建立了有效的跨部门工作协调机制和配套政策支持体系，因地制宜开发、推出了一大批金融创新产品和服务方式。在进行试点的地区，"三农"贷款投放明显增加，金融服务效率和质量显著提高，农村金融基础设施和金融生态环境都得到了一定程度的改善。

据人民银行初步统计，截至 2010 年 6 月末，试点九省涉农贷款余额为 2.6 万亿元，同比增长 24.2%，增速比去年同期高 13.6 个百分点。试点九省创新的金融产品直接带动的涉农信贷投放累计达 559.5 亿元，贷款余额 264 亿元，同比增长 40%①。九省试点的实践证明，加快推进农村金融产品和服务方式创新，是新形势下改进和提升农村金融服务、缓解农村和农民贷款难、支持社会主义新农村建设的有效手段。

尽管取得了一些成效，农村金融形势并不乐观。直到 2009 年上半年，我国仍有三分之一的乡镇严重缺乏金融服务，近一成的乡镇竟然没有银行金融机构营业网点。其中，没有营业网点的乡镇，有 80% 属于西部地区。农村金融面临的问题依然很严峻，这便要求我们不断地总结现有创新的优劣，推广积极成果，并继续探索新的方式，以达到农村经济快速健康地发展，实现农村和城市经济发展的协调和互相促进。

在寻找有利于解决"三农"问题的金融创新实践活动中，有许多经验和教训值得我们总结。本章重点讨论以下农村金融实践创新：村镇银行、小额贷款公司、农村资金互助社和土地银行等等。

一　村镇银行

（一）建立程序

村镇银行是指经中国银监会批准，由境内外金融机构、境内非金融机构企业法人、境内自然人出资，在农村地区设立的主要为当地农民、农业和农村经济发展提供金融服务的银行业金融机构。村镇银行可经营吸收公众存款，发放短期、中期和长期贷款，办理国内结算，办理票据承兑与贴现，从事同业拆借，从事银行卡业务，代理发行、代理兑付、承销政府债券，代理收付款项及代理保险业务以及经银行业监督管理机构批准的其他业务。银监会发布的《村镇银行管理暂行规定》对投资人的要求作了相关规定：企业入股，财务状况良好，入股前上一年度盈利，年终分配后净资产达到全部资产的 10% 以上；境内自然人入股，须有完全民事行为能力，有良好信用记录，企业和自然人的入股资金来源合法，不得以借贷资金入股，不得以他人委托资金入股；有符合任职资格条件的董事和高级管理人员，有具备相应专业知

---

① 以上数据来自网易财经报道《中国将试点农村土地权益抵押贷款业务》，2010 年 7 月 28 日。

识和从业经验的工作人员。

《暂行规定》同时还规定，发起人或出资人中应至少有 1 家银行业金融机构，其持股比例不低于 20%，银行外其他股东每家持股不能超过 10%；在县（市）设立的村镇银行，其注册资本不得低于 300 万元人民币；在乡（镇）设立的村镇银行，其注册资本不得低于 100 万元人民币。任何单位或个人持有村镇银行股本总额 5% 以上的，应当事前报经银监分局或所在城市银监局审批。

设立村镇银行应当经过筹建和开业两个阶段，其中，筹建申请书主送机关为银监局，开业申请书主送机关为银监分局（银监局所在城市辖区内村镇银行的开业申请书主送机关为银监局）。筹建工作中，首先要确定组建地点，地点由主要发起人（银行业金融机构）根据银监局发布的需要设立机构的地域名单进行选择，与拟设地银监局沟通后，开展筹建准备工作。

（二）基本现状及分析

自 2007 年 3 月诞生首批村镇银行以来，经过短短的 3 年多时间，我国的村镇银行有了蓬勃发展，不仅机构数量增加，而且业务规模不断壮大、经营效益不断好转。截至 2010 年 5 月，已成立村镇银行 214 家，正在筹建 55 家，大部分经营一年以上的村镇银行都实现了盈利，有的还开始向外扩张，在周边乡镇设立分支机构①。根据银监会制定的《新型农村金融机构 2009—2011 年发展规划》，在 2009—2011 年三年时间里，全国计划设立 1294 家新型农村金融机构，其中村镇银行 1027 家。

为了了解我国村镇银行的现状，我们收集了一些数据。因为迄今没有一个完整的统计数据，而且设立村镇银行的地区也相对比较分散，这对我们获得全面的数据造成很大的困难。下面将以我们掌握的数据进行一些简单的统计分析。

我们的数据包括 209 家村镇银行，分布于 30 个省或直辖市，其中辽宁有 20 家，浙江 16 家，河南 15 家，四川 11 家，另外内蒙古和江苏也有 10 家。这些村镇银行较多的省份也是国家鼓励试点的地区。按成立时间看，剔除缺失成立时间的观察值，2007 年成立 20 家，2008 年 57 家，2009 年 39 家，2010 年 66 家。可以看出村镇银行的数量增长有加速趋势。

---

① 该统计数据来自上海金融网站评论《村镇银行要坚持健康发展之路》，2010 年 6 月 11 日。

在这 200 多家村镇银行中，188 家有发起银行的记录。我们按发起银行的性质分为 6 类，分别为：地区性商业银行，农村商业银行，全国性政策性银行，全国性民营银行，全国性国有银行和外资银行（包括香港）。各性质银行的占比如图 1 所示。图 1 说明村镇银行的发起银行主要还是地方性商业银行，其次是农村商业银行，其他 4 类银行的占比相当。这可能是因为地方性商业银行对本地的情况相对更加了解，在国家政策的支持下，比较容易接受参与和投资于村镇银行的建立。而农村商业银行具有长期经营与农业和农民有关的业务，在建立村镇银行方面具有一定的优势。而其他银行在投资村镇银行方面，由于业务不熟，对农村的了解不够深入，因而显得比较谨慎。

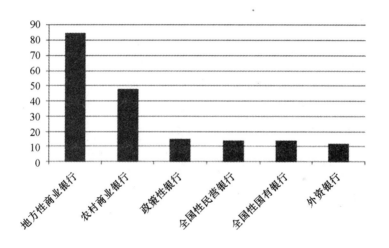

图 1　发起银行性质

按各发起人银行性质的出资比例分组，我们也发现一些不同之处。如图 2 的左立柱（系列 1）所示，外资银行往往全资拥有其创立的村镇银行，其次是全国性民营银行，其平均出资比例占 61%。出资比例最低的是地方性商业银行，平均比为 49.6%。其他性质银行的出资比例都大于 50%。这个差别可能主要是由于国家的政策和信息不对称引起的。外资银行有一套自己的管理和经营机制，他们或许不愿意与其他的出资人合作，因为他们也许担心自己的资产安全。而民营企业也有相应的风险担心，所以会尽量也以较高的出资来达到在经营上的控制地位。地方性商业银行作为发起人的出资比例较低，而且很多都没有达到51%的绝对多数，可能是由于资本不够充裕，或者是获得了更多政府相关部门，如国有资产管理公司的扶持。

图2右立柱（系列2）还显示了按发起人银行性质分组后的村镇银行的注册资本额。我们发现虽然外资银行占有其村镇银行100%的资本额，但其规模是最小的，仅为0.36亿元，这也反映其谨慎的态度。其次为政策性银行，平均大约为0.50亿元。由全国性国有银行发起建立的村镇银行具有最大的规模，其平均注册资本有1.02亿元。这显示了国有大型银行的资本雄厚的实力以及其与国家其他部门之间的紧密关系。全国性民营银行不仅在出资比例上较大，其发起建立的村镇银行的规模也比较高，这可能反映了民营银行开拓新业务的决心，也反映他们对村镇银行前景的乐观态度，同时也说明他们对自己所掌握的有关农村经济发展趋势的信息很有信心。

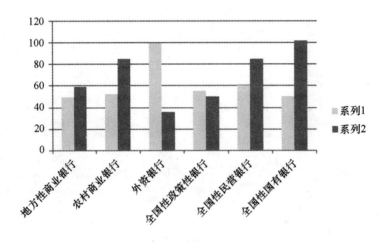

图2   发起银行性质出资比例及相应村镇银行注册资本额

另外根据我们收集的存贷款数据，村镇银行的平均存贷款比为152.52%，远远超过国家规定的75%的存贷款警戒线。最大的存贷款比例为468.75%，最小的为60.88%，小于75%警戒线的村镇银行仅占总数的7.41%。这一方面说明，迄今为止，村镇银行控制风险都比较严格；但是另一方面也显示出村镇银行过于谨慎。这可能是因为他们在吸收存款方面的工作比较扎实，但是也可能是因为没能发现合格的贷款对象。考虑到国家对村镇银行的贷款审批程序要求较低，而同时农村对资金的需求很高，这么高的存贷比反映了村镇银行在支持"三农"发展方面还做得不够充分。

村镇银行的所有贷款中，涉农方面的贷款平均占所有贷款额的73.74%，最高达到96.6%。绝大多数银行的主要贷款用于与农村、农业和农民有关的活动之中。但作为具有很强针对性的村镇银行，仍然有涉农贷款额仅占其总贷款额的11.61%，这是非常让人费解的。这种将重心偏离其建立初衷的村镇银行显然是应该受到相关部门的强制控制的。

（三）积极意义，挑战及建议

村镇银行的优势主要有以下一些。第一，利率和还款期限更加灵活。与当地的农村信用联社相比，村镇银行可以提供相对较低的利率，比如吉林省辽源市东丰县诚信村镇银行就曾为联保贷款的农民提供年利率为6.975%的贷款，而当地农村信用社的年贷款利率为9.6%[①]。另外农信社每年1月15日放款，12月20日收款的硬性规定对于农民的生产活动也相当不便。而村镇银行却相对更加灵活。第二，贷款审批周期短，审核程序相对简便。一般数额相对较大的贷款，农信社需要两三个月的审批时间，而村镇银行只需要一个月，这对于具有很强季节性的农业生产有明显的好处。第三，与农民、农业企业的联系比较紧密，具有信息对称优势。由于村镇银行有部分资金来自于农户，他们对借贷人的资信比较了解，这有助于降低信用风险。

村镇银行的建立具有一定的积极意义。首先，由于近年来传统商业银行逐渐从农村市场退出，这导致了农村地区的银行业金融机构网点覆盖率快速降低、金融服务和资金供给相当不足；而农村信用社成为农村仅有的金融机构，导致竞争不充分等问题的出现；这些已经成为制约农村经济发展的重要"瓶颈"。而村镇银行建立的门槛较低、资金来源多元化、股权与治理结构灵活多样。这样的村镇银行进入农村金融市场，为农村金融市场引入竞争因素，有助于农村金融服务的提高。因为国家法规对村镇银行的设立条件、股权设置、治理结构、经营管理、内控机制及监管方面都做出了严格的规定，对股东在财务状况、经营管理能力等方面也有明确的要求，保证了村镇银行的规范性，推动了农村金融的不断发展。其次，村镇银行有利于农村金融市场的完善，在一定程度上解决了农村金融供需的矛盾。长期以来，农村金融

---

① 据河北金融网，观察分析《村镇银行：农村金融新希望》，2007年11月27日。

改革的重点始终围绕着农村信用社这一存量机构展开，可是从结果看，无论是规范合作制，还是提供多种模式的改革尝试，效果都不甚理想。深究其原因，一个不容忽视的问题就是农信社在农村金融市场上处于近乎垄断的地位，造成一方面农信社本身缺乏改进的动力，另一方面政府也难以下决心彻底清除绩效差的信用社。村镇银行的建立，无疑将会与农信社形成一定程度的竞争，在促进其改革与发展的过程中，逐渐促成竞争性的市场环境。最后，为民间资金提供了良性的发展渠道。大量的民间资金以"灰色"身份参与各种形式的地下金融活动，难以找到正规的投资渠道，不仅在一定程度上扰乱了国家金融秩序，也为资金所有者带来了巨大的风险。村镇银行成立的相关规定，明确了民间资金可以入股，这是继"只贷不存"的小额信贷机构试点以来，正规金融机构再一次对民间资金打开大门。

村镇银行面对的挑战也相当紧迫。首先，村镇银行必将面对各种金融机构主要是农村信用社的激烈竞争。在人才上，村镇银行建立以后，首要的一条是要物色一批高级管理人才和熟知法律、管理、财务、核算的业务精英，可能需要不惜高薪聘请其他金融机构的人才，挖其他金融机构的"墙角"。在资金资源上，村镇银行由于实际上是一种股份制的民营银行，其经营手段必须更加灵活，必须采取各种手段，与其他金融机构争夺农村有限的资金资源。在客户资源上，村镇银行建立后，只有凭借其灵活的经营策略，随机可用的经济手段，热情诚恳的服务态度和农村信用社争夺客户，才有可能将农村信用社的一部分资信优良的客户争取到村镇银行。其次，在尽可能满足农村金融需求方面成本较高。在大多数农村地区，小农经济是农村经济的主体，农户生产分散、抗风险能力低下、持续发展能力不高、信息和技术沟通不畅是小农经济的典型特征，也是制约农村经济发展的重要因素。村镇银行虽然抱着为微小企业和农户提供金融服务的美好愿望，却受成本收益限制，很难在其覆盖范围内设立多个营业机构，营业机构的匮乏无疑使资金供需双方缺乏沟通平台，这样引发的信息不对称会使村镇银行在对农提供金融服务的时候无从下手，也会使部分迫切需要金融服务的小农户和微小企业不能及时获得资金支持。最后，村镇银行发展面临着防范金融风险和金融监管的挑战。目前，我国农村地区的贷款业务基本上缺乏有效的担保方和可变现的抵押物，这是很大的风险。不仅如此，农村地区需要融资的项目普遍缺乏信用风险评级，没有第三方专业机构对此进行评级，这就增加了放贷风险和成本。因而投资村镇银行的风险相当高，使一些闲置的社会资本望而却步。此外，由于存在社会、经济、体制和政策等方面的制约因素，导致加大农户投资需求强度不足。

针对村镇银行面对的机遇和挑战，我们提出以下一些建议。首先，科学明确的市场定位，要坚持有所为有所不为的经营战略。村镇银行按照现代股份制企业的模式建立，结合了最新的经营理念，没有农村信用社承担的沉重的历史包袱，并有商业银行等金融股东的支持，开展对农业务具有优势。但是，与其他服务农村的金融机构相比，村镇银行在网点设立、人员等方面并不具有优势。村镇银行应定位于服务成为农村发展的润滑剂，为传统金融机构所不为。村镇银行应该坚持普惠"三农"的经营立场，不与传统的金融机构争夺城市资源。由于村镇银行在规模以及对大型存贷的掌控能力等方面不具有竞争力，因而在大中型城市很难取得成功，并且也会偏离村镇银行的本意。它更应该成为大金融机构与农户间的联系纽带，发挥机制灵活的特点，探索创新信贷手段，完善小额农户贷款和联保贷款管理机制，在取代民间非正规金融方面做出努力。其次，突破政策局限，因地制宜开展金融活动。如在欠发达农村地区可以考虑以农民入股的方式，或者有效利用现有民间金融组织，建立风险共担的合作金融机制。鼓励加强与由农民组成的"只放贷，不吸储"的贷款公司的联系，风险由入股农民共同承担，不会扰乱农村金融秩序。最后，开展农业产业化链服务，积极介入农业生产链中各个环节。农业生产周期长、涉及的人数和部门多，从千家万户的农户到种养大户、农村经纪人、个体工商户、小型加工户、运输户，直到龙头企业，各个环节息息相关，村镇银行要最大限度地满足微小企业和农户的金融需求，同时降低金融风险，必须深入产业链的各个环节，采取抵押、担保、联保、信用等方式相互结合，推动产业链的良性互动。

二 小额贷款公司

（一）一般特性

小额贷款公司是国家为了扶持农村金融市场和缓解微型企业融资困难而促进建立的机构。小额贷款公司是由自然人、企业法人、或是其他机构依法投资建立的经济组织，它不吸收公众存款，不得非法融资；在法律、法规规定的范围内开展业务，自主经营，自负盈亏，自我约束，自担风险。申请设立小额贷款公司，发起人应向省级政府主管部门提出正式申请，经批准后到当地工商行政管理部门申请办理注册登记手续并领取营业执照。此外，还应在五个工作日内向当地公安机关、中国银行业监督管理委员会派出机构和中国人民银行分支机构报送相关资料。

从 2005 年开始，人民银行开始在五个省市开展小额贷款公司试点，2008 年在全国推广。如今，银监会和人民银行明确给予民间小额贷款公司合法身份。2008 年，中国银行业监督管理委员会、中国人民银行发布了《关于小额贷款公司试点的指导意见》中，小额贷款公司的资金运用要以为"三农"服务为原则；明确小额贷款公司的性质是企业法人，可以由个人、企业和其他社会组织投资设立。两部门联合下发的指导意见规定有限责任公司的注册资本不得低于 500 万元，股份有限公司不得低于 1000 万元，但各地对小额贷款公司的具体规定略有不同。如《北京市小额贷款公司试点实施办法（全文）》在设立小额贷款公司具备的条件中明确规定，单一最大股东（包括关联方）持有的股份不得超过公司注册资本总额的 30%，其他单一股东及其关联方持有的股份不得超过公司注册资本总额的 20%，也不得低于公司注册资本的 1%。有限责任公司的注册资本不得低于 5000 万元，股份有限公司不得低于 1 亿元。而《广东省小额贷款公司管理办法（试行）》规定，主发起人（或最大股东）及其关联方持股比例不超过 45%，其中每一个主发起人（或最大股东）及其关联方持股比例不超过 20%；而且主发起人（或最大股东）持有的股份 3 年内，其他股东两年内不得转让；有限责任公司的注册资本不低于 3000 万元［山区县（市，区）不低于 1500 万元］，股份有限公司的注册资本不低于 5000 万元［山区县（市，区）不低于 2000 万元］。小额贷款公司不能吸收存款，资金来源为股东出资，允许可以有不超过两家银行金融机构向小额贷款公司融入资金，但资金量不超过总资本的一定比例（一般不超过 50%）。

小额贷款公司在坚持为农民、农业和农村经济发展服务的原则下自主选择贷款对象，发放贷款时，应坚持"小额、分散"的原则。小额贷款公司面向农户和微型企业提供信贷服务，着力扩大客户数量和服务覆盖面。同一借款人的贷款余额不得超过小额贷款公司资本净额的 5%。在此标准内，小额贷款公司贷款利率上限不得超过司法部门规定的同期银行贷款基准利率的 4 倍，下限为人民银行公布的贷款基准利率的 0.9 倍，具体浮动幅度按照市场原则自主确定。

小额贷款公司的出现，对弥补正规金融机构信贷不足，解决微观经济个体的资金缺口，转移和分散银行的信贷风险，加速社会资金总量的扩充、流动等方面，都起到了重要的作用。而且小额贷款公司将资金导向实体经济和农业发展，符合我国现阶段经济发展的要求。

（二）发展现状及面临的主要问题

尽管农村信用社也提供小额贷款服务，但其贷款发放与银行的程序类似，注重财产抵押，致使低收入家庭和个体生产者实际上难以得到农村信用社的信贷支持。商业性小额贷款公司的出现，由于更贴近低收入家庭和个体生产者的实际情况，因而能够更好地满足他们的金融服务需求，更有利于创造一种适度竞争的农村金融环境。靠民间借贷融资或谋生的是一个无法用数字统计的非常庞大的人群。小额贷款公司的出现，对缓解小额融资需求，引导民间融资具有积极意义。从更深层次上讲，小额贷款公司的诞生，表明政府对纯私人性质的金融组织持认可的态度，对民间融资和小额信贷的作用有了认同，这预示着发展小额信贷有了宽松的社会和制度环境。

据高晓燕等（2010）统计，截至 2009 年底，除了西藏、海南、湖南三个省区，全国其他地区都已经有小额贷款公司，总数已经达到 1334 家，从业人数超过 1.45 万人。其中，内蒙古自治区拥有的小额贷款公司最多，达到 149 家。到 2009 年 12 月，全国的小额贷款公司共获得资金 940 多亿元，各项贷款余额超过 700 亿元，占银行业贷款总额比例为 0.19%。

迄今在大多地区，小额贷款公司的经营状况都还比较良好。以浙江为例，当年开业的小额贷款公司均能够实现当年盈利，逾期贷款率低。另外建立时间越长的公司的平均投资收益率越高，统计结果表明，设立时间超过一年的投资收益率平均为税前 12% 左右；超过半年且少于一年的为 6.5%；不到半年的为 1.4%。另外据调查，在浙江，发达地区的小额贷款公司发展速度比欠发达地区明显要快，而且发达地区的小额贷款公司的投资回报率为税前 14%，显著大于欠发达地区的 7.5%。

虽然国家对小额贷款公司的贷款利率有规定，但根据调查，大多数小额贷款公司除了一般的利率外，还有相应的管理率，以月利率为 1.3% 为例，有些管理费用竟然高达 1%，年利率就有 27.6%。还有公司规定贷款人必须每月归还一部分本金，而利息却要按照总额计算。因而小额贷款公司的实际利率比商业银行要高出很多。即便如此，虽然在有些地区，坏账率较低，但全国范围来看问题也很大。根据银监会对小额贷款公司的一项调查显示，小额贷款公司的坏账率仍然高达 13%—20%，远远高于一般商业银行的控制坏账率。

小额贷款公司本应该采取更多的信用贷款，这主要是因为农民及农村的中小企业很少有比较有价值的抵押物，而且也很难获得担保。但是在现实操作上，小额贷款公司提供的信用贷款比例并不高。以新疆巴州为例，到 2010 年 5 月，全州正式开业的 5 家小额贷款公司贷款余额为 1.45 亿元，占其注册资本和融资总额的 76.72%。其中信用贷款仅占 5.02%，而抵押贷款和担保贷款却占 23.92% 和 70.58%，质押贷款更少，仅为 0.47%[①]。这种现象在别的地方也较为普遍。这说明小额贷款公司对风险的控制相当谨慎，而这却可能使很大一部分农民和农村的中小企业仍然没法获得急需的资金。

在网点设定上，应鼓励小额贷款公司将营业网点设立于县（县级市）和乡镇，这可以真正解决农村金融机构网点覆盖率低、金融服务供给不足的问题。但在实际中，很多小额贷款公司都设立在城市。以浙江省为例，范炜（2010）调查发现，62.5% 的小额贷款公司将营业部设立在城市，在镇上的有 37.5%，且没有一家小额贷款公司设立在乡一级。据调查，将营业部设在城市的小额贷款公司确实能带来更高的回报率，但是营业部在乡镇的小额贷款公司涉农贷款的比例更高。

我们根据现有的调查报告及学术文献总结出小额贷款公司面临的主要问题。第一，资金来源问题。小额贷款公司的主要资金来源为股东缴纳的资本金，以及来自不超过两个银行业金融机构的融入资金，并且银行贷款不能超过资本净额的 50%。利息收入是小额贷款公司唯一的利润来源。"只贷不存"的限制使资金不足成为小额贷款公司发展的一个瓶颈。比如广东省首批 34 家小额贷款公司的注册资本为 26 亿元，截至 2009 年 9 月，在不到一年的时间仅剩下 16.14 亿元（王宇琳，2010）。第二，经营资源问题。经营资源的匮乏包括许多方面，其中最主要的是专业人才的缺乏，这是阻碍小额贷款公司提高经营水平的根源。它们在应用小额信贷专业技术方面缺乏经验，信贷产品和市场开拓方面简单复制商业银行模式，仍然主要采用担保、抵押等贷款形式，与"无担保、无抵押"的小额信贷运作特点不符。由于经营者能力不强，也导致它们风险控制能力较弱。第三，经营环境问题。在法律法规

---

①　参看中国人民银行巴州中心支行课题组《快速发展的小额贷款公司与风险防范分析——以新疆巴州为例》。

上，小额贷款公司没有明确的法律定位，这使得对它缺乏监管主体，不利于其长期健康发展。另外国家应该帮助建立个人信用系统。因为小额贷款公司的规模和资源有限，往往不能独立建立客户的信用评级系统，这增加了它放贷的风险，使其有提高贷款利率的内在驱动，从而偏离了为农民和小企业提供资金的初衷。

（三）发展建议

如今许多学者在思考小额贷款公司的市场定位和未来，比如有人建议给予他们金融业的身份，有人建议鼓励它们向村镇银行发展。但我们认为应该从它产生的根源和已经发挥的作用来考察。小额贷款公司是因应中小企业和低收入群体对资金的需求而产生的。由于成本收益、网点设置等原因，传统金融机构逐渐放弃了农村及小城市的客户，使农民、小工商业者、微型企业等的融资环境逐渐恶化。而小额贷款公司正是在这样的基础上获得了生存空间，这对遏制民间非法借贷起到了很好的积极作用，也为中小客户提供了有力的资金支持，发挥了对农村金融体系应有的补充作用，实现了经济效益和社会效益的统一。而且小额贷款公司能够利用其灵活、快捷、高效的特点，挖掘有别于其他金融机构的客户群体，走出一条扬长避短、以小博大的特色之路，既服务了"三农"和中小企业，又增加了自身效益。因而从这个意义上，小额贷款公司应该继续立足于这个方向的发展，而不要轻易地转变经营思路，不然其优势也将失去。小额贷款公司的优势就在于借款人和贷款人之间相互了解，信息对称度高，贷款手续简便，抵押担保的形式多样，贷款的期限灵活，在满足农业生产小额贷款和微小企业流动资金需求上，农村信用社和银行都无法与之相比。小额贷款公司应充分认识、发挥自己的这些优势，在业务经营上采用更为灵活的方式，在保证自己的收益的同时，在农村经济中发挥其他金融机构不可替代的积极作用。如果仅仅模仿银行的做法，小额贷款公司就可能失去其天然优势，丧失发展空间。

对于将来的发展，我们认为急需的是为小额贷款公司确定准金融机构的地位，接受银监会和中国人民银行的监督和指导，并获得充分的扶持。现在小额贷款公司是当作一般法人企业对待，因而由具有政府部门性质的金融办来行使主管职能。在许多地方，金融办的工作非常到位，比如在内蒙古，由于幅员辽阔，自治区金融办直接监管小额贷款公司的难度较大，因而在各盟市设立了地方金融办，明确盟市金融办是小额贷款公司监管的第一责任人，落实了监管责任，提高了监管效能。而且由于小额贷款公司作为一个子行业，尚处于初级阶段，除了必要的监督，金融办还做了引导、培育、扶持小额贷款公司的工作。在严格监督非法集资或吸收存款，不超过规定比例和利率放贷，不用非法手段催款等扰乱行业健康发展的原则下，不对小额贷款公司的经营行为做过多的限制和要求，努力为其成长创造宽松有利的环境，扶持其发展壮大。但是金融办是一个政府部门，既要接受地方政府的领导，又要协调各部门的工作，另外缺乏专业金融人才，监管的难度很大。例如在巴州，新设的金融办负责全州监管小额贷款公司的金融办工作人员仅有 2 人，而从事过金融专业的只有 1 人，负责对全州 6 家小额贷款公司的监督，监管力量明显不足（中国人民银行巴州中心课题组，2010）。并且，这种监管方式会导致监管主体缺位或多头监管等问题，会影响监管的有效性。因为小额贷款公司唯一的经营活动是金融业，而不是一般企业法人，所以我们建议由银监会作为主管部门，对小额贷款公司进行监督、审核、指导。这样从专业和管理角度都更有利于行业发展。

针对前面所列的小额贷款公司面临的问题，我们认为要促进其健康发展，必须做到以下几个方面。第一，为小额贷款公司开辟充分的融资渠道。我们不认为"只贷不存"是一个阻碍其发展的根本问题。如果允许小额贷款公司吸收存款，那么它将会更趋同于传统的银行，其实变成了村镇银行，而对银行的准入和审核标准是更高的。所以我们建议可以修改最低入股比例的限制（比如不能低于 1%）。按一个公司 5000 万元的注册资本，1% 即为 50 万元，而在农村有 50 万元自由资金的家庭并不多，而许多低于该标准的家庭也需要投资机会，而庞大的农村群体决定了可以从农村吸纳的资本也是非常可观的数目。这部分资本不可以通过存款，而是入股的方式加入。所以股权融资是解决小额贷款公司资金问题的最好方式。第二，创造良性竞争的经营环境。只要是非公益性的经济主体，一个良性竞争的市场环境是必不可少的。这有利于经营规范、有资金实力和人才储备的企业做大做强，培育小额贷款公司中的龙头企业。良性竞争必然需要在一个地区可以允许多家小额贷款公司同时存在。同样地，在小额贷款公司行业发展到一定程度后允许一定的兼并重组和跨区域的大型小额贷款公司的出现。这可以更合理地调动资金在全国范围内的合理分配。管理层要明确的是，小额贷款公司只提供小额贷款并不意味着小额贷款公司本身一定要小。第三，各级政府可以利用行政资源进行一定的支持。通过减免税、政府专项贷款等措施来帮助小额贷款公司克服临时资金不足问题。由于小额贷款公司不属于金融机构，必须上缴5.56%的营业税和25%的企业所得税，比金融机构高，使面对更大风险和更少融资渠道的小额贷款公司的经营环境更加不利。同时，对设立在县和乡镇的小额贷款公司区别对待，为了有助于解决农村金融问题，应鼓励小额贷款公司将营业部设立在基层，并且对涉农贷款提供更多的优惠政策。另外鼓励金融人才参与到小额贷款公司的经营中去。现阶段专业人才的缺乏可能有两个原因造成，第一个是大家对小额贷款公司的前景不是很有信心，第二个是小额贷款公司的工资、福利以及工作环境不具有足够的吸引力。为了解决这个问题，政府相关部门要为小额贷款公司作为一个行业提出行业规划和政策保障，而不是作为一个权宜之计。

1. 建立完善的信用体系

由于农村的收入水平限制，为了鼓励更多的信用贷款，个人和企业的信用记录是小额贷款公司发放信用贷款的根本保证。例如内蒙古在自治区政府的授权下建立了"内蒙古自治区信用信息基础数据库"，归集整合了分散在工商、国税、地税、质检等22个行政部门在日常监管中形成的企业信用数据，建立了稳定、标准、开放、统一的信用信息基础数据库平台，通过"内蒙古诚信网"进行在线查询和发布，实现了信用信息资源的交换和共享，为社会信用体系建设提供服务和应用技术支持（宋亮，2010）。但这样的一个信用数据库必须做到保密和授权查询，防止信息泄露和任意篡改。

特别是与"三农"有关的贷款，信用信息就显得尤为重要。农业具有高风险的特点，而在我国，农产品的价格偏低，而农民在社会中处于弱势地位，收入的不确定性很大。另外小额涉农贷款又具有分散的特点。为了掌握借贷者的信息，不得不深入基层农村，通过对申请贷款农户的家庭收入、财产、经营活动等基本情况进行了解，才能建立农户信用贷款档案。但显然这对小额贷款公司来说是一项很难完成的工作。因而，我们认为这项工作必须由政府来主导，通过与其他社会调查一起来建立初步的信息系统，并以此为基础再将农户、小企业、小工商户的信用历史加入进去，从而建立具有一定参考意义的个人信用信息系统。一旦这个系统被贷款公司使用，将有效地指导贷款人按照信用信息标准来规范自己的行为，这对该系统的充实和完善具有非常大的意义。

现在有人认为加入社会征信体系是改善小额贷款公司目前信用评估现状

的有效途径，可以解决小额贷款公司与借款人之间的信息不对称问题。但是由于现阶段的小额贷款公司还不属于金融机构，因而不能获得需要的征信信息。因而在法律上认可小额贷款公司的准金融机构性质是非常必要的。虽然短期内，将小额贷款公司接入社会征信体系还有一定的困难，但至少可以作为一个发展方向。短期内，政府部门可以指定金融办与银监会合作，指定专门人员，配备专业设备，建立区域性的信用评级体系和科学规范的贷款管理系统，并负责建立总控制中心和信用查询中心，指定监管部门监督小额贷款公司对该系统的合法使用。当然最终目的还是将该系统与社会征信系统连接，并实现共享。

2. 小额贷款公司与村镇银行

迄今村镇银行仅有 200 多家，而小额贷款公司已有差不多 1400 家。据调查，许多小额贷款公司的发起人在建立之初就期望向村镇银行转制。2009 年银监会发布《小额贷款公司改制设立村镇银行暂行规定》，旨在有效防范转制村镇银行的风险，同时也明确了小额贷款公司向村镇银行转制的具体条件。要满足村镇银行市场准入的基本条件，即银行业金融机构作为主发起人条件，这便意味着，如果小额贷款公司改制为村镇银行后，早前的发起人会失去其多数控股地位，从而不得不放弃其决策权。小额贷款公司的民营股东将其多年的经营成果白白地给予商业银行，这显然不是一个正常的激励机制，对股东权益造成了伤害。

建立小额贷款公司的目的是为了吸纳民间资本，并为那些无法纳入银行信贷支持范围的企业和涉农业务提供贷款。小额贷款公司的客户一般都是经营规模小，银行不受理的企业，或者是急需资金的人。小额贷款公司的快捷贷款正好满足这部分客户的需要。但是如果转制为村镇银行，将接受银监会的监管体系，发放贷款时间可能会延长，从而失去其目标客户。所以转制为村镇银行，并不是小额贷款公司的唯一出路。而且，在现有的规定下，以此为唯一发展方向会挫伤民营资本的积极性，因为他们担心失去主导地位。如果放宽村镇银行对民营资本的限制，民营资本可以在村镇银行中占有多数，但在经营上会偏离初衷，使那些，特别是农村的急需资金的贷款人失去唯一的融资渠道。

在现今的制度架构下，小额贷款公司和村镇银行之间可以相互配合，更好地为"三农"和中小企业、工商个体户提供金融支持。两者间的有效协作具有一定的现实基础，因而协作可能是一个比转制更有意义的激励方向。

三　农村资金互助社

（一）概述

农村资金互助社是指由乡（镇）、行政村农民和农村小企业自愿入股组成，实行社员民主管理，为社员提供存款、贷款、结算等业务的社区互助性银行业金融机构。设立农村资金互助社应有 10 名以上符合规定条件要求的社员发起人；在乡（镇）设立的，注册资本不低于 30 万元人民币，在行政村设立的，注册资本不低于 10 万元人民币，注册资本应为实缴资本。农村资金互助社是以农民为主体的社区合作性金融组织。在营业场所、管理制度等方面符合规定，在银行业监管部门的批准下成立。农村资金互助社的资金来源包括吸收社员存款、接受社会捐赠和向其他银行业金融机构融入资金。其资金应主要用于发放社员贷款，满足社员贷款需求后确有富余的可存放其他银行业金融机构。其业务也包括购买国债和金融债券，办理结算业务，并按有关规定开办各类代理业务。农村资金互助社不得向非社员吸收存款、发放贷款及办理其他金融业务，不得以该社资产为其他单位和个人提供担保。

2003 年农村信用社开始放弃合作制金融向商业性金融转制，这一方面导致农村金融进一步萎缩，但另一方面却为真正的合作制农村金融创造了条件。2004 年 7 月，吉林省梨树县闫家村 8 户农民成立了农民资金互助合作社，随之各地自发性的农民资金互助合作社开始慢慢兴起。2005 年国务院《关于 2005 年经济体制改革意见》明确提出了"探索发展新的农村合作金融组织"。2006 年中央一号文件要求"引导农户发展资金互助组织"。2006 年底，中国银监会调整放宽农村地区银行机构准入政策，将农村资金互助社列为新型农村银行金融机构。这表明农民的创造和选择得到了中央政策的有力支持。

新型农村资金互助社作为一种农村民间金融组织形式，符合基本的合作原则，它是一种内向的、缺乏扩张动能的经济组织，与正规金融机构相比有明显的弱点，在规模、资本积聚能力、发展能力和人员素质方面都有很大的不足之处。但农村资金互助社的产生有很深的社会和经济根源，这主要是与城乡差距的现状有关。互助社的目的在于把农民联合起来，以合作的模式来谋求农民自我发展的途径。农村资金互助社也是实现我国社会均衡发展的一个方式，这有助于改变从前国家简单地扶贫，而将扶贫和农村发展结合起来。国家将扶贫资金注入到互助社，提高农村的生产能力。

（二）作用和意义

农村资金互助社有助于农民更快地获得资金，将农民零散的资金集中起来，贷给农户中最急需而效益最能得到保障的借贷人，提高了资金的配置效益。互助社依靠非正式和正式约束，能更好地解决交易成本高和信息不对称的问题，在借贷活动中就有较大的优势，节约了大量的交易成本。总体上看，农村资金互助社有效地弥补了农村金融服务的不足和缺位。

农村资金互助社一定程度上满足了农村生产关系调整的需要。农村资金互助社是一种新型的农村生产关系组织，能够将众多的农民以及小生产者通过信用制度联合起来，适应农村生产方式变革的要求，推进现代农业的发展。虽然农村资金互助社规模较小，往往资本仅仅 10 万元或数十万元，而且以村庄为单位建立，从而人们对村镇银行更加青睐，但是农村资金互助社将千家万户小生产者联结起来形成了利益共同体，参与市场合作与竞争。

农村资金互助社改善了农村市场交易条件。农户的小生产和大市场矛盾是困扰农村经济发展的主要矛盾和问题。然而在破解农民贷款难和银行难贷款的金融改革中，人们容易忽略小农户与大银行的市场交易矛盾，这同样是一种小生产与大市场矛盾在金融市场中的表现。不论农业银行再次返回农村，还是新增多少家村镇银行，都要面对一家一户农民去进行交易，这仍然没有改变不断恶化的传统市场交易条件，农户市场地位低，银行机构交易成本高等问题。从这一点上讲，只有发展农民合作金融组织，才能一头联结农户一头联结大市场（银行），才能改善小农户与大银行的市场交易条件。

农村资金互助社是完善的农村金融体系的重要组成部分。农民合作金融组织，是农村金融体系的基础。农村金融体系没有建立起来的主要原因是我们长期把官办的农村信用社当成了农民信用合作组织，因此真正的农村金融体系是不能建立在非合作制基础上的。重构农民信用合作组织，大力发展农村资金互助社，能为重构农村金融体系创造条件。

农村资金互助社是国家构建更合理的分配制度的需要。市场配置资源产生的两极分化，已经影响到了国民经济的可持续发展。城市流动性过剩，农村流动性不足，扩大内需政策受到严重挑战。如何将城市资金引到农村，如何将公共财政更多的转移到农村，这是国家的一项重大现实课题。建立农民信用合作组织，通过财政扶持，银行融资等制度支持，就会将流动性资金引导到农村，改变初始条件下资源分配不公所产生的经济和社会问题，这是国民经济可持续发展的必然要求。只有发展农村资金互助社，建立农民信用合作组织体系，国家与市场配置资源的正效应才能充分地体现出来。给农村货币持续增加，才能真正拉动国民经济健康发展，才能改变两极分化的社会资源分配不公问题。

（三）挑战和面临的问题

与村镇银行和小额贷款公司的处境相似，农村资金互助社面临着以下问题。第一，没有针对性的相关法规，缺乏法律地位。在资金互助社里，社员既是股东，又是客户，一旦发生纠纷与坏账问题，究竟按什么法规来进行处理是一个问题。另外资金互助社的法人地位也不明晰，不能以独立的法人身份与其他市场主体进行经济活动，这不利于其长久发展。如果我们将资金互助社看作市场经济活动的一个主体，那么就该允许其在经济活动中有机会成长，也允许其被淘汰。如果资金互助社只是一种在一个小的乡镇存在的组织，我们很难期望其能够长期健康发展。

第二，资金来源没有保障，抗风险能力有限。资金互助社成员的股份为其主要资本，而社员又仅仅限制在农民、农村小企业，他们的收入相对较低。同时入社的社员往往是因为想贷款才加入，而且他们的资金实力并不强，因而经常出现资金供不应求的局面。而资金实力必将雄厚，他们很少有意愿将资金投入到收益不高、风险较大的农村资金互助社。所以资金互助社注定是穷人的合作，没有外来的资源，很难保证能真正发挥预期的作用。虽然允许资金互助社接受捐赠和向银行融资，但捐赠不是一个稳定的来源，而银行如没有行政行为的介入，很难提供贷款。因而在农民的收入还没有真正提高之前，资金来源是一个重要的问题。同时互助社的经营管理成本不断提高，很难维持长久发展。

第三，专业人才缺乏。在经营管理上，由于互助社的管理者多为村民，文化水平普遍较低，非常缺乏金融知识和管理经验，这经常会导致内部管理混乱，没有明文的贷款审批程序，或程序不科学，甚至于根本不按程序进行，进而对贷出款项的风险管理也非常缺乏。互助社是建立在草根文化基础上，社员和管理者普遍缺乏法制意识。

（四）发展建议

农村资金互助社的发展需要外部条件，否则也不会发育和成长起来。第一需要合法的金融市场主体。中国农民信用合作组织长期处于自生自灭的状态中，其根本的原因就是没有合法的市场主体地位，就难以有稳定的预期感，也根本进入不了市场融资，往往就会走向流动性陷阱。第二需要银行融资制度支持。给予农村资金互助社银行融资制度支持，向其提供流动性以解决贷款资金来源或满足临时性支付不足，是保证农村资金互助社健康发展的必要条件。银监会对农村资金互助社已经做了制度性安排，但还没有落到实处。其发展缓慢的直接原因是外部融资条件没有配套，这不是农民的问题，是个政策问题。第三需要产业支持。发展农村资金互助社，不能向其他商业银行机构单纯的信用中介，而要和农户的生产结合起来，也就是要走经济合作和信用合作一体化的发展道路。开展信用合作，能够推动农民的生产合作和流通合作，进一步推动当地产业的整体发展，从而支持信用合作的再发展。第四需要联合社体系。现代银行体系不能孤立的存在，需要联合体系，一是竞争与合作的要求，二是服务与自律的要求，三是监管与政府的需要。只有建立联合社体制，才能够建立起国家引导农村经济的货币传导组织体系，农村资金互助社才能真正做强做大，才能推动农业结构调整和升级，才能推动农村生产方式变迁适应现代农业的发展要求，才能参与内外两个市场的合作与竞争。

要发展农村资金互助社，以下几点非常重要。首先，政府要创造宏观政策和法律条件，支持农民信用合作组织发展，用经济的办法引导和扶持其发展。从立法上确认农村资金互助社的金融机构地位，并在税收政策上给予减免税、政策保护等支持。政策扶持对农村资金互助社的成功至关重要。在发展之初，积极探索由农业政策性银行或财政提供贷款，给予必要的信贷援助和利息补贴支持，赋予惠农政策贷款的代办权。同时积极促进农村资金互助社与农村专业合作组织融合共生、共同发展。

其次，明确银行机构培育农村资金互助社的社会责任，积极推动农村资金互助社与其他农村金融机构互动合作。农业发展银行作为国家政策性银行应在农村资金互助社符合监管条件下向其提供信用融资；各商业银行要明确培育农村资金互助社的社会责任，做出中长期培育农村资金互助社规划。积极探索发挥农村资金互助社的组织担保功能，为农村融资活动提供担保，形成农村联保的商业信贷体系。积极探索农村资金互助社与其他农村金融机构互联，通过资金批发来推动互助社的集约经营。

再次，引导和监管并进，促进规范发展。监管要适应农民信用合作组织的发展要求，而不能通过制约农民信用合作组织的发展规律来适应监管要求，否则就会形成市场准入瓶颈，制约农民信用组织的发展，最终会制约整个农村经济和金融改革。引导农村资金互助社向解决"三农"的方向发展，只要是有利于这个目的的活动都要积极鼓励，并在实验中进行总结和改进。同时监管也是必不可少的，对农村资金互助社股金要进行重点监管，防止变相高息揽储，要控制经营区域，明确受贷条件，严控资金运用。此外要加强对从业人员的业务培训，督促互助社建立完整的管理制度和运行机制，通过制度和道德约束来降低经营风险。

最后，从长远来看，资金合作社之间的互助和合作也是必不可少的。只有社员的数量规模以及经营产品的差异性足够大，互助社才能保证足够的资金供给规模和贷款规模，以便更好地在成员中间开展资金调剂业务，满足成员的资金需求，并降低管理成本。与合作社内部成员之间的资金互助相比，合作社之间的资金互助的规模更大，更能发挥互助的有效性。

四　土地银行

（一）土地银行的定义

土地是农村发展和农民的生活之本，土地政策活则农民富，土地政策死则农民苦。20世纪80年代实行的以家庭联产承包责任制为核心的土地改革极大地解放了土地的生产力，但是，随着改革的进一步推进，土地政策成为了阻碍农村经济发展的一个短板，进一步的土地改革变得越来越迫切。目前，农村土地分散、集约化程度低，土地资源配置低下，经营成本高，农民的收益低。这些因素一方面导致土地资源稀缺，农村劳动力过剩；另一方面却是大量耕地被荒置。现代农业生产要求规模化、专业化的生产经营，这与土地大量分散在千家万户的现状严重矛盾。同时农村发展资金短缺，农业生产风险较高。这些问题都要求新的农村生产模式的建立，而组建土地银行被认为是一个有效的方法。

国内外的土地银行大概分为两种类型，一种是专门为土地开发和使用提供金融服务的金融机构，如台湾的土地银行；另一种是参与土地市场开发和经营的类似银行运作模式的机构，比如欧洲的一些土地银行。本文在兼顾两种模式的同时，更加多地讨论第二种模式，这是因为在我国的实践中，越来越多的土地银行是按照第二种模式建立的。所以我们认为，土地银行是指主要经营土地存贷及与土地有关的长期信用业务的金融机构。在我国，政府出面组织，把某一区域农民的承包地使用权、农村集体建设用地使用权以及"拆院并院"之后的农民宅基地使用权分类整合，"零存整贷"，加快农地流转，推动形成农业产业化和规模化。2008 年 12 月 22 日，四川彭州市首家农业资源经营合作社（土地银行）——磁峰镇皇城农业资源经营专业合作社正式挂牌营运，这标志着我国土地银行的实验正式开始。

土地银行作为农业资源经营专业合作组织，采取银行运作模式。农民自愿将土地承包经营权存入土地银行，收取存入"利息"，土地银行再将土地划块后贷给愿意种植的农户，收取贷出"利息"，种植农户则按照"土地银行"要求进行种植。土地银行有助于实现土地的规模化、集体化、集约化经营，促进了农民集中居住后生产方式的转变。土地银行赚取差额利息用于自身发展和建立风险资金等。为保证存入土地能够完全贷出，土地银行还必须引进龙头企业并签订合作协议，由企业为大户提供种子、化肥等农资和技术指导，并同大户签订产品收购保底价，降低种植大户的种植风险，有效地调动农民种植的积极性，促进农民收入增加，实现了土地银行、农民和龙头企业三者之间的利益互动。土地承包经营权流转后，农户对入股的土地在存入期限里不再拥有经营权，由土地银行统一经营。腾出的富余劳动力，通过就业培训输出，到外地务工，农民不但获得务工收入，还有土地流转收益和土地银行利益分配。

（二）建立土地银行的必要性

我国农村金融近年来有很大的发展，不过对农业生产和农村发展的支持依然很低。同样，农村金融服务虽然已经有了很大的改善，但是对农户信贷的覆盖率和满足度都不高。从需求的角度看，农民需要金融支持，但从供给的角度，针对农民的金融服务利润较低，而风险却相对较大，这便导致了金融机构不愿在比较落后的农村地区开展金融服务的困境。而且即便是在有金融机构的县市和乡镇，农民获得贷款的难度也很大。因而非正规的借款依然是农村解决资金问题的主要渠道，而正规金融机构对农户的信贷需求的覆盖率和满足度不高的主要原因是相对于土地的收益率，针对农民的贷款成本比较高，而农民能够用作抵押的资产也有限。研究还发现，在已经有的贷款投向中，用于农业生产的比重不高。这些事实说明，现在的农村金融对农业生产的支持确实是比较低的。

要提高农民的收入，实现我国城乡统筹发展规划，土地的流转是一个前提条件。而我国的现状是，第一，农地分散在农户的手中，形成规模经营的难度很大；第二，由于不能从农地中获得足够的收入，农民的种地意愿也比较低；第三，对农业投资有兴趣的社会资本面临着"一对多"的过高的交易成本和交易时间，不能实现他们的投资计划。可见，流转的主观和客观的需求都存在，但实现土地流转的平台却还没有建立起来。所以现阶段的流转形式占较大比重的是转包、转让等传统的方式，而且主要在农户之间进行流转，导致流转的规模不大，市场需求依然得不到满足。

我们认为在我国农村建立土地银行有明显的必要性。

第一，土地银行能够提高农业生产力。农村土地向有能力、有资金、有市场的种养大户和农业企业主集中，是农村土地流转的方向，也是现代农业发展的必然。建立土地银行，打破传统意义上的小农经济格局，使土地得以连片集约、规模经营，有利于推动农产品基地建设，促进农业产业化；有利于机械化耕作及引进新技术新品种，促进农业的科技进步；有利于吸引更多资本参与农业发展，实现土地资源与资本、技术等要素的合理配置，大幅度提高土地的产出率。

第二，土地银行能够盘活土地资产。随着城镇化进程的加快，一部分农民转变为城镇居民，他们在农村只保留年老者的户口，继续长期拥有土地的经营权。同时由于二三产业的发展和政策的引导，农村大量的富余劳动力，特别是青壮年劳动力逐步转移到非农产业，"打工经济"已成为农村的第一经济。目前农村人群以"6199"（留守儿童或空巢老人）部队为主，农村土地大量抛荒（现已调整为退耕还林）或长期处于低收益状态。2006 年末耕地总资源 60998 公顷、粮食总产量 404809 吨（2006 年统计年鉴数据），按市场均价 1400 元/吨计算，2006 年粮食总值为 56673 万元，每亩产值仅为 619 元。这急需建立土地银行来盘活土地存量，以求土地收益的增量。

第三，更好地发挥国家支农资金效益的需要。农业是基础产业，也是天生的弱质产业。国家对农业高度重视，每年都要投入数十亿资金用于农村国土开发整治，改善交通、水利等基础设施，种粮直补、购置农机具直补等各种补贴等。通过建立土地银行，实现了土地的规模化经营，国家支农资金就能捆绑使用，有重点地集中投向种养地区和大户，避免了"撒胡椒面"的现象，其资金的利用效率更高，产生的经济社会效益更大。

第四，城乡统筹发展的需要。我市"一圈两翼"战略确定未来15年内将带动"两翼"400万农民转移到"一圈"，这就需要为大量转移的农民解决对土地的后顾之忧，让他们彻底摆脱土地的束缚。建立土地银行，可以帮助农民群众实现其土地的保值，从而加快农民转移的速度。正如汪洋书记强调，人动则家动，家动则土地动，土地动则经营模式动，经营模式动则现代农业动，从而实现大城市对大农村的全面带动。

第五，保护农户与规模经营者利益的需要。在目前没有统一平台的土地流转模式下，许多农户与经营者口头或以简单的协约转让土地使用权，一些合同也极不规范，常常发生矛盾纠纷。建立土地银行，将按市场经济规律运作，并以合法规范的协约来维护双方的权利，督促双方履行承诺，避免农民与经营者直接发生矛盾冲突，既为弱势农民提供了强有力的维权保障，也为经营者创造一个良好的发展环境。

（三）发展土地银行的要求

目前农村土地银行的业务是以中介组织的形式从事土地"存贷"，有利于整合零散的土地，也可以避开农村融资的瓶颈，经营大户或者龙头公司资金充足，在短期内可以解决融资资金不足的问题。但由于功能残缺，试点中的农村银行在促进土地流转和农民增收方面不可避免面临挑战：一方面，由于难以利用土地财产作为抵押取得去城镇务工和创业所需的资金，农民存贷土地积极性降低，土地流转和规模经营受到限制。另一方面，贷地种植大户在获得土地以后，往往需要花费大量的资金来改善生产条件、进行基础设施投资、改良品种和购买大型农业机械等，而在现有的制度安排下，大户通常难以从商业银行获得贷款支持，政府财政支持力度有限，农村融资困难也使大户对"贷地"望而却步，这也反过来影响农民收入的增加。

现有的农村土地银行虽有政府或者集体组织背景，但缺乏土地抵押贷款这一基本的金融功能，无法成为真正意义上的土地银行。因此，中国特色农村土地银行的功能应定位为政策性金融机构。一方面，中国设立农村土地银行的初衷，是为了解决农业生产经营主体和商业金融机构难以解决的问题，弥补市场失灵，贯彻社会主义现代化的国家发展战略，国家财政应成为农村土地银行的主要资金来源；另一方面，在具体运作方面，农村土地银行要按照市场化的运作方式，坚持资金投放节约和产出最优的原则，提高银行自身的可持续性。

从发展趋势来看，国外土地银行的政策性金融业务有淡化趋势，融资方式也逐步多样化，如随着资本市场业务的完善和农村土地银行信用层级的提高，农村土地银行发行土地债券，吸纳社会闲散资金。综合考虑中国发展阶段和农村长期资金困难的现实，中国政策性金融还远未到淡出的时候。相反，当前及今后较长一段时期，中国应当强化包括农村土地银行在内的政策性金融机构的作用。

现有的农村土地主要从事土地存贷业务，业务虽然简单，却没有银行的种种风险。新的农村土地银行由于功能被拓展，风险也随之集聚。可以认为，新的农村土地银行及其土地抵押贷款业务是一把"双刃剑"，如果处理不当，将会带来社会和财政金融风险。在构建中国特色农村土地银行基本框架时，尤其要注重风险控制。

一是防范社会风险。农村土地银行的核心业务是土地抵押贷款，而土地抵押恰恰是个敏感话题。这是因为，土地对于中国农民而言具备经济功能、保障功能和就业功能，是农民的"命根子"，如果允许农民用土地承包经营权向土地银行进行抵押，则债权到期后，抵押人无力履行债务和实现抵押权时，农民将失去基本的生存条件，其社会后果将十分严重，这也是国家迟迟不放开农村土地抵押业务的重要原因。但如果制度设计合理，农村土地银行的社会风险仍然可控。首先，国家可以在农民无助时给予必要的补助或者赋予农民优先赎回的权利，如借鉴法国的经验，通过立法规定，抵押人丧失土地的承包经营权后，享有耕地的优先承租权。其次，国家可对实现抵押权时土地承包经营权受让人的主体资格进行必要的限制，从制度层面规定农地抵押时应优先抵押给农村土地银行，或者说是让农村土地银行成为唯一的土地抵押受让人，防止无能力及无心从事农地经营的人浪费土地资源和利用炒卖手段渔利，这样既最大限度地保护农民权益，又有效地促进土地流转。

二是防范财政金融风险。农村土地银行的财政金融风险表现在：一方面，农村土地银行过多承担有关经济主体的经营责任，将市场风险转化为政府财政风险；另一方面，农村土地银行因其政策性金融业务而发展成为官僚机构，银行过多关注员工自身工资福利待遇，对提高经营管理模式重视不够，从而增大银行金融风险。当前，许多发达国家逐步缩小政策性金融的业务范围，也主要是因为政策性金融机构庞大的债务负担和低效率的运作模式。因此，在设计中国农村土地银行制度时，要吸收和借鉴国外教训，完善银行治理结构，合理界定政府和市场作用边界，防范和化解财政金融风险。

五　其他创新

除了以上实践创新之外，资本市场也可以为农村经济发展提供便利。这主要是支持符合条件的涉农企业到股票市场、中小板市场和创业板市场实现上市融资和再融资。涉农企业经营状况的改善将有助于农产品的价值实现。2009 年至今，大约有 14 家涉农企业在中小板和创业板市场上市融资，合计募集资金 118.8 亿元；共有 8 家农业类上市公司实现再融资，合计募集资金54.7 亿元。截至 2010 年 6 月末，共有 31 家涉农企业通过银行间债券市场发行短期融资券 604 亿元，中期票据 179 亿元，中小企业集合票据 4.2 亿元，合计募集资金 787.2 亿元[①]。

另外鼓励和支持农产品生产经营企业进入期货市场开展套期保值业务，发挥期货交易机制以规避农产品市场风险；推动期货业经营机构积极开展涉农业务创新，稳步拓展农产品期货交易品种。据统计，2009 年，全国农产品期货市场成交量达到 12.4 亿手，成交额 62.2 亿元[②]。

信用互助协会也是一个在农村金融领域的实践创新。如江苏兴化市信用互助协会由 196 名村民和董北村的企业业主组成，协会、银行和农户或企业形成合作关系，村委会负责将一定的互助保证金存到农合行账户，为本村范围内的会员贷款提供担保，农合行负责确定会员的信用等级和授信额度，为会员提供优惠利率的资金支持。信用互助协会极大地放大了集体经济对农户和小企业的支持，解决了他们贷款难的问题。兴华农合行已向董北村首批196 名会员提供 1.64 亿元的授信贷款[③]。

经营权抵押贷款也是一个探索方向。经营权抵押贷款主要是指农民通过以承包地经营权或林地经营权等作为抵押物从金融机构获得贷款。浙江省丽水市 50 多万本林权证成为林农的信用担保，获得发展林业和扩大再生产的

---

① 见金融界网络文章《一行三会：支持合规涉农企业上市融资和再融资》，2010 年 7 月 29 日。
② 参见中国网《央行等就推进农村金融产品和服务方式创新答问》，2010 年 7 月 29 日。
③ 新华网《兴代"金纽带"解小企业贷款担保难题》，2010 年 3 月 26 日。

资金。自 2007 年开展林权制度改革到 2010 年 3 月，丽水市累计发放林权抵押贷款达 2.6 亿笔，贷款余额为 7.7 亿元。另外有些地方也在开展土地抵押贷款服务。但林地和土地经营权抵押贷款在技术和政策上依然面临很多难题，需要审慎试验。

在农民、正规金融机构、各级政府部门的配合和探索下，近年来农村金融创新实践活动层出不穷。我们认为所有关于农村金融问题的答案都在人们的创新实践之中，我们要做的就是发现并推广它。

参考文献

1. 范炜：《构建具有浙江特色的小额贷款公司发展模式》，《浙江金融》2010 年 9 月。

2. 高晓燕、惠建军、马文赫：《略论小额贷款公司所遇困境和可持续发展》，《现代财经》2010 年 6 月。

3. 宋亮：《地方政府在小额贷款公司发展中的作用》，《中国金融》2010 年第 9 期。

4. 王宇琳：《广东省小额贷款公司发展中存在的问题与对策研究》，《南方农村》2010 年第 3 期。

5. 中国人民银行巴州中心支行课题组：《快速发展的小额贷款公司与风险防范分析——以新疆巴州为例》，《金融发展评论》2010 年第 7 期。

6. 中国人民银行杭州中心支行货币政策分析小组：《2009 年浙江省金融运行报告》，2010 年。

第八章　中国各省市农村金融发展与农村经济增长

李广众　刘　华

（中央财经大学中国金融发展研究院，中国人民银行广州分行）

自 1973 年 McKinnon 与 Shaw 的开创性研究工作之后，金融发展问题就成为学术界关注的焦点和研究的热点问题。金融发展的出发点和落脚点是经济的增长。有关着眼于促进经济增长的金融发展理论与金融发展政策的研究成为摆在各国经济学家面前的重要课题。此次金融危机导致全球经济衰退的事实表明，金融发展的路径对于一国实体经济增长与发展至关重要，研究两者之间的关系对于指导金融发展路径的选择和有效的促进经济发展都具有较强的现实意义。

当前，中国农村金融发展是农村经济发展问题的核心问题，在十七届三中全会审议通过的《中共中央关于推进农村改革发展若干重大问题的决定》里和 2007 年全国金融工作会议都明确指出，更加强调农村金融在农村经济中的发展作用，要让农村金融成为现代农村经济的核心，要创新农村金融体制，放宽农村金融准入政策，建立一个资本充足、功能健全、服务完善和运行安全的农村金融体系。如何使农村金融制度的设计更好地服务农村经济发展成为决策者亟待解决的问题。解决该问题的基础和前提之一就是厘清农村金融发展和农村经济增长之间的关系，明确农村金融发展在经济增长中的作用和地位，为促进农村经济又好又快的发展提供基础和保障。

对于金融发展与经济增长关系，众多学者已经进行了深入的研究，如谈儒勇（1999）、李广众（2001，2002a，2002b，2002c，2003）、周立和王子明（2002）、姚军耀（2004）、赵振全和薛丰慧（2004）、邱杰与杨林

（2009）、王莹和徐璋勇（2008）等，采用的方法主要是以格兰杰因果检验、协整检验等时间序列分析方法，结论大体上都支持金融发展与经济增长有着长期均衡的关系。随着三农问题在我国经济中重要性的日益加强，近年来出现了众多有关农村金融发展与经济发展之间关系的研究。对于这一问题的研究，不同研究者得到了并不一致的结论。例如，许崇正、高希武（2005）研究结果表明，农村金融与农民收入之间没有相关关系。庞如超（2008）对河北省农村金融发展与农民收入增长关系的实证研究表明，河北省农村金融发展从长期来看对农民收入增长有促进作用。罗剑朝、阚先学（2008）通过对山西省农村金融与农民收入之间关系的实证分析，表明山西省农村金融自改革开放以来未能很好地支持农民增收。钱永坤、张红兵（2007）对江苏省农村金融和农民收入之间关系的实证分析表明：农村金融发展每增加 1 个百分点，农民收入才增加 0.128 个百分点。

温涛等（2005）在对中国金融发展与农民收入增长进行制度和结构分析的基础上，对中国整体金融发展与农民收入增长的关系进行了实证研究。研究结果表明：中国金融发展与农民收入存在长期协整关系并且中国金融发展和农村金融发展对农民收入增长具有显著的负效应。李喜梅、王满仓（2006）通过对陕西农村金融发展与农民收入之间关系的实证研究也发现陕西农村金融发展与农民收入之间是明显的负相关关系。邹擘（2007）对湖南省农村金融发展与农民增收之间关系的实证分析表明，从长期看农村金融发展与农民收入增长之间是正相关关系，但是在农村金融水平较低时，不但不能促进农民增收，反而起到相反的作用。

由于现有研究数据一方面较少使用省级层面的面板数据，导致样本选取不够，模型估计误差较大；另一方面标选取上较少采取农村概念上的经济指标，如农村国内生产总值，从而导致模型的经济含义不够明显；结论上没有明确的说明金融发展对经济增长的促进或是抑制作用及其前提条件。本文致力于完善以上研究所存在的不足，采用了 1994—2005 年 26 个省份的面板数据作为研究资料，弥补时间序列分析样本不足的缺陷；采用了农村国内生产总值、农村固定资产投资、农村存贷款等农村概念上的经济指标作为模型变量，加强了模型的经济解释力度；采用柯布－道格拉斯生产函数并且将关注的重点集中在农村金融发展对于经济增长的作用上，结论上明确指出农村金融发展对经济增长的作用及前提条件，为农村金融发展和经济发展政策制定提供理论依据和经验证据。

本章结构作如下安排：第一部分是对金融发展与经济增长的概念进行深入的评述；第二部分综述农村金融发展与经济增长关系的理论研究文献回顾；第三部分对对实证模型进行设定，包括模型中包含变量的设定及变量之间的关系设定；第四部分为变量数据来源的说明，主要涉及变量内涵及统计方法介绍，数据获取来源等。本部分同时报告了实证结果并对结果进行分析；最后为结论和政策建议。

一　金融发展概念评述与中国金融发展二元结构分析

（一）金融发展的概念评述

1. 戈德史密斯金融发展

金融发展（financial development），按照美国经济学家雷蒙德·W. 戈德史密斯（Raymond W. Goldsmith）的解释，主要指的是金融结构的变化。其中金融结构主要包括金融中介和金融市场两大块①。不同类型的金融工具与金融机构，不同结构、不同发展阶段与发展水平的金融市场，构成不同特征的金融结构。一般而言，金融发展程度越高，其金融工具、金融机构与金融市场的数量、种类就越多，金融在经济中的作用就越强，效率越高。为此，戈德史密斯认为对金融发展水平的衡量，实际上就是要衡量金融结构的状态。

通过对众多国家金融结构变迁与经济增长过程的独创性研究，戈德史密斯提出了衡量一国金融结构和金融发展水平的有关存量和流量指标，并在这一基础上建立了以下可用以反映一国金融发展水平一般面貌的金融相关比率FIR，即某一时点上现存金融资产与国民财富（实际资产总额加对外净资产）之比②。在此基础上，戈德史密斯（1969）利用许多国家历史数据研究了FIR自身的变化趋势、其包含的 7 个因子与实际收入增长率、物价上涨率以及平均的资本产出之间的关系③。最后，戈德史密斯指出："金融结构差异表

---

　①　根据《新帕尔格雷夫经济学大辞典》，金融中介主要指从事买卖金融资产事业的企业。它是有组织的金融市场的主要参与者。在市场交易手段方面，它们占有很大的资产与地位；它们的股本与某些负债，定期大额存单或债务证券，都在这个市场上进行着交易。而所谓金融市场包括股票、债券、期权和保险合同等的金融证券市场。

　②　见［美］雷蒙德·W. 戈德史密斯《金融结构与金融发展》，上海三联书店，上海人民出版社 1989 年版，第 79 页。

　③　七个因子分别是货币化比率、非金融相关比率、资本形成比率、外部融资比率、金融机构新发行比率、金融资产价格波动与乘数。

现为在同一发展道路上、因为起点和发展速度不同而形成的位置上的差异"。

该金融发展定义的出现使人们可以便利地将金融结构变迁置于跨国、跨期的比较中来讨论其变迁的合理性并探讨金融发展的大方向。然而，人们在其后的研究中逐渐发现在此定义基础上进行的研究与戈德史密斯原先的研究结论以及人们对现实情况的理解出现了较大偏差。随着发展中国家对金融部门在经济中重要作用的认识的不断加强，以及 20 世纪 70 年代以来发展中国家的金融自由化与国际化改革，世界各国的金融资产总额在国民经济产出中比重呈现出不断上升的趋势，国家之间金融相关比率的比较也出现了与人们想象有所不同的异常结果，同时，构成金融相关比率主要组成部分的各国金融资产分布情况所能说明的问题也越来越少了（见李广众，2002a）。

此外，由于各国在经济制度、经济条件以及发展战略方面的差异，采用这一定义并不能够很好地帮助人们从促进经济发展的角度出发来考虑金融发展的方向以及制定各时期的金融发展战略。实际上，戈德史密斯在其 1969 年研究的开篇就曾经指出："要介绍各国的金融机构，首先必须将私有企业经济（包括混合型经济）与中央计划经济分开……这两种经济中的金融结构的差别主要不是在现有金融机构与金融工具的种类方面……在中央计划经济中，尽管目前正在考虑进行改革，甚至已经开始了试点，但迄今为止，其金融体系一直都附属于劳动力和商品按官方意向的实际流动，为这种实物经济服务，而不是一种参与资源分配的独立因素。"[1] 遗憾的是，戈德史密斯在其后的研究中并没有更多地结合经济制度的差异性与变迁来研究金融发展与经济增长之间的关系。

2. 麦金农与肖金融发展概念

现代金融发展理论的开始主要以罗纳德·I. 麦金农（Ronald. I. Mckinnon）的《经济发展中的货币与资本》以及爱德华·S. 肖（Edward S. Shaw）的《经济发展中的金融深化》的出版为标志。由于以上两人深受自由主义传统的影响，其对金融发展问题的思考主要从发展中国家金融市场上存在的人为扭曲出发，认为发展中国家实施的金融抑制政策将限制一国的金融发展，对经济增长产生不利影响。其对金融发展的定义常常可以与金融自由化相互替换，即他们都认为金融发展实质上就是金融自由化，只有实现金融自由化才

---

① 见［美］雷蒙德·W. 戈德史密斯《金融结构与金融发展》，上海三联书店，上海人民出版社 1989 年版，第 27 页。

能实现金融发展。

由于麦金农与肖的研究侧重对发展中国家金融市场由于干预而造成的扭曲现象及其实质影响进行研究，因此采用该定义可以使我们在制定一国金融发展政策方面获得有益的思考，但采用该定义不仅容易使我们对问题的研究趋于简单化与趋同化，而且在某些情况下容易使我们对问题产生误导性的认识。

例如，根据麦金农与肖的研究，我们可以采用 M2/GDP 的比重来反映金融发展水平。但有研究表明在 1994—1995 年间，M2/GNP 值，美国为 57%，德国为 70%，韩国为 44%，马来西亚为 89%，泰国为 70%，日本为 114%，而中国则为 106%①。中国的这一比率远大于许多金融发达的西方国家（除日本外）及周边发展中国家。难道这说明了在 1994—1995 年间，中国的金融发展水平已经超过以上大多数国家了吗？笔者认为，中国出现这么高的 M2/GDP 值也许更应将之归因于长期高达两位数的通货膨胀水平、落后的交易手段以及效率低下的支付体系。在后面的分析，我们还将说明根据麦肖的分析采取实际利率指标来反映金融发展水平也将存在一定问题。

再有，该定义的提出促使我们不得不思考这样一个问题：是否实施了金融自由化政策就一定会有利于金融发展，有利于促进经济增长呢？拉丁美洲国家的金融自由化改革对此给予了否定的答案。对东欧国家、前苏联与改革开放前中国的历史研究也表明，在一定的经济体制背景下，对金融部门实施抑制政策有时未必是一个不利于经济增长的选择②。结合本奇文加（Bencivenga）与史密斯（Smith）（1991）研究，我们相信一国以 M2/GDP 表示的货币化与金融化的上升未必反映了该国金融部门的发展。

3. 内生经济增长理论中的金融发展

九十年代以来，随着内生经济增长理论的出现和发展，越来越多的经济学家开始通过在内生经济增长理论模型中加入金融部门的作用来考虑金融发展对经济增长的作用。此时对金融发展的定义的侧重也就各有不同了。

该方面研究主要是在对无信息或交易成本的理论框架进行修改的基础上形成。具体而言，主要强调了金融体系以下职能：（1）推进多元化投资，提

---

① 数据来自国际货币基金组织 1996 年年报。
② 结合田富强（1998）的研究，我们不难得出这样一个结论：在经济不规范的条件下，通过金融控制将资金集中投向国有经济是有效率的。田富强：《内生产权所有制理论与经济体制平稳转型》，1998 年手稿。

供风险共担机制；（2）配置资源；（3）监督经理以及对公司实施监管；（4）动员储蓄；（5）便利商品与劳务的交换。此时的金融发展则主要指的是在促进经济增长中金融体系有关职能的充分发挥。

由于本文侧重从促进经济增长的角度来讨论农村金融发展能否为农村经济持续发展提供了必要的金融支持，因此笔者强调金融发展不仅应该是目的和结果，更应该将之视为促进经济发展的重要机制。这种金融发展不同于戈德史密斯强调结构变迁的发展观，也不同于麦肖强调经济市场化背景下的金融自由化的发展观，而是一种重点强调作为促进经济增长角度的一种机制发挥的金融部门发展观。反映在经济增长理论中，金融发展可以定义为生产函数中的投入要素：

$$Y_t = \Phi \ (A) \ \times K_t$$

这里的 A 就假定为金融发展水平。由于金融发展在促进储蓄与投资之间的联系、更有效地配置资源以及收集与筛选信息等方面的作用，金融部门的发展能够促进整个宏观经济的微观效率，因此从宏观经济的角度或者从总量生产函数的角度出发，金融发展水平越高，则给定一定量的资本 K，总产出将越大。

（二）金融发展与经济增长的结构分析

改革开放以来，中国经济在发展的过程中逐渐形成了"二元结构"的格局，城市与农村地区的经济和金融发展分化日益明显。在农村反哺城市的时代，城市较农村拥有更多的政策优势，在经济、金融政策上获得更多的倾斜，例如，城市在发展规划上拥有发展道路交通等国家大项目的优先权，在金融政策上拥有更多的信贷投入，在财政和税收政策上享有更多的税收优惠，在社会保障上拥有更多的社会保障福利资源，在教育、医疗等公共服务资源也较农村地区具有优势。资源向城市的政策直接导致城市经济迅速发展，金融发展水平迅速并持续的超过农村。

从图1可以看出，城市国内生产总值总量呈现不断增长的态势，在全国国内生产总值中的比重也呈现不断上升的趋势，这种情况在 2000 年以后表现得尤其明显，2005 年以后呈现出加快的趋势。这主要是由中国的城市化进程加快所致，未来很长一段时间内还将继续在城市化的轨道上高速运行。

图2表示的是全国、农村和城市国内生产总值增长速度，从全国看，其增长速度维持在 10% 左右，2001 年开始出现持续上升的趋势。从结构看，

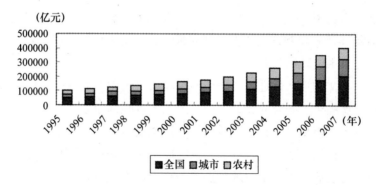

图1 1995—2007年全国、城市及农村国内生产总值结构示意

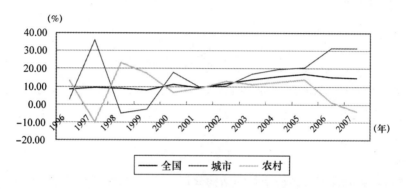

图2 1996—2007年全国、城市和农村国内生产总值增速示意

2000年以前，城市和农村的国内生产总值增长速度波动较大，在此之后增长较为平稳。2003年以后，城市国内生产总值的增长速度明显快于农村，而且这种速度的差距呈现出不断扩大的趋势，城市化进程加快，农村地区发展减速的现象将会进一步加剧地区的不平衡。

图3表示的是全国、农村和城市的金融发展水平，此处用信贷水平衡量的信用扩张情况与国内生产总值的比值表示该地区的金融发展水平。从图上可以明显看出，自1995年来，城市地区的金融发展水平要高于全国平均水平，要远远高于农村地区。全国的金融发展水平保持在1上下波动，城市金融发展水平保持在1.5上下波动，最高值达到2以上，2003年以后开始有明显下降的趋势，而农村地区基本维持在0.5上下波动，而且在2001年以后出现下降的趋势。

图4表示的是信贷资源在农村和城市的分布情况，从图上可以看得出，

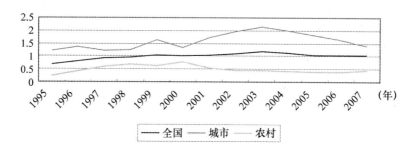

图3　1995—2007 年全国和农村地区金融发展水平

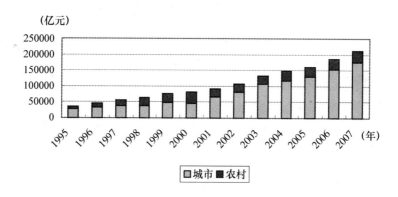

图4　1995—2007 全国城市和农村地区贷款结构示意

信贷资源主要集中在城市，平均比例在 76%，最高峰的时候的比例为 83%，信贷资源集中在城市的情况在 2000 以后表现得更加明显，该比例一直处于上升的通道。信贷资源过于集中在城市将导致农村地区发展后劲不足，长期而言会限制城市的进一步发展的空间。

图5 反映的是信贷的增长速度，从趋势上看，农村地区的信贷的增长速度在下降，2002 年以后开始有所反弹。从结构上看，城市较农村地区的增速在 2000 年以后要快，但两者的增速有逐步向全国靠拢的趋势，大概维持在 15%—20% 的区间波动。

图6 表示的是固定资产投资在城市和农村的分布，从图上看，全国的固定资产投资主要集中在城市，该比例在 70%—80% 左右，并且该比例在不断地上升，2007 年达到近年来的最高值 84.8%，固定资产投资集中在城市对于城市的发展有利，对于生产水平低下、缺乏资本的农村地区的长远发展不利，这也是农村地区经济发展水平一直较低，发展速度较慢的原因之一。

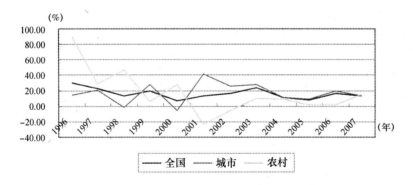

图5　1996—2007年全国、城市和农村贷款增速示意

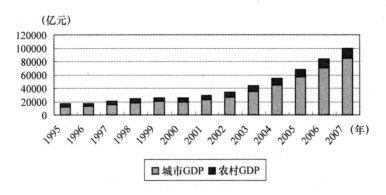

图6　1995—2005年农村与城市固定资产投资结构示意

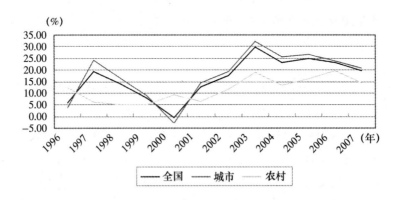

图7　1996—2007年全国、城市和农村固定资产投资增速示意

图7反映的是1995—2005年城市和农村固定资产投资的增速，从趋势

上看，城市的增速与全国的趋势保持一致，农村地区的增速在较低的区间运行，2000 年以后有较大幅度的增长，两者增速有向全国靠拢的趋势。从结构上看，城市的增速大部分时间要高于全国，要远高于农村地区，城市地区最高增速在 30% 以上，农村地区最高增速不超过 20%。农村地区较低的增速影响农村地区的资本积累，对于农村地区的经济发展是一个制约因素。

二　金融发展与经济增长文献回顾与评述

（一）金融体系发展与经济增长：作用机制

在传统理论的分析中，金融体系的作用仅仅简单地被表述为：满足实际经济部门资金融通的需要，配合经济中生产性部门的自主发展，因而其在经济中的作用是有限的和被动的。只有当经济发展到一定程度，随着市场交易品种和范围的不断扩大以及实际产品的不断增长，金融部门才会出现一定的发展。因此，一般认为金融发展对经济增长的主要贡献在于为经济交易提供了一个更加有效合理的支付系统，这种支付系统的出现可以大大降低经济的交易费用。

然而，随着六七十年代以来世界各国出现的此起彼伏的金融创新浪潮，以及八十年代开始的内生经济增长理论的发展，人们对金融体系对经济的作用的认识也在不断地加强。为此，笔者（2000b）曾尝试在一个具有收敛性的内生经济增长模型中对金融体系发展的作用展开描述。我们采用如下形式的生产函数来描述经济中的投入—产出关系：

$$Y = F(K,L) = AK + BK^{\alpha}L^{1-\alpha}, A > 0, B > 0, 1 > \alpha > 0 \tag{1}$$

生产函数（1.1）由 AK 生产函数与 Cobb-Douglas 生产函数组成。这一生产函数具有规模报酬不变以及对劳动和资本的边际报酬递减的性质。将之改写成人均资本的形式为：

$$y = f(k) = Ak + Bk^{\alpha} \tag{2}$$

为了分析的简便，我们假定经济的储蓄为产出的固定比例 s，资本以固定的比例 δ 折旧，劳动力以固定速率 n 增长。此时，人均资本的平均产出为：

$$f(k)/k = A + Bk^{(1-\alpha)} \tag{3}$$

采用该生产函数的增长模型的基本微分方程为：

$$y_k = \frac{\dot{k}}{k} = sf(k)/k - (n+\delta) = sA + sBk^{-(1-\alpha)} - (n+\delta) \qquad (4)$$

从公式（3）中，我们可以得出 $f(k)/k$ 是 k 的减函数。经济为了在长期中始终保持内生的经济增长，必须满足当 $k \to \infty$ 时，资本的平均产出水平保持在 $(n+\delta)$ 之上。也就是说，经济只有满足 $sA > n + \delta$，才能够实现稳定的长期增长。这一条件的经济意义在于：我们允许资本具有边际报酬递减的趋势，但资本边际产出的下降必须有下限。

考虑到金融体系在经济中的重要作用，我们在以上模型中加入反映金融体系作用的参数 μ（$0 \leq \mu \leq 1$）。$\mu = 0$ 表示储蓄 - 投资中完全的金融非中介化，在缺乏其他的储蓄—投资转换机制的条件下，经济将丧失进一步增长的动力；$\mu = 1$ 表示完全的金融中介化。

此时资本存量的增加就不再是 sF（k，L） - δK，而是 sμF（k，L） - δK。1 - μ 表示由于脱媒（financial disintermediation activities）导致的储蓄漏出在储蓄中的比重。考虑了金融体系作用后，模型的基本微分方程为：

$$y_k = \frac{\dot{k}}{k} = sf(k)/k - (n+\delta) = s\mu A + sBk^{-(1-\alpha)} - (n+\delta) \qquad (5)$$

此时，经济能否保持长期的内生经济增长就取决于 sμA 与 n + δ 的大小。根据 μ 的取值不同，我们可以得到以下结论：

结论 1：当 $\mu \epsilon$ [0，（n + δ）/sA] 时，经济无法实现长期的内生经济增长，经济最终将收敛于该经济唯一的稳定状态的人均资本水平 k* 以及人均产出水平 y* 以及人均消费水平 c*。

结论 2：当 $\mu \epsilon$ [0，（n + δ）/sA] 时，具有较高 μ 值的经济最终将达到较高水平的稳定状态的人均资本水平 k* 以及人均产出水平 y* 以及人均消费水平 c*。

结论 3：当 $\mu \epsilon$ [（n + δ）/sA，1] 时，经济能够实现长期的内生经济增长，达到稳定状态时，经济将实现平衡路径的经济增长，其中人均收入、人均资本、人均消费将以 sμA - （n + δ）的增速率长期增长。

同时公式（1.5）还说明了金融发展对经济增长的主要作用可以概括为以下几点：

1. 动员储蓄，提高 s

动员储蓄意味着要从分散的储户那里得到闲置的资金，然而动员储蓄是需要交易成本和信息成本的，金融体系作用的增强能够减少由于成本引起的摩擦，便于聚集资金。由于金融体系在分散和分担风险，监督和实施监管方面的专业化和规模经济效应，数以万计的投资者可以将其财富委托给金融体系，再由金融体系进行投资。其外在的表现就为金融体系在动员储蓄，提高储蓄率方面具有正作用。

需要注意的是，与早期的发展经济学强调金融体系活动对储蓄率的正作用不一致的是，在一些内生经济增长理论分析中，金融发展与储蓄率之间的关系可能是不确定的。

首先，金融体系运行效率的提高，进而整体金融体系的发展，都具有降低全面利息率水平的倾向，同时会通过降低贷款利率与存款利率之间的差距，进而改变利率的结构。进一步看，利率水平以及结构的变动对储蓄的影响是不确定的。居民的金融储蓄主要取决于银行与资产组合者对风险的态度，以及消费者的时间偏好。本奇文加（Bencivenga）与史密斯（Smith）（1991）的研究结果说明，银行活动的出现虽然有可能直接导致储蓄率的下降，但如果把它对资本效率以及投资效率的作用考虑进去，则金融体系活动对经济增长的正作用是显而易见的。

其次，随着金融中介的发展，消费者面临的流动性约束也具有放松的趋势。亚佩利（Jappelli）与帕加诺（Pagano）（1992）通过一个三个时间段的生命周期模型分析了流动性约束对人们计划一生的跨时消费决定的影响。结果说明，如果金融中介发展导致流动性约束被放松，则储蓄率会降低，对资本积累和经济增长就会产生一个负面的影响。

2. 提高资本配置的效率（A），影响经济的长期增长

根据现有的研究，金融体系提高资本配置的效率进而影响经济的长期增长主要可以通过以下途径实现：

第一，如格林伍德（Greewood）与约万诺维奇（Jovanovich）（1990）强调的那样，金融体系通过信息的收集与专业化评估不同投资项目相关信息，能够更有效地配置资源，提高资本效率，促进经济的长期增长。

第二，如帕加诺（1993）所证明，由于金融体系可以为投资者分担流动性冲击，并分散由不同资产具有不同收益带来的风险，因此通过金融体系可以累积风险，并促进投资效率。如果没有这种中介活动，投资者只能将资金投资于易变现生产性资产，以抵御流动性冲击。本奇文加与史密斯（1991）的分析说明了金融体系的这种作用可以引导资金流向流动性较低的、高收益的技术以及降低为保证流动性而造成的投资浪费，进而促进经济的增长。

第三，结合熊彼特对创新活动的研究，金融发展对提高资本效率的作用还可以通过提高经济中的技术创新水平来实现。这里主要强调金融体系在为创新过程所提供的四种基本的服务：（1）如博伊德（Boyd）与普雷斯科特（Prescott）（1986）所述，投资项目必须进行评估（具体参见 Diamond，1984），而对特定企业的投资项目的评估必须投入巨大的固定成本，这就产生了出现和执行这一类工作的专门机构；（2）项目所需要的资金规模要求将众多中小储蓄者的资金汇集在一起，金融体系的产生能够为项目融通足够的资金；（3）创新努力的结果是未知的、不确定的，金融体系能够为这种个人或企业的创新投资提供分散风险的作用；（4）生产性企业要求个人从事一些具有一定风险性的创新性的生产活动，而非仅仅是利用现成的方法生产现成的产品。由于创新的预期收益是作为产业生产领导者应计的利润流，所以金融体系必须准确地揭示这一利润的预期折扣价值。总体而言，在此方面金融体系可以提供的四大服务就是：评估企业、积蓄资源、分散风险以及估计从创新活动中将获得的利润情况。

3. 通过渠道效应（conduit effect），影响 μ，促进经济的增长

在许多发展中国家，由于存在着金融抑制（如规定较高的准备金率等），金融体系对储蓄资源的动员与吸收也因此受到一定的限制。通过金融体制的改革，与中介活动相关联的成本最终会下降，金融体系活动的效率因此得到提高，结果导致了经济的增长。

在实证研究方面，由于受到东南亚经济自由化成功经验的影响，麦金农与肖对金融发展对经济增长的作用分析强调金融自由化能够提高储蓄进而提高投资规模。戈德史密斯（1969）的强调重点则在于金融发展与投资效率的关系。迪亚兹－亚历抗德罗（Díaz-Alejandro）与卡洛斯（Carlos F.）（1985）对拉丁美洲金融自由化实践的研究说明了金融深化并不倾向于能够提高储蓄水平。因此金融深化的主要贡献应该在于提高资本的边际产出，而非储蓄与投资数量。自从内生经济增长理论出现之后，通过引入资本的边际产出保持正数，理论研究结果说明了金融发展将不仅仅会在短期内，而且会在长期内影响经济增长。此方面的模型包括本齐文加与史密斯（1991），格林伍德（Greenwood）与约万诺维奇（Jovanovich）（1990），金与莱文（1993a）。格雷戈里奥（Jose De Gregorio）与古德蒂（Pablo E. Guidotti）（1995）则认为：金融发展对经济增长的影响可能由于区域、时期以及收入水平的不同而有所不同。在巴罗（Barro）（1991）的跨国增

长回归方程以及格雷戈里奥（1992）的基础上，他们的研究结果说明了在金融中介对经济增长的促进作用中只有 1/4 是通过促进投资数量实现的，其余都是通过促进投资效率实现的。这种对投资效率的促进作用在中低收入水平的国家更高。

（二）　金融发展与经济增长之间的关系

早在 1911 年，熊彼特（Joseph A. Schumpeter）就强调过一国银行发展对该国的人均收入水平及其增长率的促进作用。他认为通过银行体系进行的资金配置能够减少所谓的道德风险、逆向选择等问题，并降低资金配置过程中的交易成本。此后，众多研究（如 Mckinnon，1973；Shaw，1973；Kapur，1976；Galbis，1977；Fry，1978；Mathieson，1980）也表明了金融发展在经济增长过程中发挥着十分重要的作用。一个自由化的金融系统能够促使金融储蓄增长与流动并使之用于更有生产力的用途，这将有利于提高资本的数量与生产效率以及促进经济增长[①]。

本奇文加与史密斯（1991），格林伍德与史密斯（1993）在戴尔蒙德-狄伯卫格（Diamond-Dybvig）（1983）代际交叠模型基础上，通过对具有三代人的代际交叠模型存在金融中介和不存在金融中介时均衡经济增长率的比较，指出在符合某些条件的情况下，由于金融中介的引入降低了经济主体对"自我融资"的依赖，因此拥有金融中介的经济将比不拥有金融中介的经济获得更高的经济增长率。

鲁比尼（Roubini）与撒拉伊·马丁（Sala-i-Martin）（1992）从理论和实证两方面讨论了金融抑制、通货膨胀财政与经济增长之间的关系。分析结果说明在税收征收效率较为低下的条件下，政府往往倾向于实施金融抑制政策，因为这样能够增加货币需求并能够使政府比较容易地获得通货膨胀收益。同时，作者还证明了金融抑制政策降低了经济增长率。在巴罗（1991）跨国增长回归方程基础上，该文通过对同源跨国数据的回归分析，定量研究了金融抑制指标与经济增长之间的关系，结果证明金融抑制不利于经济增长。作者在控制了金融抑制政策后，经济增长方程中的拉丁美洲地区虚拟变量并不显著，这说明了该地区反常的经济增长业绩至少部分地应归因于该地区各国政府实施的金融抑制政策。

---

① 具体参见世界银行 1989 年年报。

金与莱文（1993）将熊彼特金融发展促进创新的观点进行了模型化。在一个包括有居民、金融中介与企业的经济模型中，作者们证明了由于金融中介可以分散由雇佣最小限度生产者需要的成本超过企业家财富以及创新失败所带来的风险，因此，一个专业的金融中介可以为包括企业家在内的创新队伍提供具有确定性的收入。这里的金融中介可以是投资银行或者风险投资公司。由于他们能够"以比私人投资者更低成本更有效地提供研究、评估以及监管等服务"，因此，金融中介对企业的评估与选择将降低投资于生产性活动的成本，并最终有利于经济增长。

在讨论金融发展与经济增长之间因果关系方面，戈德史密斯（1969）对 35 个国家有关数据的研究与比较表明，金融部门与经济之间存在着平行发展的关系，但他同时也指出，"目前我们仍无法自信地说明这两者之间的因果关系方向"。帕特里克（Patrick）（1996）的研究则为考察金融发展与经济增长之间的动态因果关系提供了一个有用的参考框架。他认为金融发展中存在着"供给导向型的金融发展"与"需求导向型的金融发展"两种模式。在"供给导向型的金融发展"的情况下，由于金融部门的发展先于对金融服务的需求，因此金融部门在动员传统部门的资源并将之用于具有增长趋势的现代部门方面发挥着基础性作用，金融发展与经济增长之间的相互作用方向是：金融发展促进经济增长。而在"需求导向型的金融发展"的情况下，只有经济发展到了一定的阶段与水平之后，经济开始对金融部门提出了新的要求，这时候金融部门才开始发展，此时金融发展与经济增长之间的相互作用方向是"经济增长促进了金融发展"。这一方面的研究暗示着，将金融发展与经济增长之间的关系仅仅表述为一种简单的线性回归关系是不合适的。

在以上研究基础上，90 年代中期之后有关金融发展与经济增长之间关系研究的突破更主要是体现在金融发展水平的量化指标体系研究、实证研究方法的进步和数据质量的改进上。

在量化指标方面：除了以上提及的金融相关率指标、货币总量指标与实际利率指标外，金与莱文（1993a）提出并讨论了众多金融发展水平衡量指标的优势与不足之处。格雷戈里奥与古德蒂（Pablo E. Guidotti）（1995）则在多恩布什（Dornbusch）（1990）研究基础上，指出实际利率并不能够很好地反映金融发展水平。同时，作者还对麦金农（Mckinnon）（1973）研究中采用的货币总量指标进行了批判，最终在金与莱文（1993a）的研究基础上，提出了信用衡量指标。

研究方法方面：为了验证以上所反映的金融发展与经济增长之间因果关系方向以及探讨金融发展对经济增长的作用，以往的宏观经济研究主要采用以下两种方法进行实证：（1）利用传统的格兰杰非因果关系检验法（Granger Non-causality Test）对金融发展指标与经济增长指标的时间序列数据进行分析；（2）在跨国样本研究中，通过在一定控制变量中引入金融发展指标来衡量金融对经济增长的作用。

然而，传统的格兰杰非因果关系检验法一般要求时间序列的数据生成过程是一个平稳过程（stationary process），对于由非平稳过程（non-stationary process）生成的时间序列数据采用该方法将导致相关统计检验失效（Toda & Phillips，1993）。而通过对巴罗（1991）的跨国回归方程中引入金融发展作用来考察二者之间的关系，一方面无法说明二者的因果作用方向，另一方面可能面临控制变量选择的合理性与完整性问题。作为跨国研究的代表人物之一莱文（1997）对自己以往工作的评价中也指出："运用该方法将受到度量、统计以及概念上的影响……同时跨国回归方程并没有说明变量之间的因果关系……因此，分析必须在时间序列分析的基础上进一步展开"。

卢因特尔（Luintel）与卡恩（Khan）（1999）的研究则在对原有的巴罗式跨国回归方程（如 King 与 Levine，1993）以及传统的格兰杰非因果关系检验法在解决金融发展与经济增长之间关系问题时可能存在的问题进行阐述的基础上，提出并采用了多变量向量自回归（Multivariate Vector Autoregression）系统中协整分析与因果分析方法对 10 个样本国家的金融发展与经济增长之间的关系进行了分析。其研究结果与刘易斯（1955），帕特里克（1966）以及众多的内生经济增长模型（Greenwood 与 Jovanovic，1990；Berthelemy 与 Varoudakis，1997；Greenwood 与 Bruce，1997）的研究结果取得了一致，说明了金融发展与经济增长之间存在双向的因果关系。莱文等（2000）对研究方法的改进则是通过采用一般矩（GMM）动态平行数据估计法（generalized method-of-moments dynamic panel estimator）以及截面工具变量估计法（cross-sectional instrumentvariable estimator）对金融中介与经济增长之间的关系进行研究。

所有以上提到的研究都在数据的样本量、价格调整方面、存量数据与流量数据的匹配问题上尝试着改进。其研究或多或少地暗示着，在某种意义上我们可以认为金融发展是促进经济增长的原因之一。但与此同时，我们也注意到也有不少著名经济学家对金融发展与经济增长之间的关系持一种比较保留的意见。钱德瓦卡（Chandavarkar）（1992）曾经这样写道：没有一个发展经济学的先驱……曾经将金融列为发展的一个因素①。罗宾逊（Robinson）（1952）指出，从大多数情况来看是经济中的企业发展了金融才开始发展的。库兹涅茨（Kuznets）（1955）则认为金融市场是在经济逐渐发展到一定水平时才开始增长的，并随着经济的日趋成熟而发展。卢卡斯（Lucas）（1988）更是告诫说：我们已经过分强调金融的作用了。

　　部分现代金融发展模型也预示在金融发展与经济增长之间关系方面可能出现一些模糊的结果。首先，由于强调金融中介在有效地分散风险方面的功能（见 Diamond 与 Dybvig，1983；Greenwood 与 Jovanovic，1990；Devereux 与 Smith，1991；Saint-Paul，1992），因此在设定特定效用函数形式的条件下，金融中介的发展将导致储蓄率的下降，进而可能产生不利于经济增长的结果；其次，即使某些研究结果说明了金融发展将促进储蓄的提高，但这种储蓄率提高对经济增长的作用方向仍是一个值得讨论的问题。亚佩利（Jappelli）与帕加诺（Pagano）（1992）的研究就发现储蓄率与经济增长之间存在着明显的负相关关系。所有这些都暗示着：一定条件下，特定形式与内容的金融发展可能产生不利于经济增长的结果。

（三）金融发展水平的决定

　　令人遗憾的是，以上提及的大量分析金融发展与经济增长之间关系的论述大部分都假定金融发展水平是外生决定的。实际上，无论在哪个国家，无论金融发展对经济增长的具体作用机制如何，我们都不得不思考这样一个问题：既然金融发展可能通过这样或那样的方式影响经济增长，那么金融发展的自身水平到底是如何决定的呢？从政策制定的角度，我们相信对这一问题的思考有时同样具有甚至更具有十分重要的意义。

　　在此方面，格林伍德与约万诺维奇（1990）、格林伍德与史密斯（1997）与圣保罗（Saint-Paul）（1992）所构建的模型是为数不多的增长与金融发展水平内生决定的模型中较为杰出的几个。他们大都假定金融中介运作需要的实际资源成本（real resource cost）是固定的或者低于所媒介资金数

---

　　①　实际上，刘易斯（1955）——发展经济学的先驱者之一曾经指出金融发展与经济增长之间存在一种双向的互相作用关系。这种观点得到了 Patrick, H. T（1996）的支持。

量的一个固定比例。随着经济的增长，个人参与金融市场的动力将由于投资资金规模增加带来的收益上升而增加。而正是金融市场的这种固定运行成本或参与成本决定了金融市场的内生形成。鲁比尼与撒拉伊·马丁（1992）则认为金融发展水平主要取决于由于征税效率差异带来的不同公共政策。当税收成本较高时，即使政府知道实施对金融部门的抑制可能产生不利于经济的增长，政府也将通过选择一定金融抑制水平来增加隐性的铸币税收益。

许本斯（Huybens）与史密斯（1999）则通过模型分析说明了以下实证研究结果：第一，通货膨胀与经济增长之间存在长期的负相关关系，至少太高的通货膨胀是不利于经济增长；第二，经济业绩与以下存在正关系：（1）银行信贷活动数量；（2）银行债务数量；（3）产权市场交易额；第三，在较低——适中的通货膨胀水平区间，通货膨胀与以下存在较强的负相关关系：（1）银行信贷活动数量；（2）银行负债数量；（3）产权市场交易额；然而，在更高的通货膨胀市场上，局部关系消失（Boyd et al.，1996）；第四，在较低与适中通货膨胀水平区间的国家中，通货膨胀与实绩股票收益之间存在显著的负相关关系，当通货膨胀太高时，这种关系消失（Boyd et al.，1996）；第五，随着经济的发展，股票市场在经济中的作用将比银行更加重要（Gueley 与 Shaw，1960；Levine，1997）。总之，该文分析主要强调了通货膨胀水平将是影响金融发展水平的重要因素。

史密斯（1999）对通货膨胀和金融部门规模之间的关系的分析则说明，通货膨胀具有扩大金融部门规模的作用，这种作用在他的分析看来主要是导致了实际资源由生产性部门向金融部门转移，进而产生不利于经济增长的结果。通过对美国的数据分析结果说明，通货膨胀水平每上升 1 个百分点，金融部门在国内生产总值中的比重约上升 1.3% 。

国内一些学者认为一个合理、有效的金融体制绝不是一种随意的安排，它也不完全受制于国家或社会团体的意志。一个有效的金融体制的性质必然要符合其产业结构的性质。后者又主要决定于两个外生的因素：一是该国当时的要素禀赋性质；二是该国的经济发展战略。当这二者不相吻合时，政府为实现其战略意图将选择不允许金融资源的自由流动，最后对金融资源配置的干预、甚至政府垄断就不可避免。这也就是我国传统金融体制形成的内在逻辑[1]。

---

[1]　见北京大学中国经济研究中心经济发展战略研究组，2000：《中国金融体制改革地回顾与展望》，北大中国经济研究中心讨论稿，NO. C2000005。

在影响金融发展水平外生变量的作用方面，研究同样出现了一些有益的尝试，其中 Levine 等人（2000）在 La Porta, R.、Lopez-de-silanes F.、Shleifer, A. 与 Vishny, R. W.（1997, 1998, 1999）的工作基础上〔简称 LLSV（1997, 1998, 1999）〕对产生各国金融发展水平之间差异的原因进行了分析，结果认为国家之间在法律、会计体制上的差异有助于解释各国金融发展水平的差异。他们认为一个国家在保护债权人权益、合同执行、会计实务等方面进行的法律与制度改革有利于提高国家的金融发展，以及加速经济增长。罗伯特·J. 希勒（1998）在美国国家经济研究局（NBER）网站上发表论文《人的行为与金融体系的效率》。作为一项跨学科研究成果，该文利用现代心理学、社会学、人类学等方面的理论说明了人的行为与金融体系效率之间的关系。

（四）不完全信息条件下的金融发展模型

从麦肖理论开始，到卡普尔（Kapur）（1976）以及马蒂逊（Mathieson）（1980）为代表提出的一些逻辑严密、论证规范、形式精致的金融抑制模型，再到此后由于内生经济增长兴起引致的关于二者关系的讨论，应该说在金融发展与经济增长之间关系的研究上已经取得一系列的成果。一些细节上的问题也得到了理论上的深入研究与实证上的精确度量，但我们特别注意到，尽管跨国数据研究有力地证明了金融发展促进经济增长的观点，但在对此方面研究文献的收集与掌握过程中，笔者发现对一些发展中国家由金融自由化导致的增长衰退、金融发展的决定以及国别问题的研究仍然略显不足。

如格雷戈里奥与古德蒂（1995）对拉丁美洲国家七八十年代的数据研究表明，金融中介发展水平与经济增长之间的关系在拉丁美洲国家呈现强的、显著的负相关关系。对此，作者将之归因于拉丁美洲在七八十年代过快的金融自由化过程。鲁比尼与撒拉伊·马丁（1992）则说明了该地区反常的经济增长业绩至少部分应归因于该地区各国政府实施的金融抑制政策，实施金融自由化政策将有利于各国的经济增长。这里至少说明了两个问题：一是采取金融自由化政策解决金融发展问题要注意时机的选择[①]；二是由于金融发展的定义与衡量、研究方法的不同，对于金融发展水平与经济增长之间的关

---

① 有关分析可以参见麦金农《经济自由化的顺序——向市场经济过渡中的金融控制》，中国金融出版社 1991 年版。

系、作用机制等问题的研究也可能出现不同。

针对研究文献中出现的一些矛盾性观点，笔者认为以赫尔曼（Hell-mann）、斯蒂格利茨（Stiglitz）等人为主要代表以及在此基础上提出的信息不对称和不确定性条件下的信贷市场模型、结构主义对发展中国家现实问题的研究在理论上对此予以一定的解释。

根据斯蒂格利茨（Stiglitz）与韦斯（Weiss）（1981）的分析，在发展中国家，根据借款者不同特征设定不同利率水平的信用市场存在着两种限制：一是外生的限制——存在一个法定的或制度的约束，即规定了各种利率的制定与上限；二是内生的约束——主要由确定不同的风险特征必须支付极高的成本引起。此时，即使消除银行的利率上限，并促使银行间的竞争，在信息约束很大的条件下，自由化仍不能够保证资本的最有效配置。

一些将内生约束条件模型化的信用配给文献对竞争性信用市场上存在的配给问题进行了分析（见 Stiglitz 与 Weiss，1981，1983）。他们的研究说明，在某一利率水平上存在着对贷款的超额需求时，贷款人选择在低利率水平上进行配给将比提高利率更有效。Stiglitz 与 Weiss（1981）、Ordover 与 Weiss（1981）的分析则指出了这样一种可能性：在给定几组具有明显特征的借款者的条件下，其中不完全信息将导致几组借款者完全地被排除在信用市场之外，尽管被排除组的投资的预期回报可能比那些获得信用的组别更高。

根据斯蒂格利茨（Stiglitz）与韦斯（Weiss）（1981），银行借款给某一特定借款人的收益并不是其征收利率水平的单调增函数。其原因在于：

1. 逆向选择（adverse select effect）效应：那些由于被资本的高成本排除在信用市场之外的借款者往往是银行可以从中获得利润的借款者，因为他们是安全的借款者。

2. 激励效应：如果借款人有可供选择的投资项目，那么随着利率的提高，借款人的违约风险也随着增大。这种情况给人们的直觉就是一个更高风险的项目在好的情况下具有高回报，而在不好的情况下只具有低回报。当处于好情况时，投资者可以获得超过贷款利率的收益水平，但银行并不会因此而获得超出利率的收益；当项目处于不好情况时，借款者只损失抵押物，银行则承受所有的损失，约等于贷款扣除抵押物价值。

在投资的预期总回报和利率固定的情况下，借款人的预期利润是项目风险水平的增函数，而银行预期利润则是项目风险水平的减函数。利率越高将导致安全的借款人退却。这种逆向选择效应将会受到刺激效应的加强，并促使银行在出现信用的超额需求时不选择提高利率，而选择配给信用。

应该说，1986 年以前金融自由化文献主要集中强调消除利率上限以及促进银行之间的自由竞争，极少论述涉及市场结构问题，例如在大多数发展中国家普遍存在的垄断性的或卡特尔化的银行系统。由于强调银行系统在发展中国家的重要作用，研究自然也就将银行看成唯一的有组织的资本市场，进而忽略了在一个金融自由化环境中股票市场在资本有效配置与风险共担方面的作用。

众多国家的金融自由化经验（如韩国、阿根廷）表明长期的财政赤字并不是政府选择抑制金融体系的唯一原因，更为根本的是，欠发达的股票市场以及公司财务中银行贷款在数量上的优势将导致金融自由化的尝试十分困难。由于许多研究将银行看成唯一的有组织的资本市场来讨论银行部门的自由化问题，这里就有一个十分重要的问题出现：在给定的发展中国家资本市场结构的条件下，银行部门的全面自由化是否有效？赵尹町（Yoon Je Cho）（1985）的分析超出原有局限于有关平均利率水平以及自由化与非自由化金融体系优劣的讨论，通过对发展中国家的结构问题与资本市场不完全性的研究分析了上述限制对金融政策效果的影响。分析结果说明在缺乏有效的股票市场的条件下，银行部门的全面自由化并不能够实现有效率的资本配置。股票市场一定程度的发展是实施完全的金融自由化的必要条件。

针对九十年代中后期以来银行部门出现的动态变化，赫尔曼（Thomas F. Hellmann）、莫多克（Kevin C. Murdock）与斯蒂格利茨（Joseph E. Stiglitz）（2000）进一步指出在动态的经济中，资本充足度政策的效果是有限的。合理的政策安排必须是通过存款利率控制与资本充足度要求的政策组合来实现帕雷托有效。

在政策效应研究方面，维京勃根（Wijinbergen）（1983）的研究说明由于非正轨贷款市场的存在，紧的货币政策（提高官方利率水平、银根收缩）将通过非正规市场的营运资金成本机制在短期内造成经济的滞涨效果，这也是卡瓦洛 – 帕特曼（Cavallo-Patman）效应。

（五）中国实证研究评述

大量的文献在理论上清楚地说明，一个运行状况良好的金融部门能够动员储蓄并将储蓄有效地配置到高效率的生产性部门，同时，对企业生产性技术选择以及证券市场外在性等方面的作用也十分明显，最终将对经济增长产生积极的促进作用。实证研究则证明了这方面的经验性论据是充分而有说服力的（具体可以参见 Goldsmith，R. W.，1969；Mckinnon，R. I.，1973；Fry，M. j.，1988；Bencivenga，V. R. 与 Smith，G. W.，1991；King，R. G. and Levine R.，1993；Saint-Paul，G.，1992；Pagano，M.，1993；Rousseau and Sylla，1999）。然而，传统对中国农村经济发展问题的实证研究对金融支持在经济发展中的作用并没有给予足够的重视。

由于农村经济的重要性、中央政府以及各级地方政府对农村经济发展的重视以及政府对农村金融支持服务农村经济发展作用的强调，我国理论界对农村金融发展与农村经济增长二者关系的研究一直是研究的热点问题之一，积累了相当数量的文献。徐笑波、邓英淘等（1994）给出计算我国农村金融相关率指标的方法。作者提出金融相关率指标（FIR）在数值上等于"行社存款"与"农村国民收入"之比。在此基础上，作者分析了二者之间的发展变化规律，同时也分析了农村信贷资金与农村国民收入增长的相关关系。张元红（1999）计算农村金融相关率的方法与前者类似，采用的是"行社存款"与"农村国内生产总值"之比。现在看来，这种计算农村金融相关率的方法存在着系统性误差，通过对各年的统计数据进行分析可以发现：农业银行和农村信用社的业务领域并不局限于农村，因此，"行社存款"指标值显然大于农村实际金融资产数值。张兵等（2002）对上述指标进行了修正，系统地研究了农村 FIR 和农村经济增长的相关关系。

由于研究数据的可获得性，此外大多数研究集中分析金融发展与农民收入之间的关系。然而，对于这一问题的研究，不同研究者得到了并不一致的结论。例如，许崇正、高希武（2005）研究结果表明，农村金融与农民收入之间没有相关关系。庞如超（2008）对河北省农村金融发展与农民收入增长关系的实证研究表明，河北省农村金融发展从长期来看对农民收入增长有促进作用。罗剑朝、阚先学（2008）通过对山西省农村金融与农民收入之间关系的实证分析，表明山西省农村金融自改革开放以来未能很好地支持农民增收。钱永坤、张红兵（2007）对江苏省农村金融和农民收入之间关系的实证分析表明：农村金融发展每增加 1 个百分点，农民收入才增加 0.128 个百分点。温涛等（2005）在对中国金融发展与农民收入增长进行制度和结构分析的基础上，对中国整体金融发展与农民收入增长的关系进行了实证研究。研究结果表明：中国金融发展与农民收入存在长期协整关系并且中国金融发展和农村金融发展对农民收入增长具有显著的负效应。李喜梅、王满仓

（2006）通过对陕西农村金融发展与农民收入之间关系的实证研究也发现陕西农村金融发展与农民收入之间是明显的负相关关系。邹擘（2007）对湖南省农村金融发展与农民增收之间关系的实证分析表明，从长期看农村金融发展与农民收入增长之间是正相关关系，但是在农村金融水平较低时，不但不能促进农民增收，反而起到相反的作用。

需要注意的是，以上提及研究对于农民收入的衡量主要采用统计年鉴中农民人均纯收入进行衡量。考虑到农民纯收入结构以及财产性与转移性收入在农民人均纯收入所占比重的巨大变迁，笔者认为采用这一指标并不能够全面客观地反映金融发展与农村经济发展之间的关系。一个更加有利于分析农村经济增长的速度、结构和效益的总量指标则是农村国内生产总值。然而，迄今为止，国家统计局仍未公布正式的农村国内生产总值数据，[①] 有关估测农村国内生产总值的理论与方法也尚在探讨与完善之中。

三　中国农村金融发展与农村经济发展关系的实证研究

（一）模型设定

本文认为，对经济增长问题的分析主要可以遵循总需求分析和总供给分析两条思路展开：总需求分析则从国民收入恒等式入手，通过考察总需求的各组成部分及其影响因素来考虑经济增长问题。总供给分析主要考虑影响经济供给能力非线性增长的要素投入以及技术进步（无论内生的或外生的）等因素。给予本文第一部分对金融发展概念的探讨，本文对农村金融发展与经济发展之间关系的分析更加侧重从总供给分析的角度展开。分析侧重回答两个问题，农村金融发展与经济发展之间是否存在统计意义上的因果关系？金融发展对经济发展的作用机制，是否促进了农村技术进步或提高了农村的投资水平？

本文对农村金融发展与经济发展之间关系的分析，侧重从总供给的角度

---

　　① 鉴于农村社会总产值在用来反映农村经济总规模时所固有的前述种种弊端，1994 年国家统计局已将农村社会总产值分为农业总产值和农村非农行业总产值分别进行报告，1995 年又进一步停止发布有关农村非农行业总产值的数据，而只报告了农林牧渔业总产值（包括增加值）和乡镇企业总产值（包括增加值）的数据（国家统计局，1996）。因此，迄今为止，可以说，衡量农村经济总量的传统指标正在废除，但新的农村经济总量指标尚未真正建立起来。

展开。根据前文分析，反映二者之间关系基本生产函数可以表述为：

$$GDP\_rural = A_0 exp(\beta_1 FD\_1 + \beta_2 FD\_2 + \beta_3 FD\_3 +$$
$$\beta_4 Share\_rural) K^\alpha L^\gamma \varepsilon$$

等式两边求自然对数可以得到实证研究的模型：

$$lnGDP\_rural = c + \beta_1 FD\_1 + \beta_2 FD\_2 + \beta_3 FD\_3 +$$
$$\beta_4 Share\_rural + \alpha lnK + \gamma LnL + \varepsilon$$

其中具体变量定义如下：

1. *GDP_ rural*

按照国民核算体系的标准我们可以把农村国内生产总值（简称农村GDP）定义为一个国家在农村地域上所有常住生产单位（机构部门、或者产业部门）在一定时期内的总增加值之和。总增加值是常住生产单位的产出价值减中间消耗的价值。与之类似，熊启泉（1999）也认为农村国内生产总值应反映农村区域范围内所有常住单位（不包括国有非农企业或单位）在一定时期内生产活动的最终成果，亦即农村区域范围内所有常住单位在一定时期内（通常为1年）所生产的全部货物和服务价值超过同期投入的全部非固定资产货物和服务价值的差额，也就是全部单位的增加值之和。

熊启泉（1999）认为，从农村国内生产总值概念上看，其内涵至少包括（1）农村国内生产总值是衡量生产的尺度。这种生产是利用劳动、资本、货物和服务的投入生产货物和服务的活动。对生产水平进行考量是如此的重要，因此它在很大程度上决定有多少可供消费，并且它还影响就业水平。（2）用农村国内生产总值变化及与之有关的价格和物量值完全可以用来评估农村区域上的经济全面的运行情况。（3）因为作为中间投入而使用的货物和服务的价值要从产出中扣除，所以，总增加值是没有重复计算的产出。

由于农村国内生产总值是农村区域各产业部门增加值之和，出于尽可能利用国家公布的现有的农村经济统计数据的考虑，农村国内生产总值的测算主要应以三次产业分组去进行。国家统计局1985年4月对三次产业作了明确的划分。具体来说，第一产业为农业（包括农、林、牧、渔业）；第二产业为工业（包括采掘业、制造业、自来水、电力、蒸汽、热水、煤气）和建筑业；第三产业为除上述第一、二产业以外的其他各业，统称服务业（包括商品流通服务、生产和生活服务、文化娱乐服务和社会公共服务等）。其中商品流通服务属于物质生产部门的构成内容，而生产和生活服务、文化娱乐服务和社会公共服务则属于非物质生产部门。这种产业划分对农村经济统计也是适宜的。因此，农村国内生产总值在构成上是农村第一、二、三产业的增加值之和。农村国内生产总值的具体估算上，本文采用熊启泉（1999）提出农村国内生产总值的估算公式为：

农村国内生产总值 =（农林牧渔业增加值 + 乡镇企业增加值 + 农村非物质生产部门所创造的增加值）× 100/90[①]

其中：农村非物质生产部门所创造的增加值 = 农民人均纯收入 × 乡村人口数 × 10%。为避免重复计算，本文使用乡镇企业增加值为扣除乡镇企业农业增加值后第二、三产业乡镇企业增加值。全国省市农林牧渔业增加值数据取自历年《中国农村统计年鉴》。全国各省市乡镇企业增加值来自历年《中国农村年鉴》以及《中国农村统计年鉴》。农民人均纯收入数据和农村人口来自历年《中国统计年鉴》。

笔者在利用农村国内生产总值的估算方法进行数据处理时采用估算过程如下：

第一步：农林牧渔业增加值的估计。1995 年以来的数据由中国统计年鉴直接得到；

第二步：农村第二、第三产业中物质生产部门创造的增加值估算。1995年以来的数据可以直接由乡镇企业的增加值来近似估计。数据可直接由历年《中国统计年鉴》、《中国农村统计年鉴》得到；

第三步：估算农村非物质生产部门创造的增加值。根据上述估算方法，可以用农村居民人均纯收入的 10% 来近似估算。

2. FD_1，FD_2 与 FD_3

现有对一国或地区金融中介发展水平的实证研究大多利用商业银行资产负债表的数据进行计算。具体而言，众多研究采用商业银行存款或贷款占国内生产总值比重来衡量金融发展水平。

笔者认为对于中国农村金融发展水平采用存款比重指标在我国面临着一定的问题：（1）首先受历史、文化等非经济因素的影响，尽管中国的银行在提供支付、结算与交易等服务方面效率较为低下，但中国居民却一直保持着较高的储蓄倾向；其次对中国居民储蓄行为决定的大多数研究都说明改革时期存在着

---

① 据笔者调查，农民除参加家庭经营工农业生产活动和参与乡镇企业就业外，每年约有 10% 的劳动时间用于家庭的自我服务（如住房的修建装修、产品的自我运输）以及出集体义务工（如修建农村道路、水利），这部分就业时间创造的增加值无论是在农业增加值中还是在乡镇企业增加值中都未进行反映，但它们也属于生产性活动，也创造有价值的产品，故应乘以这一系数。

大量的不确定性是促使中国居民储蓄率居高不下的重要原因（如武剑，1999；齐天翔，2000）。在这一背景下，有学者认为尽管以银行为主体的资源竞争在动员家庭储蓄、支持经济增长方面发挥着重要的作用，但这种竞争所依赖的仅仅是机构网络方面的实力，而不是资金运作效率或者是信贷资产质量的提高（易纲，2001）；（2）政府为了化解国有金融长期积累的金融风险，强化国有金融机构的自我约束，发起以企业化、商业化、股份化、市场化为特征的国有金融改革，使国有金融逐渐显露出按规模经济和利润最大化行事的"嫌贫爱富"的本性，国有金融在 20 世纪 90 年代中后期的改革中开始大规模撤出农村和农业，就连国家明确定义在农村领域的农村信用社，为了自己脱困，也开始了走规模经营、撤并集中之路，基层业务代办点大量撤并、人员清退、决策权限上收（何广文，1999），业务非农化，[1] 从而导致了中国的正规金融机构无意向农村和农业提供贷款或在这方面缺乏效率（章奇、刘明兴、陶然和 Vincent，Yiu Por Chen，2004）。因此，我们认为采用存款指标来反映中国金融中介的发展水平也并不很合适。基于本文的研究目的，并借鉴陆磊（2005）、焦瑾璞（2006）等学者的做法，我们从贷款的可获得性出发来衡量农村金融发展水平。具体衡量指标为农村贷款占农村国内生产总值的比重 FD_1。对于农村贷款的定义，本文采用农村信用合作社贷款、农业银行的农户贷款、乡镇企业贷款及农业发展银行的农业贷款总和予以衡量。

　　为了反映我国金融发展的二元结构以及整体金融发展水平对农村经济增长的影响，我们还在模型中添加金融发展二元结构指标 FD_2 以及整体金融发展水平 FD_3。其中 FD_2 定义为各省市贷款总额中农村贷款比重。FD_3 定义为各省市贷款占各省市国内生产总值比重。

　　3. Share_ rural

　　为了反映我国各省市经济二元结构对农村经济增长的影响，本文采用农村国内生产总值占总国内生产总值的比重予以衡量（Share_ rural）。

　　4. K 与 L

　　由于本文对农村金融发展与经济发展之间的关系分析侧重从总供给的角度展开，因此必须控制其他要素投入对经济增长的影响。为此，本文在生产

---

　　① 据夏斌（2003）、章奇（2004）的研究，农村信用社存款远远大于贷款，其差额大部分投向了非农产业和城市，2002 年农村信用社吸收存款 19469 亿元，各项贷款 14117 亿元，存贷差 5352 亿元，其中有价证券及投资 1812 亿元，净存中央银行 684 亿元，拆借给其他金融机构 1152 亿元，估计净流出农村资金在 3000 亿元左右。

函数加入资本与就业两个控制变量。

由于我国统计资料中没有直接提供资本存量的统计数据，因此对于各省市农村与城市的资本存量，我们采用中国经济发展分地区电子数据库中对各省市资本存量的估计方法进行估计。以 1995 年为基年，1995 各省市实际资本存量来自中国经济发展分地区电子数据库中对各省市资本存量的估计。1995 各省市城市实际资本存量各省市资本存量乘上 1995 年当年固定资产投资总额中城市固定资产投资的比例。1995 年农村实际资本存量为 1995 年各省市资本存量减去城市资本存量。1996 年城市与农村资本存量为 90.4% 的上一期城市与农村资本存量加上当年的实际投资额。以后各年依此类推。用于计算农村资本存量的农村固定资产投资的数据来自历年《中国农村统计年鉴》。城镇固定资产投资来自历年《中国统计年鉴》。

对于农村劳动投入，本文采用中国农村就业人员进行度量。具体数据来自历年《中国统计年鉴》。

参照冉、温与李（2007），实际回归中，本文主要考虑了以下模型：

$$ln(GDP\_rural/l) = C + \beta_1 FD\_1 + \beta_2 FD\_2 + \beta_3 FD\_3 +$$
$$\beta_4 Share\_rural + \beta_5 FDI + \beta_6 Oepnness +$$
$$\beta_7 FisAgr + \beta_8 Human\ Capital + \alpha\ln(K/L)$$
$$+ \varepsilon$$

其中为实际利用外商投资总额占国内生产总值比重，$Oepnness$ 为进出口总额占国内生产总值比重，$FisAgr$ 为财政支出中用以支持农业发展的支出占国内生产总值比重。对于各省市人力资本（$HumanCapital$）的衡量我们采用各省市总人口中高校学生比例进行衡量。

由于本文使用面板数据对农村金融发展与农村经济增长进行研究，因此主要考虑平行数据的两类基本模型：固定效应模型与随机效应模型。当个体效应与其他解释变量相关时，对不随时间变化的不可观察的公司层的异质性，进行固定效应处理，通过减去组内平均，消去了个体特定效应后再进行估计。具体而言，对于模型：

$$y_{it} = a + x_{it}\beta + v_i + \varepsilon_{it} \quad i = 1, \cdots, n \quad t = 1, \cdots, T$$

$$\bar{y}_i = \sum_{t=1}^{T_i} y_{it}/T_i, \ \bar{x}_i = \sum_{t=1}^{T_i} x_{it}/T_i$$

$$y_{it} - \bar{y}_i = (x_{it} - \bar{x}_i)\beta + (\varepsilon_{it} - \bar{\varepsilon}_i)$$

令 $\ddot{y}_{it} = y_{it} - \bar{y}_i$，$\ddot{x} = x_{it} - \bar{x}_i$，固定效应估计量由 $\ddot{y}_{it}$ 对 $\ddot{x}_{it}$ 作回归的混合最小

二乘法估计量。如果当个体效应与其他解释变量不相关时，为了提高估计效率我们可以采用随机效应模型。至于二类模型的选择，我们采用豪斯曼（Hausman）检验进行甄别。

考虑到变量可能存在的非平稳性以及变量之间存在的长期协整关系，我们还采用马克（Mark）与苏（Sul）（2003）提出平行数据的动态最小二乘估计（Panel Data Dynamic OLS）对模型（1）和模型（2）进行估计：

（二）数据来源

本文研究所采用的变量主要有农村地区实际国内生产总值，实际资本存量，农村地区金融发展水平，贷款结构及全地区金融发展水平。数据资料的来源主要来自《中国统计年鉴》、《中国农村统计年鉴》、《中国金融年鉴》、《中国农业银行年鉴》、《新中国五十年统计资料汇编》等；时间上选取1995—2007年作为研究区间，主要是考虑到数据的可获得性和1994年以后国家开始重视农村地区金融的发展；地区上选取了全国26个省份作为研究区域，将北京、天津和上海排除在外主要是考虑到直辖市农村经济成分较少，样本的代表性不强，未考虑西藏和台湾主要是由于受到数据获得性的局限。现将变量的设计、数据来源作如下说明。

1. $\ln GDP\_rural$：农村地区国内生产总值的自然对数。一直以来，国际统计部门并未对农村地区国内生产总值的数据进行精确统计和公布，本文采用了熊启泉（1999）关于农村国内生产总值的估算方法对26个省份1995—2007年的农村国内生产总值的数据进行估算。其中农林牧渔产业增加值和乡镇企业增加值的数据来源于《中国农村统计年鉴》，农村居民纯收入数据来源于《中国统计年鉴》。为消除价格水平的变化对分析结果的影响，本文采用国家统计局公布的农村居民消费物价指数对名义农村国内生产总值数据进行调整而得到实际农村国内生产总值。

2. $\ln K\_rural$：实际资本的自然对数。本文根据中国经济发展分地区电子数据库中对各省市资本存量的估计方法，利用农村地区固定资产投资数据进行估算，其数据来源于历年的《中国统计年鉴》、《中国农村固定资产投资年鉴》；为消除价格变动对分析结果的影响，本文采用经国家统计局公布的农村居民消费物价指数对农村地区资本进行调整。

3. $\ln L\_rural$：农村就业人员的自然对数。具体数据来自《中国统计年鉴》。

4. *FD_* 1：农村地区金融发展水平，用农村地区新获得贷款比国内生产总值的比值来衡量。金融发展水平在很大程度上可以从信用扩张的水平得到体现。对于农村而言，信贷资产是农村金融机构的主要资产，信贷扩张的水平代表着农村地区信用扩张水平，即农村金融发展水平。本文采用农村地区新获得贷款与名义国内生产总值的比值，也就是虚拟经济与实体经济的相对规模，来衡量农村地区地区信用扩张水平。农村地区贷款主要由农村信用合作社、农业银行的农户贷款、乡镇企业贷款及农业发展银行的农业贷款组成，其中农村信用合作社又占据着重要的位置。农信社贷款的数据来源于《中国金融年鉴》，农业银行的农户贷款和乡镇企业贷款的数据来自《中国农业银行年鉴》，农业发展银行的贷款数据来源于《中国农业发展银行年鉴》。由于该变量的获得是两个名义变量的比值，价格因素不会影响该变量的数值，故不再进行相关调整。

5. *FD_* 2：贷款结构，用农村地区新增贷款占全地区新增贷款的比重。贷款结构反映的是流向农村地区的信贷资源的比例，是衡量我国金融二元结构的重要指标。全地区分为农村和城市，在统计数据上反映为地区（省）的信贷余额，其数据来源于《中国金融统计年鉴》的分省信贷数据。

6. *FD_* 3：全地区的金融发展水平，用全地区新增贷款与国内生产总值的比值衡量。与贷款结构的指标设计和数据来源类似，贷款和国内生产总值均为农村和城市的数据，数据分别来源与《中国金融年鉴》和《中国统计年鉴》。

7. *FDI*：实际利用外商投资总额占国内生产总值比重。具体数据来自历年《中国统计年鉴》。

8. *Oepnness*：进出口总额占国内生产总值比重，具体数据来自历年《中国统计年鉴》。

9. *FisAgr*：财政支出中用以支持农业发展的支出占国内生产总值比重。具体数据来自历年《中国统计年鉴》。

10. *HumanCapital* 为各省市总人口中高校学生比例。具体数据来自历年《中国统计年鉴》。

（三）实证结果及分析

表1报告了对基本模型和扩展模型的固定效应模型和随机效应模型估计结果。豪斯曼（Hausman）检验结果说明对于基本模型，我们应该选取随机效应模型分析，而对于扩展模型我们应该采用固定效应模型进行分

析。可能原因在于引入新的控制变量后随机扰动项不满足与解释变量不相关的条件。文中没有报告时间效应系数。

表1　　　　　　　　农村金融发展与农村经济增长的固定
效应与随机效应模型结果

	固定效应模型	随机效应模型	固定效应模型	随机效应模型
ln（K/L）	0.771	0.768	0.748	0.740
	(26.75)***	(27.31)***	(26.72)***	(26.95)***
FD_1	−0.342	−0.338	−0.373	−0.363
	(−3.87)***	(−3.85)***	(−4.96)***	(−4.81)***
FD_2	0.616	0.605	0.519	0.517
	(2.69)***	(2.67)***	(2.56)**	(2.55)**
FD_3	0.331	0.343	0.296	0.312
	(4.32)***	(4.51)***	(4.42)***	(4.67)***
share_rural	1.434	1.420	1.380	1.363
	(12.60)***	(12.56)***	(14.21)***	(13.99)***
FDI			0.040	0.040
			(5.63)***	(5.65)***
Oepnness			−0.001	−0.001
			(0.78)	(0.78)
FisAgr			−0.148	−0.148
			(−6.14)***	(−6.15)***
HumanCapital			0.093	0.089
			(2.62)***	(2.57)**
时间效应	Yes	Yes	Yes	Yes
Observations	338	338	338	338
Number of provinces	26	26	26	26
Hausman 检验	3.13		198.82***	
R-squared	0.75	0.75	0.80	0.80

注：*** 表示在1%显著性水平上显著；** 表示在5%显著性水平上显著；* 表示在10%显著性水平上显著。

　　无论采用随机效应还是固定效应模型，表1结果均说明以农村贷款总额占国内生产总值比重衡量的农村金融发展与农村经济增长之间存在显著的负相关关系。这一发现与龙海明与柳沙玲（2008）与温涛等（2005）研究结果相似。龙海明与柳沙玲（2008）认为这一结果反映了农村经济发展滞后。因此农村正规金融运行成本较高，农村经济维持农村正规金融机构运行的收益不足以弥补耗费的成本。同时这一结果也可能反映出由于强调金融中介在有效地分散风险方面的功能（见 Diamond 与 Dybvig，1983；Greenwood 与 Jovanovic，1990；Devereux 与 Smith，1991；Saint-Paul，1992），因此在设定特定效用函数形式的条件下，金融中介的发展将导致储蓄率的下降，进而可能产生不利于经济增长的结果。农村金融发展的绝对水平上升在某种程度上可能加速农村资金向城市的转移，因此对农村经济经济增长产生不利影响。

　　龙海明、柳沙玲（2008）与温涛等（2005）的研究结果略有不同的是，表 1 结果说明农村金融在整体金融中的地位以及我国整体金融发展水平的提高有利于农村经济增长。这一结果与我国当前大力发展农村金融机构的发展战略是相吻合的。同时强调对于农村经济增长更加关键的因素在于提高农村金融在我国整体金融中的地位。

表 2　　农村金融发展与农村经济增长的平行数据 DOLS 估计结果

	基本模型的 DOLS 估计	扩展模型的 DOLS 估计
ln（K/L）	0.445	0.486
	(8.30)***	(8.85)***
FD_1	−0.564	−0.631
	(−5.93)***	(−6.57)***
FD_2	1.060	1.112
	(3.59)***	(3.73)***
FD_3	0.373	0.439
	(4.59)***	(5.30)***
share_rural	1.055	1.058
	(8.45)***	(8.78)***
FDI		−0.001
		(−1.08)

续表

	基本模型的 DOLS 估计	扩展模型的 DOLS 估计
Oepnness		0.009
		(1.02)
FisAgr		−0.009
		(−0.22)
HumanCapital		0.105
		(2.72)***
时间效应	Yes	Yes
Δ 解释变量的一阶滞后项和提前项	Yes	Yes
Observations	260	260
Number of provinces	26	26
R-squared	0.74	0.77

注：***表示在1%显著性水平上显著；**表示在5%显著性水平上显著；*表示在10%显著性水平上显著。

　　表2报告了对农村金融发展与农村经济增长的平行数据进行 DOLS 估计的结果。有关农村金融发展与农村经济增长之间作用的发现与表1相似，反映前述结果具有一定的稳健性。同时结合表1与表2，本文研究还强调了人力资本在促进农村经济增长中的作用。

　　为了进一步探讨农村金融发展与农村经济增长之间关系的地区间差异，在表2的基础上，我们将样本按照东部和中西部地区进行划分。表3报告了对二者关系的 DOLS 分析结果。

表3　　　　东部与中西部农村金融发展与农村经济
增长的平行数据 DOLS 估计结果

	东部地区	中西部地区
ln（K/L）	0.345	0.377
	(2.06)*	(3.55)***
FD_1	0.458	−0.566
	(0.84)	(−5.10)***

续表

	东部地区	中西部地区
FD_1	−1.513	0.954
	(1.22)	(3.25)***
FD_1	0.113	0.336
	(0.51)	(2.48)**
share_rural	1.761	1.110
	(5.22)***	(6.50)***
FDI	0.000	−0.064
	(0.31)	(2.01)*
Openness	−0.020	0.077
	(1.27)	(2.42)**
FisAgr	0.415	−0.068
	(3.14)**	(0.97)
HumanCapital	0.308	0.039
	(1.86)*	(0.63)
时间效应	Yes	Yes
Δ解释变量的一阶滞后项和提前项	Yes	Yes
Observations	90	170
Number of provinces	9	17
R-squared	0.80	0.69

注：***表示在1%显著性水平上显著；**表示在5%显著性水平上显著；*表示在10%显著性水平上显著。

地区分析结果说明金融发展变量对农村经济增长的作用主要体现在中西部地区。在东部地区政府财政对农业的投入以及人力资本对农村经济增长具有显著的正向作用。表3分析强调了农村金融机构的发展以及整体金融发展对于促进中西部地区农村经济增长的重要作用。

四　结论及政策建议

结合实证研究，本部分主要讨论如何强化农村金融在整体金融中的地位和作用。笔者认为，基于农村经济和金融发展的现状，可选择以供给引导为主、需求导向为辅的金融深化路径，增加农村金融的供给总量，优化金融供给的结构，构建农村信贷市场的风险分担机制，积极引入农村金融市场竞争机制，逐步放松市场发展方面的一些限制，建立以需求为导向的农村金融供给体系。

（一）明确农村金融机构的定位，拓展服务范围，提高服务质量

1. 要建立以农村信用社为基础的农村金融服务体系。农村信用社是由地方农民和企业参与组建的金融机构，与国有商业银行和股份制银行相比，在经营管理决策方面更具灵活性，且有优越的本土社区群众基础，掌握丰富的信息资源，使其在产品设计和业务操作方面更能适应农村当地的实际需要。因此，要进一步深化农村信用社改革，实现机制体制的更新，完善法人治理结构，培育市场竞争力，发挥自身优势增强服务功能，为支持农村经济发展作出更大贡献。

2. 要进一步发挥农业发展银行支持农业发展的政策性功能。首先是拓展政策性支农业务范围。对于商业化不充分的涉农业务，可尽量纳入农发行的业务范围，以真正发挥其政策性金融的作用，并根据不同时期和区域对信贷资金的需求，动态调整重点支持领域。其次是承担政策性担保和资金批发业务。可与有关各方协商建立支农贷款保险或担保基金等方式，充分发挥农业发展银行广泛的分支机构和政策性金融机构的优势，为涉农信贷及高科技农业项目投资提供担保，并为农村中小金融机构提供资金批发支持。

3. 要充分利用中国邮政储蓄银行的网点和资金优势，加大对小额贷款的推广力度。一直以来，邮政储蓄银行具有较强的网点和资金的优势，适宜从事零售银行的业务，具体可以从小额贷款入手。一是积极推广小额质押贷款。该种产品风险水平低，比较适合创业之初的邮政储蓄银行，不仅有利于邮政储蓄银行的正确定位，还能树立积极投身新农村建设的正面形象。二是充分发挥网点优势，重点拓展小额信贷业务。小额信贷运营成本较高但风险低，除农户联保贷款和农户信用贷款外，也为从事农村运输、种植、养殖、加工专业户和流通小企业贷款。三是适当拓展中间及其他信贷业务，如代收代付、个人理财，代理各类保险理财产品等。

4. 要继续利用农业银行的资金和技术优势，加大对新产品的研发投入和农村地区的网点建设的力度。一是以"惠农卡"作为联系农村、农民和农业

的纽带，进一步加大惠农卡的宣传和推广应用的力度。二是大力增加县域特别是乡镇的营业网点。农业银行应该均衡发展农村和城镇的业务，大力增加农村地区的网点数量，增加农村金融供给的总量。

（二）逐步放宽农村金融发展的限制，积极引进民间资本，大力发展中小型乃至微型金融机构

1. 推动农村金融的市场化进程，放宽农村地区贷款利率限制，扩大利率浮动空间，使利率能够较为充分地反映信贷业务的成本与风险，让从事相关服务的各类金融机构有利可图，提高其进入三农金融服务领域的积极性，从而实现农村金融发展的可持续性。

2. 要适应农村金融需求的特点，充分利用民间资本，发展区域性小型金融机构。广东省民间资本存量较大，在部分国有资金的带动下，引导民间资本流向小型金融机构的建设上来，近期可以加快如小额贷款公司、村镇银行等机构的发展。对具有一定规模且规范化发展的民间金融组织，可以在保证股东利益，控制金融风险的条件下尝试规范为民营银行，并根据需求适时探索直接农村民间金融形式。

3. 适应农村合作化需要，适当增强合作金融在农村金融发展中的作用。长期以来，我国对民间资本进入农村金融市场一直实行严格的准入限制，更缺少实际意义上合作金融组织。破解农村金融困局重要一环就是培育发展真正的农村合作金融，具体来说，可以建立农民资金互助合作社，通过农民资金互助，实现农民自我资金余缺调节机制和微小资金的自助联合，同时改制现有条件成熟的农村信用社，将其转变为农村合作银行。

4. 进一步尽快实现民间借贷合法化。农村民间借贷满足了部分农户和农业企业小额生活、生产性借贷需求，具有特殊的补充作用。目前由于民间借贷没有合法化，得不到法律的保护，很多借贷活动潜藏于地下途径，容易引发各种问题。因此，有必要尽快制定和颁布《放贷人条例》，让民间借贷走向合法化、阳光化，以利于引导和规管，使其能够对农村金融发挥健康正面的补充作用。

（三）结合农村金融需求的特点，加大对信贷产品创新力度，增加切合农村经济主体需求的信贷产品

长期以来，农村金融的发展模式只是简单地将现有金融制度移植到农村地区，并没有根据农村经济发展的需求开发适宜的农村金融产品。为适应目前农村地区潜在客户群的实际情况，应该在信贷产品方面加大创新的力度。一是开发更多小额零售产品，如小额信用贷款、惠农卡等资金循环使用产品。二是优化信贷期限结构，改变农业信贷期限结构短期化的现象，相应增加中长期经营贷款。三是发展信用贷款的发放方式，改变动辄必须抵押的现象。针对农户及涉农企业有效抵押品不足的矛盾，要积极创新信贷投放方式，可采取信用担保、贷款保险及相应制度分散信贷风险。四是适度发展农村非银行金融机构，根据需要启动并适度创新保险、信托、租赁、信用担保、资本运营、外汇等服务，大力拓展农村金融市场。

（四）采取商业与政策性相结合的模式，构建农村信贷市场的风险分担机制

在现阶段经济发展的情况，应该采取商业与政策性相结合的模式，积极构建农村信贷市场的风险分担机制。一是构建多元化的信用担保体系，以政策性担保为主体，互助性担保为辅助，商业性担保积极参与。政策性信用担保分支机构只设在市、县，主要定位于信用担保、信用征集管理等服务；专业信用担保基金以政府出资为主，并吸收协作银行及其他捐资与利润留存，可与财政支农资金整合组建，该类担保机构经营原则要市场化、择优扶强、保本微利，并鼓励发展由中小企业出资、只为会员提供服务的互助担保。二是构建以政策性为主体、合作性为辅助的农业保险体系。政策性农业保险宜采用委托商业保险公司经营方式，由其自愿申请，政府提供补贴并享受财税优惠；合作农业保险可以采取保险合作社、相互保险公司等形式，以县为单位，乡镇与村级具体开展损失评估、理赔等可委托代理业务。三是可成立省级农业保险联社，通过再保险机制、巨灾风险专项基金及同业分层保险等分化风险，为县级保险合作社提供再保险。

（五）积极引入新的信贷体制机制，多元化供需对接的农村金融信贷模式，真正破解农村金融难题

1. 完善和发展适应农业产业化联营化的贷款模式。农业产业化联营化在"公司＋农户"基本模式上，已衍生出"公司＋基地＋农户"、"公司＋中介组织＋农户"、"专业市场＋农户"等类型，并基于不同组织链条形成了差异化的贷款模式：有的是龙头企业将农户通过契约进行组织，由龙头企业直接贷款，购置生产资料，分发给农户加工，收回成品，由企业承担信贷资金责任；有的是龙头企业与农户是松散型关系，贷款发放给专业农户，由龙头企业承担担保责任。这类贷款模式的好处在于适应了农业生产经营方式改进的需要，解决了相关农户融资过程中的抵押担保难题，农村金融机构要在现有业务的基础上加以完善，使之更能适应这种农业生产方式发展的需要。

2. 继续探索农民合作化的互助担保贷款模式。随着农业生产经营的发展，农村地区出现了一些具有法人身份的专业合作社，并由此产生了以法人为担保主体，以借款人的预期收益为保证，为合作社成员提供担保的贷款方式。这对解决农户融资难是值得肯定的尝试。有关金融机构对此要继续勇于探索，善于总结，为增加对农村经济的有效投入开创更多渠道。

3. 学习一些发展中国家解决微小企业和贫困农户融资问题的经验，积极推进农户联保贷款等方式的试点。农户联保贷款作为一种小额信用贷款，经多个发展中国家实践证明是解决农户贷款抵押物不足的有效方式。农村地区的金融机构要以积极的态度看待该项业务，争取当地基层组织支持，进行试点推广。首先可以在经济状况接近或经营产品相同的农户之间组织联户互相担保，取得一定经验后再向其他农户扩展，在有效解决农户贷款难的同时，拓宽金融机构自己的发展空间。

（六）加快农村产权流通市场的建立，解决信贷市场抵押品不足的问题

抵押品不足是农村经济主体贷款难的重要原因。商业银行及农信社作为商业机构，利润追逐作为其经营的主要目标之一，也是其可持续发展的重要基础。在风险可控性原则的要求下，商业机构必定对信贷资产采取一定的担保措施。然而，由于农村土地属于集体所有，农民住房缺乏流通价值，从而使得农民缺乏获取信贷所需的必要担保物。为增进金融对农业产业的支持力度，应该在县域范围内加快农村产权流通市场的建设，一方面，可以考虑在县域范围内，由地方政府牵头对农村房屋及土地进行产权的认定，然后建立可供房屋和土地交易的流通市场，从而实现农民房屋及土地在县域实现流通价值。另一方面，金融机构在风险可控的前提下，有选择性的承认地方政府认定的土地和房屋所有权证明，接受其作为信贷资产的担保品。

（七）对"三农"金融服务给予财政扶持

尽快建立健全合理的支农贷款项目的财政配套机制、农业贷款的保障机

制和农村金融的利益补偿机制，对农村金融服务实施财税优惠政策，降低农村金融服务的税收负担，提高其利润水平，增强风险抵抗能力，吸引金融机构加大对"三农"投入力度。一是实施税收优惠。对于达到监管指标的服务"三农"为主的农村信用社、农村商业银行、村镇银行、贷款公司以及信用担保机构、农业保险公司等金融机构税率应优于其他金融机构，进行营业税和所得税方面的减免；对所有金融机构从事的农林牧渔业贷款、农户小额贷款、种养业保险等业务给予减税优惠。二是加大对农业贷款贴息的力度。扩大从事贴息贷款业务的金融机构范围，同时扩展农业贴息贷款的对象，让政策支持覆盖的行业和规模更具广泛性；适当提高贴息贷款的利息优惠幅度，让优惠政策对农业的发展起到实质性的支持作用；适当延长贴息贷款的期限，提高贴息贷款的额度，增强农业贴息贷款的实际效用。三是对金融机构"三农"贷款的坏账处置实行简化手续。可订立适当的单笔核销额度标准，让金融机构自主核销处理，事后向财政部门备案；财政部门只对核销金额进行年度总量控制。四是建立适当的农村金融业务风险补偿机制。由政府部门出资建立风险补偿基金，或每年从政府财政收入拿出一定比例，对各类农村金融机构的涉农业务损失给予一定程度补贴，或直接对规定范围内的涉农业务金额按照一定比例给予补贴，以鼓励金融机构更好地服务"三农"。

参考文献

1. Arestis, P. and Demetriades, P. , O. , "Finance and Growth: Institution considerations and Causality". Paper presented at the Royal Economic Society Annual Conference, Swanseu University, 1996, APR No. Il.

2. Barro, R. J. , "Economic Growth in a Cross Section of Countries", *Quarterly Journal of Economics*, 1991, Vol. 100, pp. 407 – 443.

3. Bencivenga, V. R. , and B. D. Smith, "Financial Intermediation and Endogenous Growth", *Review of Economics Studies*, 1991, Vol. 58, pp. 195 – 209.

4. Bencivenga Valerie R. , Smith, Bruce, D. , "Financial Intermediation and Endogenous Growth". *Review of Economic Studies*, APRIl 1991, Vol. 58 (2), pp. 195 – 209.

5. Berthélemy, J. , C. A. Varoudakis, "Thresholds in Financial Development and Economic Growth", The Manchester School, Supplement, 1995, 63, pp. 70 – 84.

6. Boyd, John H. and Prescott, Edward, C. "Financial Intermediary-Coalitions," *Journal of Economic Theory*, April 1986, Vol. 38 (2), pp. 211 – 232.

7. Boyd, John H. and Smith, Bruce, D. , "Interemediation and the Equilibrium Allocation of

Investment Capital: Implication for Economic Development", *Journal of Monetary Economics*, Vol. 30 (3, December), pp. 409 – 432.

8. Boyd, John H. and Smith, Bruce, D. "The Evolution of Debt and Equity Markets in Economic Development," *Economic Theory*, 1998, Vol. 12 (3), pp. 519 – 560.

9. Chandavarkar, Anand, "On finance and development: Neglected and unsettled questions", *World Development*, 20 (1).

10. Demetriades, P. O. and Hussain, K. A., "Does Financial Development Cause Economic Growth? Time Series Evidence from 16 Countries". *Journal of Development Economics*, 1996, Vol. 51 (3), pp. 313 – 328.

11. Demetriades, Panicos O., Kul B. Luintel, "Financial Restraints in the South Korean Miracle", *Journal of Development Economics*, 2001, Vol. 64, pp. 459 – 479.

12. Devereux, Michael B. and Smith, Gregor W. "International Risk Sharing and Economic Growth." *International Economic Review*, August 1994, Vol. 35 (4), pp. 535 – 535.

13. Diamond, P. A., James Mirrlees, "Optimal Taxation and Public Production I: Production Efficiency", *American Economic Review*, March 1971, Vol. 61, pp. 8 – 27.

14. Diamond, Douglas W., "Financial Intermediation and Delegated Monitoring", *Review of Economic Studies*, July 1984, Vol. 51 (3), pp. 393 – 414.

15. Diamond, D. W. and P. H. Dybvig, "Banking Runs, Deposit Insurance, and Liquidity", *Journal of Political Economy*, 1983, Vol. 91, pp. 401 – 419.

16. Díaz-Alejandro, Carlos F., "Good-bye Financial Repression, Hello Financial Crash", *Journal of Development Economics*, 1985, Vol. 19, pp. 1 – 24.

17. Dornbusch, Rudiger and Alejandro Reynoso, "Financial Factors in Economics Development", Perspectives on Economic Devolopment, *American Economic Review*, 1990, Vol. 79 No. 2.

18. Giovannini, de Melo, "Government Revenue from Financial Repression", *American Economic Review*, September 1993, Vol. 83, No. 4.

19. Goldsmith, R. W., Financial Structure and Development (Yale University Press, New Haven, CT), 1969.

20. Greenwood, J. and B. Jovanovic, "Financial Development, Growth, and the Distribution of Income", *Journal of Political Economy*, 1990, Vol. 98, pp. 1076 – 1107.

21. Greenwood, J. and Brune D. Smith, "Financial Market in Development and the Development of Financial Markets", *Journal of Economic Dynamics and Control*, 1997, Vol. 21 (1, January), pp. 145 – 181.

22. Jappelli, T. and Pagano, M., "Saving, growth and liquidity constraints", Discussion Paper No. 662 (CEPR, London).

23. Johansen, S. , "Statistical analysis of Co-integration Vectors" . *Journal of Economic Dynamics and Control*, 1988, Vol. 12, pp. 231 – 254.

24. Johansen, S. , "Estimation and Hypothesis Testing of Cointegration Vectors in Gaussian Vector Autoregression Models" . *Econometrica*, 1991, Vol. 59, pp. 551 – 580.

25. Johansen, S. , Juselius, K. , "Some Structure Hypothesis in a Multivariate Cointegration Analysis of Purchasing Power Parity and Uncover Interest Parity for UK" . *Journal of Econometrics*, 1992, Vol. 53, pp. 211 – 244.

26. Jose De Gregorio, "Economic growth in Latin America", *Journal of Development Economics*, 1992, Vol. 37, pp. 59 – 84.

27. Jose De Gregorio, Pablo E. Guidotti, "Financial development and economic growth", *World Development*, 1995, Vol. 23, No. 3, pp. 433 – 448.

28. King Robert G. and Ross Levine, "Finance And Growth: Schumpeter Might Be Right", *Quarterly Journal of Economics*, 1993a, Vol. 108, pp. 717 – 795.

29. King Robert G. and Ross Levine, "Finance, Entrepreneurship, and Growth: Theory and Evidence," *Journal of Monetary Economics*, December 1993b, Vol. 32 (3), pp. 513 – 542.

30. Kuznets, Simon, 1955. "Economic Growth and Income Inequality. " *American Economic Review 45* (1), 1 – 28.

31. La Porta, Rafael; Lopez-de-Silanes, Florencio; and Shleifer, Andrei. "Government Ownership of Commercial Banks", *Journal of Finance, forthcoming*, March 2001.

32. La Porta, Rafael; Lopez-de-Silanes, Florencio; Shleifer, Andrei; and Vishny, Robert W. "Investor Protection and Corporate Governance," *Journal of Financial Economics*, 2000, Vol. 58 (1 – 2), pp. 3 – 32.

33. La Porta, Rafael; Lopez-de-Silanes, Florencio; Shleifer, Andrei; and Vishny, Robert W. "The Quality of Government," *Journal of Law, Economics, and Organization*, 1999, Vol. 15 (1), pp. 222 – 279.

34. La Porta, Rafael; Lopez-de-Silanes, Florencio; Shleifer, Andrei; and Vishny, Robert W. "Law and Finance," *Journal of Political Economy*, 1998, Vol. 106 (6), pp. 1113 – 1155.

35. La Porta, Rafael; Lopez-de-Silanes, Florencio; Shleifer, Andrei; and Vishny, Robert W. "Legal Determinants of External Finance," *Journal of Finance*, July 1997, Vol. 52 (3), pp. 1131 – 1150.

36. Levine, Ross. "Financial Development and Economic Growth: Views and Agenda," *Journal of Economic Literature*, June 1997, XXXV, pp. 688 – 726.

37. Levine, Ross. "The Legal Environment, Banks, and Long-Run Economic Growth," *Journal of Money, Credit, and Banking*, August 1998.

38. Levine, Ross. "Law, Finance, and Economic Growth", *Journal of Financial Intermedi-*

ation, 1999, Vol. 8 (1/2), pp. 36 – 67.

39. Levine, Ross. "Napoleon, Bourses, and Growth: With a Focus on Latin America," in Market Augmenting Government, Eds. Omar Azfar and Charles Cadwell. Washington, D. C. : I-RIS, 2000a. .

40. Levine, Ross. "Bank-Based or Market-Based Financial Systems: Which is Better?" Carlson School of Management (University of Minnesota), mimeo 2000b.

41. Levine, Ross; Loayza, Norman; Beck, Thorsten. "Financial Intermediation and Growth: Causality and Causes," *Journal of Monetary Economics*, 2000, Vol. 46, pp. 31 – 77.

42. Levine, Ross and David Renelt, "A sensitivity analysis of cross-country growth regressions", *The American Economic Review*, Sep. 1992, Vol. 82, No . 4.

43. Lucas, R. E. Jr. , "On the Mechanics of Economic Development", *Journal of Monetary Economics*. 1988 (July), Vol. 22 (1), pp. 3 – 42.

44. Luintel, B. K. , Khan, M. , 1999. "A quantitative re-assessment of the finance-growth nexus: evidence from a multivariate VAR" . *Journal of Development Economics* 60, pp. 381 – 405.

45. Mark Gertler and Simon Gilchrist, "The cyclical behavior of short-term business lending", *European Economics Review*, 1993, Vol. 37, pp. 623 – 631.

46. Mckinnon, R. I. , "Money and Capital in Economic Development", Washington DC: The Brookings Institution, 1973.

47. Pagano, M. , "Financial Market and Growth: An Overview", *European Economic Review*, 1993, Vol. 37, pp. 613 – 622.

48. Patrick, Hugh T. , "Financial Development and Economic Growth in Underdevelopment Countries", Economic Development and Cultural Change, 1966, 14 (2, January), pp. 174 – 189.

49. Robinson, Joan, "The Generalization of the General theory", in The rate of Interest, and other Essays. London: Macmillan, 1952, pp. 67 – 142.

50. Roubini, N. and X. Sala-i-Martin, "Financial Repression and Economic Growth", *Journal of Development Economics*, 1992, Vol. 39, pp. 5 – 30.

51. Rousseau, P. L. and Sylla, R. , "Emerging Financial Markets and Early U. S. Growth", working paper 7448, http: //www. nber. org/papers/w7448.

52. Rousseau, Peter L. and Wachtel, Paul. "Financial Intermediation and Economic Performance: Historical Evidence from Five Industrial Countries" . *Journal of Money, Credit, and Banking*, 1998, Vol. 30 (4), pp. 657 – 678.

53. Rousseau, Peter L. and Wachtel, Paul. "Equity Markets and Growth: Cross-Country Evidence on Timing and Outcomes, 1980—1995", *Journal of Business and Finance*, 2000, Vol. 24.

54. Saint-Paul, G., " Technological change, Financial markets and Economic Developments", *European Economic Review*, 36, pp. 763 – 781.

55. Stiglitz, Joseph E. and Andrew Weiss, "Credit Rationing in Markets with Imperfect Information", *American Economic Review*, 1981, Vol. 71 (3, June), pp. 393 – 410.

56. Stiglitz, Joseph E. "Credit Markets and the Control of Capital," *Journal of Money, Credit and Banking*, May 1985, Vol. 17 (2), pp. 133 – 152.

57. Stulz, Rene M. "Financial Structure, Corporate Finance, and Economic Growth," Ohio State University mimeo, 2000.

58. 李广众:《经济增长中金融体制作用的功能分析》,《中山大学学报》(哲学社会科学版) 2000 年第 5 期。

59. 李广众、王美今:《金融中介发展与经济增长:中国案例研究及国际比较》,《统计研究》2003 年第 1 期。

60. 李广众:《金融中介发展与经济增长:多变量 VAR 系统研究》,《管理世界》2002a 年第 3 期。

61. 李广众:《银行、股票市场与经济增长》,《经济科学》2002b 年第 2 期。

62. 李广众:《银行、股票市场与长期经济增长:中国案例分析与国际比较》,《世界经济》2002 年第 9 期。

63. 李广众:《金融发展与经济增长:中国案例研究及国际比较》,中山大学博士论文,2002 年。

64. 陆磊:《走在十字路口的农村信用社改革:一个中期评估》,《南方金融》2005 年第 10 期。

65. 罗纳德·I. 麦金农:《经济自由化的顺序——向市场经济过渡中的金融控制》,中国金融出版社 1992 年版。

66. 李喜梅、王满仓:《陕西农村金融发展与农民收入增长实证分析》,《陕西省行政学院陕西省经济管理干部学院学报》2006 年第 5 期。

67. 刘旦:《我国农村金融发展效率与农民收入增长》,《山西财经大学学报》2007 年第 1 期。

68. 罗剑朝、阚先学:《山西省农村金融对增加农民收入支持状况实证分析》,《大连理工大学学报》(社会科学版) 2008 年第 3 期。

69. 庞如超:《农村金融发展与农民收入增长关系实证研究——以河北省为例》,《华北金融》2008 年第 6 期。

70. 钱永坤、张红兵:《对江苏省农村金融和农民收入之间关系的实证分析》,《特区经济》2007 年第 1 期。

71. 邱杰和杨林:《农村金融发展与经济增长关系的实证研究》,《工业技术经济》,2009 年第 8 期。

72. 冉光和、张金鑫：《农村金融发展与农村经济增长的实证研究——以山东为例》，《农业经济问题》2008 年第 6 期。

73. 谈儒勇：《中国的金融发展与经济增长关系的实证研究》，《经济研究》1999 年第 10 期。

74. 王新华、丁涛：《当前农村金融的热点问题观察》，《农村金融研究》2008 年第 5 期。

75. 王莹、徐璋勇：《我国农村金融发展与经济增长关系的实证分析》，《内蒙古农业大学学报》（社会科学版）2008 年第 4 期。

76. 温涛、冉光和、熊德平：《中国金融发展与农民收入增长》，《经济研究》2005 年第 9 期。

77. 徐笑波、邓英淘：《中国农村金融的变革与发展：1979—1990》，当代中国出版社 1994 年版。

78. 许崇正、高希武：《农村金融对增加农民收入支持状况的实证分析》，《金融研究》2005 年第 9 期。

79. 姚耀军：《金融发展与城乡收入差距关系的经验分析》，《财经研究》2005 年第 2 期。

80. 尹宗成、丁日佳：《中国区域金融发展水平与区域经济差异的协整检验》，《广东金融学院学报》2008 年。

81. 邹擘：《湖南农村金融发展与农民收入增长关系的实证分析》，湖南大学硕士论文，2007 年。

82. 章奇、刘明兴、陶然和 Vincent ，Yiu Por Chen：《中国金融发展与城乡收入差距》，《中国金融学》2003 年第 1 期。

83. 周立、王子明：《中国各地区金融发展与经济增长实证分析：1978—2000》，《金融研究》2002 年第 10 期。

84. 张兵、朱建华、贾红刚：《我国农村金融深化的实证检验与比较研究》，《南京农业大学学报》（社会科学版）2002 年第 2 期。

85. 张元红：《农民的金融需求与农村的金融深化——以湖北汉川福星村为例》，《中国农村观察》1999 年第 1 期。

86. 赵振全和薛丰慧：《金融发展对经济增长影响的实证分析》，《金融研究》2004 年第 8 期。

87. 张立军、湛泳：《中国农村金融发展对城乡收入差距的影响——基于 1978—2004 年数据的检验》，《中央财经大学学报》2006 年第 5 期。

第九章 农村金融与碳金融

赵玉丹 李 杰

（中央财经大学中国金融发展研究院）

从 1992 年重视气候变化的《联合国气候变化框架条约》，到 1997 年具有可操作机制的《京都议定书》、2007 年的《巴厘岛路线图和时间表》，再到今天的哥本哈根会议探讨具体的《行动方案》，人类的对环境问题的共识正在深化，低碳经济已经成为世界各国社会经济发展的方向。碳金融已成为全球金融机构竞争的新领域，碳金融的发展正成为世界各国寻求经济复苏、实现可持续发展的重要战略选择。中国虽然是全球碳交易的主要供给方，但是现在处于全球碳金融产业的低端。对于中国这样的农业大国来说，关注农村碳金融的发展是中国碳金融发展的重中之重：一方面，农村碳金融的发展将在推进产业结构调整、实现我国经济结构的转型的过程中起到重要作用；另一方面，农村碳金融的发展还对平衡城乡收入水平有积极的作用。

本文从碳金融的简介入手，阐述了联合国环境与发展大会的进程以及碳金融的产生和发展。本文对联合国会议的主要成果做了概括性的描述，这些成果包括《京都议定书》、《巴厘岛路线图》，而正是这些成果制定了碳金融的制度框架。本文接着总结了与中国农村金融相关的碳金融参与者、碳金融的市场种类及交易工具及风险，概括了碳金融的发展现状。最后，本文重点分析了中国农村节能减排及通过节能减排所带来的可交易的碳配额，同时收集整理分析了中国农村利用碳金融实现低碳经济发展的经典案例。

一 碳金融简介

（一）碳金融的产生与发展

《联合国气候变化框架公约》：1992 年 6 月，联合国环境与发展大会

（也称"地球峰会"）在里约热内卢召开，在这次会议上，150 多个国家制定了《联合国气候变化框架公约》（United Nations Framework Convention on Climate Change，简称《框架公约》）。《框架公约》是世界上第一个为全面控制二氧化碳等温室气体排放，以应对全球气候变暖给人类经济和社会带来不利影响的国际公约，也是国际社会在应对全球气候变化问题上进行国际合作的一个基本框架。《框架公约》于 1994 年 3 月生效，奠定了应对气候变化国际合作的法律基础，是具有权威性、普遍性、全面性的国际框架。据统计，目前已有 192 个国家批准了《框架公约》，这些国家被称为《框架公约》的缔约方。《框架公约》的缔约方都必须定期提交专项报告，其内容必须包含该缔约方的温室气体排放信息，并说明为实施《框架公约》所执行的计划及具体措施。《框架公约》对发达国家和发展中国家规定的义务以及履行义务的程序有所区别。由于发达国家是温室气体的排放大户，所以《框架公约》要求发达国家采取具体措施限制温室气体的排放，并向发展中国家提供资金以支付他们履行公约义务所需的费用。《框架公约》建立了一个向发展中国家提供资金和技术，使其能够履行公约义务的资金机制。

《联合国气候变化框架公约》将参加国分为三类[①]：

1. 工业化国家。这些国家答应要以 1990 年的排放量为基础进行削减。承担削减排放温室气体的义务。如果不能完成削减任务，可以从其他国家购买排放指标。

2. 发达国家。这些国家不承担具体削减义务，但承担为发展中国家进行资金、技术援助的义务。

3. 发展中国家。不承担削减义务，以免影响经济发展，可以接受发达国家的资金、技术援助，但不得出卖排放指标。

《联合国气候变化框架公约》的目标是减少温室气体排放，减少人为活动对气候系统的危害，减缓气候变化，增强生态系统对气候变化的适应性，确保粮食生产和经济可持续发展。为实现上述目标，公约确立了五个基本原则：

1. "共同而区别"的原则：各缔约方应当在公平的基础上，并根据它们共同但有区别的责任和各自的能力，为人类当代和后代的利益保护气候系统。因此，发达国家缔约方应当率先对付气候变化及其不利影响。

---

① 全国人民代表大会常务委员会公报 1992 年第 6 期《联合国气候变化框架公约》。

2. 应当充分考虑到发展中国家缔约方尤其是特别易受气候变化不利影响的那些发展中国家缔约方的具体需要和特殊情况，也应当充分考虑到那些按本公约必须承担不成比例或不正常负担的缔约方特别是发展中国家缔约方的具体需要和特殊情况。

3. 各缔约方应当采取预防措施，预测、防止或尽量减少引起气候变化的原因并缓解其不利影响。当存在造成严重或不可逆转的损害的威胁时，不应当以科学上没有完全的确定性为理由推迟采取这类措施，同时考虑到应付气候变化的政策和措施应当讲求成本效益，确保以尽可能最低的费用获得全球效益。为此，这种政策和措施应当考虑到不同的社会经济情况，并且应当具有全面性，包括所有有关的温室气体源、汇和库及适应措施，并涵盖所有经济部门。应付气候变化的努力可由有关的缔约方合作进行。

4. 各缔约方有权并且应当保证可持续的发展。保护气候系统免遭人为变化的政策和措施应当适合每个缔约方的具体情况，并应当结合到国家的发展计划中去，同时考虑到经济发展对于采取措施应付气候变化是至关重要的。

5. 各缔约方应当合作促进有利的和开放的国际经济体系，这种体系将促成所有缔约方特别是发展中国家缔约方的可持续经济增长和发展，从而使它们有能力更好地应付气候变化的问题。为对付气候变化而采取的措施，包括单方面措施，不应当成为国际贸易上的任意或无理的歧视手段或者隐蔽的限制。

表 1　　　　　　　　《联合国气候变化框架公约》缔约方大会

时间	地点	主要事项
1995 年 4 月	德国柏林	会议通过了《柏林授权书》。文件同意立即开始谈判，就 2000 年后应该采取何种适当的行动来保护气候进行磋商，以期最迟于 1997 年签订一项议定书，议定书应明确规定在一定期限内发达国家所应限制和减少的温室气体排放量
1996 年 7 月	日内瓦	就"柏林授权"所涉及的"议定书"起草问题进行讨论，未获一致意见
1997 年 12 月	日本京都	签订《京都议定书》
1998 年 11 月	阿根廷布宜诺斯艾利斯	大会上，发展中国家集团分化为 3 个集团，一是环境脆弱、易受气候变化影响，自身排放量很小的小岛国联盟（AOSIS），他们自愿承担减排目标；二是期待 CDM 的国家，期望以此获取外汇收入，如墨西哥、巴西和最不发达的非洲国家；三是中国和印度，坚持目前不承诺减排义务

续表

时间	地点	主要事项
1999 年 11 月	波恩	通过了《公约》附件一所列缔约方国家信息通报编制指南、温室气体清单技术审查指南、全球气候观测系统报告编写指南，并就技术开发与转让、发展中国家及经济转型期国家的能力建设问题进行了协商
2000 年 11 月	波恩和海牙	谈判形成欧盟—美国等—发展中大国（中国、印度）的三足鼎立之势。美、日、加等少数发达国家执意推销"抵消排放"和"换取排放"方案，并试图以此代替减排；欧盟凭借其人口和能源等优越条件，强调履行京都协议，试图通过减排取得与美国的相对优势；中国和印度，坚持目前不承诺减排义务
2001 年 11 月	摩洛哥马拉喀什	通过了有关京都议定书履约问题（尤其是 CDM）的一揽子高级别政治决定，形成马拉喀什协议文件
2002 年 10 月	印度新德里	会议通过的《德里宣言》。"宣言"重申了《京都议定书》的要求，敦促工业化国家在 2012 年年底以前把温室气体的排放量在 1990 年的基础上减少 5.2%
2003 年 12 月	意大利米兰	为了抑制气候变化，减少由此带来的经济损失，会议通过了约 20 条具有法律约束力的环保决议
2004 年 12 月	阿根廷布宜诺斯艾利	来自 150 多个国家和地区的政府、政府间组织、非政府组织的与会代表围绕《联合国气候变化框架公约》生效 10 周年来取得的成就和未来面临的挑战、气候变化带来的影响、温室气体减排政策以及在公约框架下的技术转让、资金机制、能力建设等重要问题进行了讨论
2005 年 11 月	加拿大蒙特利尔	启动《京都议定书》新二阶段温室气体减排谈判，以进一步推动和强化各国的共同行动，切实遏制全球气候变暖的势头
2006 年 12 月	肯尼亚内罗毕	这次大会取得了两项重要成果：一是达成包括"内罗毕工作计划"在内的几十项决定，以帮助发展中国家提高应对气候变化的能力；二是在管理"适应基金"的问题上取得一致，基金将用于支持发展中国家具体的适应气候变化活动
2007 年 12 月	印度尼西亚巴厘岛	会议着重讨论"后京都"问题，即《京都议定书》第一承诺期在 2012 年到期后如何进一步降低温室气体的排放。联合国气候变化大会通过了"巴厘岛路线图"，启动了加强《公约》和《京都议定书》全面实施的谈判进程，致力于在 2009 年年底前完成《京都议定书》第一承诺期 2012 年到期后全球应对气候变化新安排的谈判并签署有关协议

续表

时间	地点	主要事项
2008 年 12 月	波兰波兹南	讨论共同实现到 2050 年将全球温室气体排放量减少至少一半的长期目标，并通过这一目标
2009 年 12 月	丹麦哥本哈根	哥本哈根气候变化会议达成了不具法律约束力的《哥本哈根协议》。该协议维护了《联合国气候变化框架公约》及其《京都议定书》确立的"共同但有区别的责任"原则，就发达国家实行强制减排和发展中国家采取自主减缓行动作出了安排，并就全球长期目标、资金和技术支持、透明度等焦点问题达成广泛共识

资料来源：新华网资料（http：//news.xinhuanet.com/ziliao），由作者整理补充。

《京都议定书》：1997 年 12 月，《联合国气候变化框架公约》第三次缔约方大会在日本京都召开。149 个国家和地区的代表通过了旨在限制发达国家温室气体排放量以抑制全球变暖的《京都议定书》。2007 年 12 月，澳大利亚签署《京都议定书》，至此世界主要工业发达国家中只有美国没有签署《京都议定书》。2005 年 2 月 16 日，《京都议定书》正式生效。这是人类历史上首次以法规的形式限制温室气体排放。

为了促进各国完成温室气体减排目标，《京都议定书》允许采取以下四种减排方式：

1. 两个发达国家之间可以进行排放额度买卖的"排放权交易"，即难以完成削减任务的国家，可以花钱从超额完成任务的国家买进超出的额度。

2. 以"净排放量"计算温室气体排放量，即从本国实际排放量中扣除森林所吸收的二氧化碳的数量。

3. 可以采用绿色开发机制，促使发达国家和发展中国家共同减排温室气体。

4. 可以采用"集团方式"，即欧盟内部的许多国家可视为一个整体，采取有的国家削减、有的国家增加的方法，在总体上完成减排任务。

《京都议定书》引入了三个基于市场的合作机制，即 IET（International Emission Trading，国际排放贸易）、JI（Joint Implementation，联合履行机制）和 CDM（Clean Development Mechanism，清洁发展机制）。

国际排放贸易机制（IET）：指一个发达国家，将其超额完成减排义务的指标，以贸易的方式转让给另外一个未能完成减排义务的发达国家，并同时从转让方的允许排放限额上扣减相应的转让额度。

联合履行（JI）指发达国家之间通过项目级的合作，其所实现的减排单位可以转让给另一发达国家缔约方，但是同时必须在转让方的"分配数量"配额上扣减相应的额度。

清洁发展机制（CDM）针对附件一国家（发达国家）与非附件一国家之间在清洁发展机制登记处的减排单位转让。旨为使非附件一国家在可持续发展的前提下进行减排，并从中获益；同时协助附件一国家透过清洁发展机制项目活动获得经核证的减排量（CERs）（专用于清洁发展机制），以降低履行联合国气候变化框架公约承诺的成本。清洁发展机制在发达国家和发展中国家中实现双赢，对发达国家来说，通过清洁发展机制可以远低于其国内所需的成本兑现《京都议定书》规定的减排指标，节省大量的资金；同时，对于发展中国家而言，通过清洁发展机制项目可以获得节能减排所需要的资金支持和先进技术，有利于发展中国家的经济发展与环境保护，实现可持续发展。

表2 附件一国家

澳大利亚	奥地利	比利时	保加利亚*	加拿大	克罗地亚*
捷克共和国*	丹麦	爱沙尼亚*	欧洲共同体	芬兰	法国
德国	希腊	匈牙利*	冰岛	爱尔兰	意大利
日本	拉脱维亚*	列支敦士登	立陶宛*	卢森堡	摩纳哥
荷兰	新西兰	挪威	波兰	葡萄牙	罗马尼亚*
俄罗斯联邦*	斯洛伐克*	斯洛文尼亚*	西班牙	瑞典	瑞士
乌克兰*	大不列颠及北爱尔兰联合王国	美利坚合众国			

注：*是正在向市场经济过渡的国家。

资料来源：中国海洋信息网（http://www.coi.gov.cn）。

《京都议定书》所列出的这三种市场机制，使温室气体减排量成为可以交易的无形商品，基于温室气体减排而产生的信用即为碳排放减少信用，简称"碳信用"，随着"碳信用"的产生，碳市场和碳交易开始发展。自《京都议定书》生效以来，碳交易规模显著增长，碳市场发展成为全球最具发展潜力的商品交易市场。同时，与碳交易相关的贷款、投资、保险等金融活动相应出现，"碳金融"由此产生。

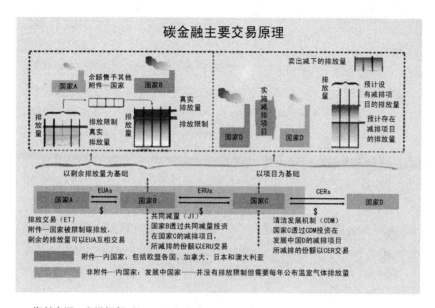

资料来源：和讯银行（http://bank.hexun.com/）。

《巴厘岛路线图》：2007 年 12 月联合国气候变化大会在印尼巴厘岛召开，来自《联合国气候变化框架公约》（以下简称《公约》）的 192 个缔约方以及《京都议定书》176 个缔约方的代表参加了此次大会。会议决定在 2009 年前就应对气候变化问题新的安排举行谈判，达成一份新协议。新协议将在《京都议定书》第一期承诺 2012 年到期后生效。欧盟原本希望会议提出具体减排目标，即发达国家 2020 年前将温室气体排放量相对于 1990 年排放量减少 25%—40%。美国、加拿大、日本等国反对这一目标。为了达成妥协，最后删除了具体目标的表述，只是明确了"解决气候变化的急迫性"。会议最终通过了"巴厘岛路线图"。

"巴厘岛路线图"为《京都议定书》之后的下一步气候变化谈判设定了原则内容和时间表：

1. 强调了国际合作。"巴厘岛路线图"在第一项的第一款指出，依照《公约》原则，特别是"共同但有区别的责任"原则，考虑社会、经济条件以及其他相关因素，与会各方同意长期合作共同行动，行动包括一个关于减排温室气体的全球长期目标，以实现《公约》的最终目标。

2. 把美国纳入进来。由于拒绝签署《京都议定书》，美国如何履行发达国家应尽义务一直存在疑问。"巴厘岛路线图"明确规定，《公约》的所有发达国家缔约方都要履行可测量、可报告、可核实的温室气体减排责任，这把美国纳入其中。

3. 除减缓气候变化问题外，还强调了另外三个在以前国际谈判中曾不同程度受到忽视的问题：适应气候变化问题、技术开发和转让问题以及资金问题。这三个问题是广大发展中国家在应对气候变化过程中极为关心的问题。

4. 为下一步落实《公约》设定了时间表。"巴厘岛路线图"要求有关的特别工作组在 2009 年完成工作，并向《公约》第十五次缔约方会议递交工作报告，这与《京都议定书》第二承诺期的完成谈判时间一致，实现了"双轨"并进。

5. 中国为绘成"巴厘岛路线图"作出了自己的贡献。中国把环境保护作为一项基本国策，根据《公约》的规定，结合中国经济社会发展规划和可持续发展战略，制定并公布了《中国应对气候变化国家方案》，成立了国家应对气候变化领导小组，颁布了一系列法律法规。

获得通过的"巴厘岛路线图"确定了今后加强落实《公约》的领域，为进一步落实《公约》指明了方向。它首次将美国纳入到旨在减缓全球变暖的未来新协议的谈判进程之中，要求所有发达国家都必须履行可测量、可报告、可核实的温室气体减排责任，这是一个可喜的进步。

哥本哈根会议：2009 年 12 月在丹麦首都哥本哈根召开的世界气候大会全称是《联合国气候变化框架公约》第 15 次缔约方会议暨《京都议定书》第 5 次缔约方会议，这一会议也被称为哥本哈根联合国气候变化大会。会议签署了《哥本哈根协议》。虽然《哥本哈根协议》为无约束力协议，但是这是商讨《京都议定书》一期承诺到期后的后续方案，就未来应对气候变化的全球行动签署新的协议。主要有以下几点内容：

1. 维护了《联合国气候变化框架公约》和《京都议定书》确立的"共同但有区别的责任"原则，坚持了"巴厘岛路线图"的授权，坚持并维护了《公约》和《京都议定书》"双轨制"的谈判进程。

2. 在"共同但有区别的责任"原则下，最大范围地将各国纳入了应对气候变化的合作行动，在发达国家实行强制减排和发展中国家采取自主减缓行动方面迈出了新的步伐。

3. 在发达国家提供应对气候变化的资金和技术支持方面取得了积极的

进展。

4. 在减缓行动的测量、报告和核实方面，维护了发展中国家的权益。

5. 根据政府间气候变化专门委员会（IPCC）第四次评估报告的科学观点，提出了将全球平均温升控制在工业革命以前 2℃的长期行动目标。

《哥本哈根协议》维护了《联合国气候变化框架公约》及其《京都议定书》确立的"共同但有区别的责任"原则，就发达国家实行强制减排和发展中国家采取自主减缓行动作出了安排，并就全球长期目标、资金和技术支持、透明度等焦点问题达成广泛共识。

（二）碳金融的参与者

国际碳金融市场的参与者可以分为供给者、最终使用者和中介三大类，涉及受排放约束的企业或国家、减排项目的开发者、咨询机构以及金融机构等。

排放权的初始供给者，即主要减排项目的开发者，主要是 CDM 和 JI 项目中获得碳信用的企业。另外，还包括受《京都议定书》约束下的持有配额盈余的企业或国家企业，其盈余配额可能来源于技术升级、产出下降或过度分配。

排放权的最终使用者是那些面临排放约束的企业或国家，包括受《京都议定书》约束的发达国家，欧盟排放体制约束下的企业以及自愿交易机制的参与者等。这些最终使用者根据需要购买排放权配额或减排单位，以确保达到监管要求，避免遭到处罚。

在碳金融交易形成的过程中一直都有金融中介机构的参与，并起到了重要作用。

最终使用者对配额体系之外的减排单位的需求，推动了项目交易市场的发展，并吸引了各种企业和机构的参与。在原始排放单位市场上，项目开发者或独立或联合起来进行减排项目的开发；各种投资基金积极寻求机会，或直接投资于某个具体项目，或购买某个项目的原始排放单位；技术开发或转让者专门从事减排技术的研究，向项目开发商提供可达到减排目标的技术；金融机构通过运用结构性工具来为项目融资，或对冲项目所涉及的风险；监管者负责制定减排单位的认证标准和程序，并对所申报的项目进行审核；受监管者制定的特殊中介机构则负责项目的申报，并对项目的实际排放情况进行定期核实等。在二级市场中，金融机构（包括商业银行、资产管理者以及保险公司等）扮演着重要的角色，如促进市场流动性的提高；提供结构性产品来满足最终使用者的风险管理需要；通过对远期减排单位提供担保（信用增级）来降低最终使用者可能面临的风险，等等。

（三）碳金融市场的分类

按照交易的原生产品（温室气体排放权）的来源分，碳金融市场可以分为基于配额的市场（Allowance-based Markets）和基于项目的市场（Project-based Markets）。

基于配额的市场的交易原理为限量交易（Cap and Trade），即由管理者制定总的排放配额，并在参与者间进行分配，参与者根据自身的需要来进行排放配额的买卖。《京都议定书》设定的国际排放权交易、欧盟排放贸易体系和一些自愿交易机制均属于这类市场。

其中，基于配额市场按照交易平台的类型来分，目前比较典型的有强制性减排和自愿减排两种碳排放交易平台，欧盟排放贸易体系（EUETS）和美国芝加哥气候交易市场（CCX）分别是这两种交易平台的代表。

2005 年 1 月 1 日正式启动了欧盟排放交易体系（EUETS），是世界上第一个国际性的排放交易体系，是基于"总量控制与交易"制度，即市场内的每一成员都被设置温室气体排放量上限，某一成员可根据单位减排成本用自己的减排量额度与其他成员进行交易。它涵盖了所有欧盟成员国，一些非欧盟成员国也自愿加入，如瑞士、加拿大、新西兰、日本等也参与了这一体系。

成立于 2003 年的芝加哥气候交易所（CCX），是全球第一个也是北美地区唯一自愿性参与温室气体减排交易的平台，同时也是唯一开展二氧化碳、甲烷、氧化亚氮、氢氟碳化物、全氟化碳、六氟化硫六种温室气体减排交易的市场。交易所的会员从法律上联合承诺减少温室气体排放。芝加哥气候交易所要求会员实现减排目标即要求每位会员通过减排或购买补偿项目的减排量。

基于项目的市场的交易原理为基准交易（Baseline and Trade）。在这类交易下，低于基准排放水平的项目或碳吸收项目，在经过认证后可获得减排单位（如《京都议定书中》的 ERUs 和 CERs）。受排放配额限制的国家或企业，可以通过购买这种减排单位来调整其所面临的排放约束，这类交易主要涉及具体项目的开发（包括 CDM 和 JI 机制下的交易）。这两类市场为排放权交易提供了最基本的框架，以此为基础，相关的原生产品（碳排放权）和衍生产品交易也随之发展起来。基于项目市场又可分为初级市场和次级市场，次级市场并不产生实际的减排单位。

（四）碳金融交易工具

排放权是原生交易产品，或者称为基础交易产品。根据《京都议定书》建立的国际排放贸易市场，主要从事《京都议定书》下的分配数量单位（AAUs）及其远期和期权交易；欧盟排放交易体系主要交易体系（EU ETS）下的欧盟配额（EUAs）及其远期和期权交易；原始和二级清洁发展机制（CDM）市场交易的主要是核证减排量（CDM 机制项下的碳核定减排收入）相关产品；联合履行市场交易 ERs 相关产品；自愿市场则交易自行规定的配额和自愿减排量（Voluntary Emission Reductions，VERs）相关产品，所有这些产品，在减排量上都是相同的，都以吨二氧化碳当量为单位，但基本都还不能进行跨市场交易。

随着金融机构越来越多的介入，各种碳金融衍生产品也有了相当的发展。这些衍生工具，为碳排放权的供求双方提供了新的风险管理和套利手段。目前，主要的碳金融衍生产品包括[①]：

1. 应收碳排放权的货币化

原始清洁发展机制交易属于一种远期交易，其回报来自于项目成功后所获减排单位的转让。这意味着在此期间，对减排项目的投资或贷款缺乏流动性。为提高流动性，目前有些减排项目协议允许投资者或贷款人将其未来可能获得的减排单位进行证券化。不过，由于各国在该方面的法规都接近于空白，这种证券化还未大规模开展。

2. 碳排放权交付保证

在原始清洁发展机制交易中，由于项目成功具有一定的不确定性，这意味着投资人或借款人会面临一定的风险。在这种情况下，投资人或借款人有可能大幅压低原始项目的价格，这对促进减排项目的发展并不利，而且也可能扼杀一些有前景的盈利机会。为此，一些金融机构，包括商业银行和世界银行下属的国际金融公司（IPC），为项目最终交付的减排单位数量提供担保（信用增级）。这有助于提高项目开发者的收益，同时也降低了投资者或贷款人的风险。

---

① 引自郇志坚、李青《碳金融：原理、功能与风险》，《金融发展评论》2010 年。

3. 碳基金和碳融资便利

碳基金是碳金融市场重要的中介组织，是当前不可或缺的构成部分。碳基金承担碳市场交易主体的责任，是碳市场的主要资金来源。基金组织把中小实体的资金集中起来进行清洁发展机制项目投资大大提高了投资能力，投资方式比较规范，对风险和成本控制严格，所以交易成本也比较低。同时，基金投资具有很大的灵活性，可以集中大量的资金投入到大的清洁发展机制项目，可以开发多个中、小型的清洁发展机制项目，还可以对不同类型的清洁发展机制项目进行组合投资以降低项目风险和价格风险。此外，基金组织具有较强的项目谈判和组织能力，能够有效保证投资者利益。

碳基金成为清洁发展机制项目融资的一个主要力量。碳基金作为碳交易市场的中介，有效地连接了碳交易的双方，成为整个全球碳市场的基石。更重要的是在碳市场形成初期，碳基金项目除了它所提供的数十亿美元的直接融资外，也成了发展中国家项目融资中关键的杠杆资金，以此为信用吸引更多资金进入市场，对发起人的企业和国家实现《京都议定书》的目标都产生了不同程度的促进作用。随着碳基金的数量和规模不断扩大，其业务范围从适应性购买扩展到中介和项目开发整个价值链，对碳市场的稳定作用也越来越大。

4. 套利交易工具

如前所述，不同的碳金融市场上交易的工具有所不同，且市场存在一定的价差。由于所涉及的减排量相等，认证标准相同且同属一个配额管制体系的减排单位（如 EUAs、CERs 和减排单位 ERUs）之间的价差及其变化，无疑会产生一定的套利的空间。也正因为如此，在过去一段时间中，利用市场价差进行套利的工具有了较快的发展，包括：核证减排量和排放减量单位之间，以及核证减排量与排放减量单位之间的互换交易；基于核证减排量和排放减量单位价差的价差期权（Spread Option），等等。

5. 保险、担保

项目交易中存在许多风险，价格波动、不能按时交付以及不能通过监管部门的认证，等等，都可能给投资者或贷款人带来损失。因此需要保险或担保机构的介入，进行必要的风险分散。针对某种特定事件可能造成的损失，向项目投资人提供保险。

6. 与碳排放权挂钩的债券

在过去几年中，投资银行和商业银行开始发行与减排单位价格挂钩的结构性投资产品，其支付规模随减排单位价格波动而变化。在这些结构性投资产品中，有些挂钩的是现货价格（无交付风险），有些挂钩的是原始减排单位价格（包含交付风险），有的则与特定项目的交付量挂钩。

（五）碳金融交易的风险

作为一个新兴起的市场，国际碳金融交易存在诸多缺陷，其运行面临着诸多风险。各国在减排目标、监管体系以及市场建设方面的差异，导致了市场分割、政策风险以及高昂交易成本的产生[①]。

1. 政策、制度和政治风险

碳排放作为典型的负效用产品，其市场完全依赖于法律的强制实施来保证有效运行。任何相关的政策和制度变化，以及影响政策和制度潜在的间接因素都会对市场产生至关重要的影响。

政策风险。国际公约的延续性问题产生了市场未来发展的最大不确定性。《京都议定书》在 2008 年正式实施能在一定程度上改善国际碳金融市场高度分割的现状，但是，《京都议定书》的实施期仅涵盖 2008—2012 年，各国对其有关规定仍存有广泛争议。哥本哈根会议未取得有效的法律协议，目前所制定的各项制度，尤其是清洁减排机制面临较大的改革挑战，其具体目标和条款还依赖后续国际谈判，在 2012 年之后是否会延续，变换的程度有多大？排放大国美国对《京都议定书》的态度到目前尚未确定。所有这类政策不确定性，对碳金融市场的统一和发展都产生了最大的不利影响。

制度风险。由于欧盟对 EUETS 第一阶段的过度分配以及随后也未出台补救措施，导致两次碳市场价格巨幅波动，使得欧盟讨论是否需要进行市场干预，现已准备好价格控制的预案，在必要的时候投放排放权储备以平抑价格波动。欧盟计划在 2012 的碳减排量依赖于国际社会对谈判的结果作出调整，同时对碳排放权初次分配引入拍卖及具体的占比，以及 2012 年引入将航空业纳入碳交易体系，这都将对碳市场产生影响。

政治风险。南美、北非和东欧的原油和天然气输出国和运输国的政局不稳，上述国家的政治事件通过能源影响碳市场。如委内瑞拉和利比亚国内政治事件对原油市场造成动荡。俄罗斯与乌克兰的天然气纠纷对欧洲的 16 个国家供气造成严重影响，政治事件通过能源市场也对碳市场产生重要影响。

---

① 引自郇志坚、李青：《碳金融：原理、功能与风险》，《金融发展评论》2010 年。

2. 经济风险

宏观经济周期波动显著影响企业的生产扩展和收缩，也间接影响能源消耗和碳排放总量。繁荣期企业生产开工率高，能源消耗和碳排放量高，对碳排放单位的需求提高了碳价格。经济衰退期则相反。2008 年金融危机使得大部分地区的企业削减产量，停工，甚至倒闭，导致碳需求量萎缩。在东欧，某些企业甚至由碳排放量的需求方转换为供给方，进一步加剧了供给大于需求，导致价格进一步下跌。

3. 市场风险

目前国际碳交易绝大多数集中于国家或区域内部（如欧盟），统一的国际市场尚未形成。从事碳金融交易的市场多种多样，在交易机制、管制、地域范围和交易品种以及不同国家或地区在相关制度安排上存在很大的差异，导致不同市场之间难以进行直接的跨市场交易，形成了国际碳金融市场高度分割的现状。此外，碳价格与能源价格紧密联系，实证发现石油价格和天然气价格对碳价格有重要的先导影响作用，石油价格和天然气价格暴涨暴跌，对碳价格的单向溢出影响非常显著。

4. 技术风险

低碳技术包括风能、太阳能、生物能源、二氧化碳的捕获和储存（CCS）等技术。低碳技术属于高新技术，目前尚处于研发阶段，尚未成熟，其发展的不确定性较高。技术变化与减排成本密切相关。低碳技术发展不仅影响发达国家的减排成本，也影响发展中国家的清洁减排机制项目的实施成本，而减排成本又是影响碳价格的关键因素。低碳技术的不确定性是低碳经济和碳金融发展最本质和不可控的风险。

5. 道德风险

目前的国际碳金融市场中，尤其是基于项目的市场中，涉及较多的跨国监管机构和注册机构对清洁减排机制项目报批和技术认证，这决定项目的成败。由于目前缺乏对中介机构（即 DOE）的监管和专业技术的封闭性造成信息不对称导致的道德风险。有些中介机构在材料准备和核查中存在一定的道德风险，甚至提供虚假信息。如何加强监管并促进项目的审计、验证与监测机构的工作效率问题也相当迫切。

6. 交付风险

在项目市场的原始减排单位的交易中，交付风险（Delivery Risk），即减排项目无法获得预期的核证减排单位是最主要的风险。而在所有导致交付风险的因素中，政策风险是最突出的因素。由于核证减排单位的发放需要由专门的监管部门按既定的标准和程序来进行认证，因此，即使项目获得了成功，其能否通过认证而获得预期的核证减排单位，仍然具有不确定性。从过去的经历来看，由于技术发展的不稳定，以及政策意图的变化，有关认定标准和程序一直都处于变化当中。而且，由于项目交易通常要涉及两个以上的国家（包括认证减排单位的国家和具体项目所在的国家），除需要符合认证要求外，还需要满足项目东道国的政策和法律限制。

（六）碳金融的功能

全球气候的变化促使世界各国向低碳经济转型，低碳经济的发展极大地推动了金融创新。碳金融是金融体系应对气候变化的重要环节，是市场经济框架下解决气候、能源、污染等综合问题的有效方式。基本功能包括以下几个方面：

1. 减排的成本收益转化功能。[①] 在碳交易机制下，碳排放权具有商品属性，其价格信号功能引导经济主体把碳排放成本作为投资决策的一个重要因素，促使环境外部成本内部化。随着碳市场交易规模的扩大和碳货币化程度的提高，碳排放权进一步衍生为具有流动性的金融资产。积极有效的碳资产管理已经成为促进经济发展的碳成本向碳收益转化的有效手段。

2. 能源链转型的资金融通功能。不同经济发展阶段的国家能源链差异很大，对减排目标约束的适应能力也不同。项目融资、风险投资和私募基金等融资方式具有动员金融资源、促进可持续能源发展的能力，有利于改变能源消费对化石燃料的依赖惯性，使能源链从高碳环节向低碳环节转移。

3. 气候风险管理和转移功能。[②] 能源产业利用天气期权等天气衍生品来规避价格波动风险。农业则通过天气指数及相关的保险产品，把天气风险转嫁给有风险吸纳能力的交易者。巨灾债券则发挥了资本市场对灾害损失的经济补偿和转移分担功能，使风险从保险业向资本市场转移。

4. 国际贸易投资促进功能。碳交易特别是清洁发展机制在降低发达国家减排成本的同时，促进减排的资金和技术向发展中国家转移，这为国际贸易投资和技术转移提供了便利。

---

① 引自新华网综合新华财经。
② 同上。

5. 发现价格，提供决策支持。碳价格能够及时反映有关碳排放权交易的信息，如供求双方的交易意愿、交易风险和治理污染成本等，使资金在价格信号的引导下合理地流动，优化资源配置。

二　碳金融发展的现状

（一）全球碳金融发展现状

2005 年至 2008 年，全球碳金融市场的交易出现爆炸式高速增长态势（见表 3）。2005 年全球交易的碳信用为 8 亿吨二氧化碳当量，交易额为 9.40 亿欧元；2006 年即以超过 100% 的增速达到了 16 亿吨二氧化碳当量，由于价格上涨，交易额更是猛增到 22.46 亿欧元；之后这种高速增长态势一直持续到 2008 年，当年全球共有近 50 亿吨二氧化碳当量的碳信用交易达成，达到了 62.58 亿欧元的国际碳交易市场规模。从 2006 年到 2008 年，每年碳信用交易额增长近 100%。欧洲碳排放交易体系（EU ETS）是全球碳金融市场的引领者，占全球碳信用交易的 65%；其次是清洁发展机制清洁减排机制，约占 33%。

（二）我国碳金融的发展现状

中国拥有巨大的碳排放资源。目前我国提供的碳减排量已占到全球市场的 1/3 左右，居全球第二。据世界银行测算，全球二氧化碳交易需求量超过 2 亿吨。发达国家在 2012 年要完成 50 亿吨温室气体的减排目标，而中国市场出售的年减排额已达到全球的 70%。2001 年，内蒙古龙源风能开发有限责任公司开发的辉腾锡勒风电场项目投标荷兰政府的 CER 单位采购招标机构（CERUPT）减排购买计划以来，从而拉开了国内参与低碳经济的序幕。此期间，我国在金融产品方面主要参与了四个方面的运作：

第一，清洁减排机制项目的远期交易。截止到 2009 年 9 月 18 日，联合国气候变化公约组织共核准签发清洁减排机制项目 1882 个，其中，中国通过核准项目的数量为 632 个，位居世界首位，且远高于其他国家。从清洁减排机制项目的排放量来看，632 个核准清洁减排机制的减排量为 1 亿 5 千吨左右，占据全球市场份额的 45.7%。清洁减排机制项目远期交易是中国参与低碳经济运作最多的一类项目。

第二，碳基金运作。2006 年中国碳基金成立，总部设在荷兰阿姆斯特丹，旨在购买各种不同类型的清洁减排机制项目产生的减排量，尤其是各类

表3

全球碳金融市场 2005—2009 年的碳信用交易

	2005 年		2006 年		2007 年		2008 年		2009 年	
	MtCO$_{2e}$	€m	MtCO$_{2e}$	€m	MtCO$_{2e}$	€m	MtCO$_{2e}$	€m	MtCO$_{2e}$	€m
EUETS 总和	362	7218	1017	18143	1643	28133	3091	66993	3823	45170
场外交易	207	4269	627	11180	1009	17278	1516	33553	1331	15974
交换	55	1131	190	3395	434	7431	1152	25488	1997	23962
拍卖							42	965	75	900
直接双边	100	1818	200	3568	200	3425	300	6495	300	3600
期权							80	492	120	734
CDM 总量	401	2038	563	3920	947	11737	1609	24172	1510	14704
CDM 一级市场	397	1985	523	3349	597	5984	549	6039	300	2700
CDM 二级市场	4	50	40	571	350	5753	1037	17944	1160	11600
CDM 期权							23	189	50	404
JI	28	96	21	95	38	326	72	720	40	450
AAU							18	197	95	942
RGGI							71	178	339	933
其他	8	52	31	300	48	186	34	119	59	380
总和	799	9401	1632	22458	2676	40382	4895	92365	5866	62580

注: MtCO$_{2e}$: 百万吨二氧化碳当量; €m: 百万欧元。

资料来源: 碳点公司 (Point Carbon) 数据库。

可再生能源项目。据初步结果统计显示，中国碳基金已经签署购买的潜在减排量约为一千万吨。中国绿色碳基金是设在中国绿化基金下的专项基金，属于全国性公募基金。基金设立的初衷是为企业、团体和个人志愿参加植树造林以及森林经营保护等活动，更好地应对气候变化搭建了一个平台。基金先期由中国石油集团捐资 3 亿元人民币，用于开展旨在以吸收固定大气中二氧化碳为目的的植树造林、森林管理以及能源林基地建设等活动。据初步估算，如用中国石油集团的捐款进行造林，未来 10 年内将吸收固定二氧化碳 500 万—1000 万吨。

第三，碳能效融资项目。2006 年 5 月，兴业银行与国际金融公司签订首次合作协议，成为国内首家承诺采用"赤道原则"的上市银行。国际金融公司向兴业银行提供了 2500 万美元的本金损失分担，以支持兴业银行最高达 4.6 亿元人民币的贷款组合，兴业银行则以国际金融公司（IFC）认定的节能环保型企业和项目为基础发放贷款。截至 2009 年年底，兴业银行累计发放节能减排贷款 222 笔，金额 165.8 亿元，且目前信贷质量良好，无不良、无欠息，并提前实现了对社会的公开承诺"三年（2008 年到 2010 年）投放 100 亿元"；这些节能减排贷款支持的项目可实现在我国境内每年节约标准煤 1039.64 万吨，年减排二氧化碳 3177.8 万吨，年减排化学需氧量（COD）43.91 万吨，年综合利用固体废弃物 47.25 万吨。2007 年 10 月，兴业银行正式签署《金融机构关于环境和可持续发展的声明》，加入联合国环境规划署金融行动（UNEPFI），并承诺将遵循相关环境法规，建立环境管理系统，将环境因素纳入商业决策的考量范畴，支持环境保护，实现可持续发展。2008 年 10 月 31 日，兴业银行在北京召开"承诺采纳赤道原则庆祝仪式暨新闻发布会"，正式公开承诺采纳赤道原则，由此成为中国首家"赤道银行"。这标志着兴业银行在引入国际先进模式，加强环境和社会风险管理，推进科学、可持续发展方面走在了国内商业银行的前列。[①]

第四，碳结构类理财产品的研发。2007 年 8 月，中国深圳发展银行推出二氧化碳挂钩型人民币和美元理财产品，基础资产为欧盟第二承诺期的二氧化碳排放权期货合约价格。两款产品于 2008 年 9 月 2 日到期，分别获得 7.4% 和 14.1% 的较高收益，并再次推出同类产品。

目前，北京银行、浦发银行、工商银行、建设银行都在计划与国际金融

---

① 兴业银行《兴业银行股份有限公司 2009 年年度报告》。

公司（IFC）合作。据工商银行 2009 年年报显示，2009 年该行着重控制对产能过剩行业及低水平重复建设项目的贷款投放，国家重点提示风险的产能过剩行业贷款余额当年净下降 71.4 亿元。中国银行一份内部研究报告显示，2009 年前 9 个月，主要商业银行对钢铁、电解铝、平板玻璃等产业贷款增速分别为 13%、19% 和 -45%，均大大低于 2008 年同期 30% 以上的平均增速，贷款结构得到一定调整。银监会主席刘明康近期也指出，在推进产业结构调整、实现我国经济结构由"高碳"向"低碳"的转型过程中，银行业金融机构要成为低碳理念推广的"践行者"和低碳金融服务的"创新者"。他要求，商业银行要探索建立节能环保金融服务的长效机制，即经营策略、管理机制和激励考核体系，从业务流程与规则上把好项目入口关和惩罚关。此外，银行业在控制风险的前提下，应积极开展"绿色信贷"及其他碳金融产品和服务创新，提高产品定价能力，争取在全球碳金融体系中拥有更大的话语权和主动权。为了促进碳交易发展，近些年，我国开始在多个城市和地区建立了碳交易中心，比如：北京环境交易所、上海环境能源交易所、天津排放权交易所、重庆排污权交易所和山西吕梁节能减排项目交易中心等。北京环境交易所打造并发布推广"熊猫标准"，熊猫标准由卖方、买方、中介咨询、开发公司等利益相关实体以及能源环保类组织等共同制定，一方面确立自愿减排量检测标准和原则，另一方面规定自愿减排流程、评定机构、规则限定等内容。整体设计向促进市场、工业补偿农业、城市补偿农村、东部补偿西部、高排放者补偿低排放者的方向发展。可以说，我国的碳金融已经开始萌芽，发展碳金融的环境已经逐步形成，碳金融体系雏形开始显现。

随着国际碳交易市场的兴起，"碳金融"逐渐步入我国市场。可是其在中国发展的时间较短，国内许多企业、机构还未曾意识到碳金融所蕴含的巨大商机。与此同时，国内企业和金融机构对碳金融的操作模式、交易规则、项目开发等的认识和掌握仍处于起步阶段，现阶段仅有少数几家商业银行涉及该领域，并且从事的业务相对单一，依旧集中碳金融产业的下游，缺乏与此相关的金融衍生创新产品。

三　我国农村碳金融的发展

（一）我国农村碳金融发展的背景

低碳农业是转变农业发展方式的必然选择。气候变暖问题已受到越来多的国家所关注，在哥本哈根气候变化大会之前，我国就做出了"到2020年单位国内生产总值二氧化碳排放量比2005年降40%—45%"的承诺。气候变化还将直接影响到我国粮食生产的稳定性，专家普遍认为，如果不采取任何措施，到2030年中国种植业的生产能力可能会下降5%—10%，到21世纪后半期，小麦、水稻和玉米的产量最多可下降37%。因此，对于中国这一农业大国来说，发展低碳农业是低碳经济的重要方面，是解决一系列环境污染、粮食安全等问题的重要途径。[①]

低碳农业是国家"三农"发展政策的重要导向。低碳是今年"两会"上最受关注的话题，而"三农"一直是我国经济发展的重中之重，要着力推动资源要素向农村配置，加强农业方面源污染治理，发展循环农业和生态农业，促进农业发展方式转变。可见，无论是社会关注热点还是国家政策导向，都体现了改善生态环境、减少能耗排放的愿望，依靠新技术、新设备、新产品的农业发展模式，将会是转变经济发展方式的一个重要方面。

低碳农业的发展需要政策性金融发挥支柱和导向作用。长期以来，资金匮乏一直是农业发展方面的瓶颈，农村金融的服务能力在很大程度上有所欠缺，而低碳农业经济尚在起步阶段，加上农业的弱质性和风险性，决定了商业银行在扶持低碳农业方面的作为有限。而把更多的资金配置到低碳产业上是金融业义不容辞的职责，因此，农发行作为农业政策性银行，这一特性要求其发挥和承担更多的社会责任，实施绿色信贷，应该与财政共同担负起支持低碳农业的责任，发挥农业政策性信贷资金的扶持、示范与引导作用，通过把资金合理配置到低碳农业上，实现农业产业的更新换代和升级调整，促进农村经济发展，实现经济和环境的和谐统一。

（二）农业节能减排

联合国粮农组织的有关统计表明，在人为温室气体排放总量中，耕地释放出的温室气体占到30%以上，相当于150亿吨的二氧化碳，所以农业节能减排是碳金融尤其是农村碳金融发展的重要内容。一方面，开发农村可再生能源，做好农村能源节约，不仅有利于改变农民传统生活能源消费模式，减少农民对商品能源的依赖，而且能够有效改善农村生产生活条件，推进社会主义新农村建设。另一方面，通过农业节能减排是国家节能减排工作的重要

---

① 中国环境产业保护协会网（http://www.caepi.cn）。

组成部分，通过碳金融体系能够获得可观的收益，最终达到个人利益与社会发展的双赢。

农业的节能减排主要靠的是农业机械的节能减排。农业机械是农业生产的重要工具，农机化技术直接关系到节肥、节药、节水、节种和秸秆综合利用等技术的普及和推广，是推进农业农村节能减排的载体和手段。但我国大部分农村地区经济发展水平低，基础设施落后，制约了常规商品能源的推广应用，并且成本高，多数农民难以负担。我国大部分农村地区居民生活用能仍以秸秆、薪柴等低效燃烧为主，室内外环境污染相当严重，能源利用效率低，仅为25%左右。

目前在农业节能减排方面主要可以利用沼气池技术、秸秆技术以及保护性耕作技术这三种技术。

沼气池技术：沼气池是将畜禽粪便、人粪尿等各种有机物质在适宜的温度、湿度、酸碱度和厌氧条件下，经过微生物的发酵分解作用生产沼气的一种装置。建设沼气池概括起来有以下几点好处：（1）沼气池生产的沼气是一种高品位清洁能源，可用来做生活能源。建设一个容积为8立方米的沼气池，只要发酵原料充足，科学管理，它所生产的沼气就可以为3—5口之家提供一年的生活用能。（2）能有效净化环境卫生，改善居住和生活条件。沼气池建设与厕所和猪舍相结合，人粪尿、畜禽等粪便皆可入池发酵，可有效改善农户居住环境的卫生状况。尤其是广大妇女通过使用沼气，从烟熏火燎的传统炊事方式中解脱出来，同时克服了柴火做饭烟熏眼，粪水蚊蝇满庭院的落后状况。（3）一次性投资可多年受益，节约能源开支。建设一个8立方米的沼气池，农户备料、投工等折合人民币需要1000元左右。可满足一家5口人的生活用能，相当于8罐煤气。按最低使用15年计算，一次投资可节约能源开支8400元，平均每年节约能源开支560元。（4）沼气池发酵后的沼渣、沼液，发酵充分，又消灭了杂菌虫卵，是高效优质的有机肥料。可用于农作物浸种、基肥、叶面喷施，增强农作物抗病性，促进作物生长，提高产品产量和品质。是生产绿色有机食品的理想肥料。

秸秆技术：秸秆沼气技术是一项以秸秆为主要发酵原料生产沼气的技术，该项技术与常规稻草发酵和人畜粪便发酵相比，其产气率分别提高了30%以上和6.8%，正常产气时间分别提前了4—8天和1天以上。同时，延长了产气周期，普遍采用8—10个月换新料一次，有的沼气池甚至维持正常产气12个月，实现了秸秆产沼气高效、稳定和持续运行。这种秸秆沼气技术效益高，无污染。秸秆通过发酵后一方面产生沼气作燃料，同时还产生沼液、沼渣作肥料，使秸秆得到更有效的资源化利用。

保护性耕作：是以机械化作业为主要手段，采取少耕或免耕方法，将耕作减少到只要能保证种子发芽即可，用农作物秸秆及残茬覆盖地表，并主要用农药来控制杂草和病虫害的一种耕作技术。实施保护性耕作具有保护农田、减少扬尘、蓄水保墒、抗旱节水、培肥地力、增加土壤有机质、促进秸秆还田利用、减少温室气体排放、提高单产、降低成本、增加收入等多种功效，是一项经济效益和生态效益同步、当前与长远兼顾、农民和国家双赢的耕作技术，具有显著的经济、生态和社会效益。

（三）促进我国农业节能减排的措施

近几年来，在国家农机购置补贴等一系列强农惠农政策推动下，我国农业装备水平快速提高，农业机械应用领域不断拓宽，农业机械节能减排的任务也日益繁重。要做好我国农业节能减排工作，需要多方面的合作与支持。为做好农机化节能减排工作，要加快研发农机节能减排新产品，大力推广农机节能减排技术，进一步优化农机装备结构，还要不断提高农机作业服务组织管理水平。在农机节能减排方面，许多地区和单位有不同的作为。中国农业发展银行积极配合国家产业政策和金融调控要求，加大对国家鼓励发展产业的信贷支持力度，落实信贷支持节能减排各项政策措施。为充分发挥信贷政策的导向作用，农发行按照国家有关节能减排政策要求，实施有保有压的信贷政策，促进了节能减排和结构调整。

加大农村沼气工程实施力度。继续以沼气建设为重点，引导农民改圈、改厕、改厨，改善农民生活生产条件。积极发展秸秆沼气，解决沼气原料不足问题。加快推进农村沼气服务体系建设，保障沼气建、用、管、服的有效衔接，提高沼气使用率。在集约化养殖场和养殖小区，建设大中型沼气工程，解决畜禽养殖污染问题。同时带动沼气施工、制造、科研创新和服务体系的发展，推进沼气产业发展。

加快推进生物质能源开发。加快编制秸秆综合利用规划，合理布局秸秆综合利用产业，优化秸秆利用结构。在有条件的地方探索建设一批大型综合利用工程，集约、循环、高效、充分利用秸秆资源，从根本上解决秸秆焚烧和随意堆放问题。在确保国家粮食安全和农产品有效供给的前提下，坚持"不与人争粮、不与粮争地"的原则，加快研发以秸秆等为原料的第二代生物质燃料，适度发展非粮能源作物，走中国特色的生物质能源发展道路。

大力推进农村生产生活节能减排技术。农业部已经发布了《农业和农村节能减排十大技术》，下一步将大力推广节水、节肥、节药、节农膜等资源节约型技术，加快发展节油、节电、节煤等农业机械和渔业机械技术及设备，推进高能耗农业机械的报废和更新换代，降低农业装备能耗。筹划实施新一轮农村省柴节煤炉灶（炕）升级工程，推广高效低排放省柴节煤炉具，使热效率平均提高10个百分点。加快推进秸秆成型燃料产业发展。

支持有机食品行业，促进绿色农业发展。有机农产品、绿色农产品由于不施加或少施加化学合成肥料，可以减少温室气体的排放，减少对环境的污染。而且，随着生活质量的提高，消费者也越来越追求健康饮食，青睐绿色无公害食品、有机食品，这是农业政策性金融不可忽视的一块市场。有机农产品市场具有相当大的潜力，农业政策性金融可以循序渐进给予资金支持，取得农村环境、农民增收和自身盈利的综合效益。

扩大农村清洁工程建设规模。启动实施《全国农村清洁工程建设规划》，力争将农村清洁工程列入基本建设投资项目，安排专项资金，扩大农村清洁工程建设规模，从源头上控制农村污染。

（四）制约我国农村碳金融发展的原因

首先，农民的思想观念落后，比较注重眼前的利益。很多农民并不了解生活中产生的温室气体造成温室效应，也不知道国家当前有关节能减排的政策。这样这些农民就不知道参与低碳经济从长期来看会带来效益，所以没有动力去改变，所以农村碳金融发展就很被动，不利于其长远发展。如农民以焚烧的方式处理秸秆等物，而不愿意采取截断后直接覆盖的方式。因为农村大部分农民对秸秆焚烧的危害性缺乏足够的了解和认识，绝大部分农民贪图省时省工，小麦收割后，一把火烧掉最省事、最方便。而且认为秸秆就地焚烧，等于给田地施草木灰肥。

其次，当地政府对促进低碳经济发展的投入不够，既缺乏宣传，也缺乏资金上的投入。虽然国家下发了一系列文件表明要推广先进适用、安全可靠、节能环保的农业机械，对报废更新农业机械给予优惠补贴，但具体的补贴标准、方案和实施细则没有细化和明确。再加上购买农机一次性投入大，回收成本周期长，自筹更新资金困难，农民一般不会主动对达到报废年限的农机进行报废更新。

再次，没有完整有效的政策支持体系和市场运作体系。由于碳金融是比较新型的经济，我国在制度上还不完善，信息不完全，不利于碳金融的快速发展。只有金融资本和市场资本在农村落地生根，才会孕育出更多的现代农业企业，也才能推动低碳农业的兴旺发展。

最后，低碳技术的研发和推广比较滞后。技术创新是发展低碳经济的关键。目前我国低碳技术的研发和推广缺乏合理规划和有效的政策支持，整体技术水平落后，这对碳金融发展起到了重大制约。

（五）如何发展我国农村碳金融

以市场为导向，扶持低碳农业经济发展。由于我国发展"低碳农业"尚在起步阶段，有的项目成本较高，比如有机农产品的生产成本比一般农产品要高得多，价格也较为昂贵，超出了一部分市民的心理承受能力。因此，农业政策性金融必须以国际、国内市场为导向，选择适销对路的低碳农产品予以支持，培养从事低碳行业的黄金客户，逐步带动当地低碳农业经济发展，而不是为了盲目追求"低碳"而投放信贷资金。要根据农村区域资源特点和技术条件，因地制宜地集中信贷资金支持力度，重点支持科技含量高、发展潜力大、具有一定规模和辐射能力、实现农产品加工增值的大型项目或大型龙头企业，促进农业生产集约化和专业化，形成规模效益，充分发挥信贷资金的资源调配功能。

第一，要以公益创新来宣传低碳金融。通过采用拓展公益事业宣传、公益事业关联营销、社会营销、慈善活动、社区志愿者活动以及提供负责任的商业实践等方式，不断拓宽沟通渠道，让低碳经济、低碳金融深入人心。这样的营销行为，在强化低碳经济概念的同时，也能赢得更多商业机会。

第二，金融机构应该坚持"有保有控"的原则，着力调整信贷、行业结构，优先保证重点项目、新兴产业、绿色产业、民生工程和涉农龙头企业的信贷需求，筛选一批有发展前景、业务经营状况良好、资信优良、高增长、低耗能型企业，构建绿色信贷客户群体，培育新的信贷增长点。与环保部门建立日常沟通机制，及时了解国家对不同行业的环保要求和政策，严格信贷的环保投放标准，加大对环保企业的贷款扶持力度。

第三，增加绿色信贷投放。绿色信贷业务是贯彻执行"赤道原则"的具体体现。毫无疑问，我国政府将大力倡导并推行低碳经济。农村金融应抓住这个机遇，树立为低碳经济服务的新理念，尽可能地扶持相关企业，使更多资金能流入到与低碳经济相关的各个行业中去。同时，对低碳经济的发展应给予一定的信贷倾斜，重点关注能效技术评估，大力支持诸如新能源等行业的发展。在信贷客户的选择上，逐渐由单纯的信用评级选择向信用评级选择与环保评价选择并重转变。通过借助信用评级和企业投资环保评价，重点识别和挖掘那些成长性很高、环保执行力强的优质企业，将它们培育成为支撑其未来发展的核心客户。

第四，积极推出农村低碳投资产品以及相关服务。鉴于我国碳交易市场仍处在成长初期，市场的流动性较低，而且不同市场之间也存在分割现象，应加紧积极介入该市场，并逐渐成为碳交易市场的重要参与者。同时，抓紧设计、开发各种连接不同市场的套利产品，加速推进国内碳交易市场的一体化。农村金融机构还可以尝试为自愿减排市场提供农村"碳银行"服务，即着手碳信用的登记、托管、结算和清算，尝试碳信用的借贷业务，促进自愿减排市场的发展。

四 我国农村低碳经济发展案例及分析

案例1：自2009年下半年起陕西省临渭、勉县、大荔和石泉4县区通过沼气和测土配肥方式实现农业温室气体减排换得20万美元。按照国际公约，温室气体减排工作已进入实施阶段。地处陕北的陶氏化学（中国）公司是家跨国公司，去年减排指标早早就用完了，得悉我省农业减排工作做得好，去年下半年主动提出出资10万美元，为陕西农业减排项目进行测试，以便购买指标。在具体落实中，由美国环保协会参与，并出资10万美元，进行试验、检测、认证和宣传。经省发改委、省农业厅和美国环保协会、陶氏化学公司协商，把陕西4县区部分测土配肥面积和户用沼气列入实施项目。具体实施参照美国环保协会在我国其他省区检测的数据，单口户用沼气池一年减排量按1.34吨，每亩测土配肥按减排0.08吨计算，在我省4县区总共实施测土配肥13.125万亩，户用沼气池5125口。按要求，4县区农业减排换得的美金，由省农技推广中心分摊各实施县区农家。①

分析：这是我国农村实现碳金融的一个典型案例，通过这个例子，我们可以看到节能减排通过碳金融这个市场既可以保护环境，实现可持续发展，

---

① 西部网（http://www.sxcoal.com）。

还可以增加农民的收入，使多方面受益。这个成功的例子离不开以下几个方面的共同努力：首先，政府要扶持节能减排的项目，增加前期投入，在中国农民是低收入群体，他们没有动力也没有资金通过新技术实现节能减排。其次，要有需求碳减排量的企业或国家，例如本案例中的陶氏化学（中国）公司，这是碳减排能否变成实际利益的关键一步。中国农村还相对比较闭塞，农民这类主体也没有能力去寻求需求方，在这一点上我觉得各级政府也要加强宣传，政府或者政策性银行应该起到中介的责任，这是目前解决农村碳金融供需平衡的有效途径。再次，碳金融市场的发展是解决供需错位的根本途径，如果碳金融市场足够发达，那么金融中介的作用会更好地发挥，碳减排量就会得到更有效的配置。最后，减排项目的检测和认证机构的介入。在这个问题上既可以由需求方出资进行，也可以由政府出资。

由于碳金融市场在中国，尤其是中国农村才刚刚起步，风险较大，而且农民又是低收入人群，本身需要政府的扶持。所以在农村碳金融的问题上政府应该起到主导作用，在农民得到切实利益后，自然会主动发展，逐渐脱离政府的扶持，形成良性循环。

案例2：以江苏省阜宁农村合作银行为例，阜宁农村合作银行以高度的社会责任感，全面加大关于绿色、环保方面的特色产业贷款投放的力度，并且积极倡导绿色信贷，重点支持地方产业中环保企业的发展，服务企业，倡导绿色。阜宁农合行在做优惠农民金融产品的同时积极倡导绿色信贷，重点支持地方特色产业中环保企业的发展。阜宁农合行重点扶持风电装备和光伏发电等新兴绿色能源产业。对新兴绿色能源产业快速授信，迅速放贷。截止到2010年4月，阜宁农合行已向阜宁县的汉德风电、神山风电、常盛钢构、保利协鑫等风电光伏企业发放贷款共计2.2亿元，这不仅实现了银企双赢，也有力地推进了地方低碳经济的迅猛发展。不仅如此，阜宁农合行在其自身的运营过程中积极倡导节水省电、绿色办公，努力减少自身经营所产生的碳排放。更重要的是，该行始终致力于通过科技创新来提高服务质量和效率，在满足客户原有需求的前提下，坚持以客户为中心不断加强电子银行、手机银行产品及服务的创新力度。通过电子银行、手机银行为客户提供无纸化服务，从而有效降低银行对实体经营场所的依赖，减少碳排放。①

案例3：2005年，广东省东莞市开始实施测土配方施肥项目，鼓励农民

---

① 中国金融网（http://www.zgjrw.com/）。

按需、按量施肥，氮磷肥施用量大幅减少，肥料利用率提高了3%—5%，平均每亩节省肥料3.1公斤，节约投入成本16.5元，有效减少了肥料浪费。到2010年8月，东莞市实施测土配方施肥面积约为11万亩，平均每亩节本增效40元以上，实现节本增效440万元以上，施肥技术指导入户率达到65%以上，并预计在2010年年底达到90%以上。[①]

案例4：安徽省六安市通过推广集中连片播收、节水灌溉、机械化秸秆还田等方式，降低了农机作业能耗；通过开展农机购置补贴工作，积极推广新型农机具，引导和鼓励农户购买节电、节油型农业机械，加快了一批老旧机型的更新换代速度；通过安装节油装置，采用柴油添加剂、金属清洗剂等节油措施，有效减少机械运行能耗。2010年上半年，全市农机总动力达645650千瓦，较上年同期降低能耗23%，更新节电、节油性农业机械8000台套，淘汰老旧小机具2000台套，对5万台套农业机械进行了检修和维护，推广柴油添加剂1000公斤。同时，全市共新建沼气池3190口，累计建设户用沼气6.7万口，当年利用可达4万口以上，年总产气量约1468万立方米，年节约标煤1.048万吨，减少二氧化碳排放量4.77万吨，保护林地14万亩；推广太阳能热水器27.57万平方米，年节约标煤3.308万吨，减少二氧化碳排放7.026万吨。[②]

案例5：近年来，湖北省十堰市竹溪县把农村沼气建设作为新农村建设的"重头戏"来抓，克服了山区自然基础条件差、交通不便等困难，积极改革创新低碳生活方式，引导农民群众改变烧柴烟熏火燎高污染的传统生活习惯，建设绿色、生态、卫生、文明、富裕的新农村。县财政部门通过运用财政贴息、贷款担保、以奖代补、民办公助、先建后补等多种投入方式，引导金融资本、社会资本投入农村"一池三改"（建沼气池、改厕所、改栏圈、改厨房），同时发挥财政资金的导向和吸附作用，引导工商资本和民间资本投入农村生态能源建设与开发。新建农村"一池三改"户用沼气，县能源部门按每口标准池给予财政补贴1000元作为建池材料和灯灶配套费，乡镇还支持农户"三改"配套费用。全县已完成节能省柴灶建设1万多户，"三改"配套率达90%以上，农户沼气池增加到2.2万户以上。2009年以来还投入财政扶持专款320万元，建设两处大型低碳"牧业沼气工程"，扶持畜牧养

---

① 东莞农业信息网（http://www.dgagri.gov.cn/）。

② 六安新闻网（http://www.luaninfo.com）。

殖小区建小型沼气工程 5 处，规模发展密集型低碳能源消费群，实现节能环保、节支增收，农村沼气已惠及 12 万多人受益。"低碳能源"给村民带来了方便与省钱，还有重要的生态效益，年保土、保肥、增水效益达 4700 万元以上。取得了良好的生态、经济及社会效益，促进了农村低碳经济发展。①

　　分析：通过以上的 5 个案例，我们可以看出我国金融机构主要是商业银行已经开始参与到碳金融市场，但是其重点主要放在对节能减排项目融资的方面，这点当然是正确的。但是金融机构没有介入到减排量转换成钱的过程中。这样就导致了我国节能减排方面做得很好，但大量的碳减排量没有换成钱或者资产，资源没有得到有效配置，被浪费掉了。我觉得这是我国农村碳金融市场发展缓慢的一个原因，只节能减排，没形成利益，对农民的吸引力就小了。总体来看，从政府方面来说，要组织推动我国农村的碳金融发展和普及工作，通过政策引导、规则制定等手段来支持"低碳经济"的发展，政府和监管部门要建立成熟的碳交易制度以及科学合理的利益补偿机制，并提供相应的投资、税收、信贷规模导向等政策配套，鼓励金融机构参与节能减排领域的投融资活动。从金融中介机构方面来说，不仅要积极支持节能环保降低消耗等绿色产业的发展，还要大力拓展以碳交易为核心的金融业务方式。

五　结论

　　人类的对环境问题的共识正在深化，与应对全球气候逐渐变暖而直接相关的碳金融的兴起和迅速发展，给各国的企业尤其是金融业带来巨大的发展商机。低碳经济已经成为世界各国社会经济发展的方向，低碳金融业务是我国商业银行未来的发展方向。在我国，农村碳金融不仅关系到未来我国碳金融发展的方向和模式，还关系到中国广大农民的基本利益，是提高农民收入的有效途径。目前，我国商业银行已经虽然意识到了低碳金融的发展潜力、并在低碳金融业务上做了一些有意的探索和尝试。但是，由于我国碳金融发展的起步比较晚，农村碳金融不仅面临着碳金融本身的制度和市场发展方面的问题，还面临着农村特有的融资难和信息不完善等等的问题。从政府角度来看，各种政策、规范以及碳交易市场的建设不够完善，从行业角度来看，

---

① 中国新闻社湖北新闻网十堰频道（http://www.syxw.net）。

低碳金融的意识和理念不够明确，宣传推广等实操方面仍有诸多需要改进和完善之处。

参考文献

1. 郇志坚、李青：《碳金融：原理、功能与风险》，《金融发展评论》2010 年第 8 期。

2. 王遥、刘倩：《碳金融市场：全球形势、发展前景及中国战略》，《国际金融研究》2010 年第 9 期。

3. 李东卫：《我国"碳金融"发展的制约因素及路径选择》，《中国发展》2010 年第 4 期。

4. 田洁：《碳金融市场及其金融产品分析》，《知识经济》2010 年第 21 期。

5. 周健：《我国低碳经济与碳金融研究综述》，《财经科学》2010 年第 5 期。

6. 沈瑾：《低碳金融在我国发展现状及前景评析》，《现代商贸工业》2010 年第 21 期。

7. 初昌雄、周丕娟：《碳金融：低碳经济时代的金融创新》，《金融与经济》2010 年第 2 期。

8. 邹亚生：《低碳经济背景下我国的碳金融发展之路》，《中国金融》2010 年第 4 期。

9. 曾刚、万志宏：《国际碳金融市场：现状、问题与前景》，《国际金融研究》2009 年第 10 期。

10. Richard F. Garbaccio, Mun S. Ho and Dale W. Jorgenson. (1998). "Controlling Carbon Emissions in China." Harvard University Committee on the Environment's China Project with funding from the U. S. Department of Energy.

第十章　汉族和少数民族地区的经济增长互动及银行贷款的影响

冉齐鸣

（香港岭南大学经济系，北京中央财经大学中国金融发展研究院）

周友情

（香港岭南大学经济系）

摘　　要

　　银行贷款对人均收入的影响在汉族和少数民族地区差异巨大。而汉族和少数民族地区之间的经济互动必须改善。在农业产值方面，少数民族地区对汉族地区作出了巨大贡献。而汉族地区对少数民族地区的帮助亟待改善。农业贷款对农村人均净收入在汉族地区和少数民族地区作用相反。令人欣慰的是，汉族和少数民族地区的农村人均净收入是互相促进的。

　　中国有五十五个少数民族，但是汉族人口占百分之九十以上。中国经济的一个重要特点就是她的民族多重性。这个重要特点常常被忽视。少数民族地区占地辽阔，资源丰富，对整体中国经济的发展方向影响重大，意义深远。

　　由于历史、地理、文化和风俗等种种原因，少数民族地区的经济发展滞后，人均收入较低。新中国成立以来，中央政府坚持各民族共同发展的根本立场，并制定了一系列政策法规以促进民族地区的经济发展。我国《宪法》和《民族区域自治法》都明确规定国家机关必须支持和帮助少数民族地区发展，是以少数民族地区单独的发展问题受到了相关重视。特别是在 1999 年 11 月，中央经济工作会议敲定对西部进行大开发的战略决策之后，少数民族地区作为西部大开发的重点实施区域，其经济发展势头较为强劲，社会发展稳步向上。但是，少数民族地区和汉族地区的经济互动研究没有得到应有的重视。促进少数民族地区和汉族地区经济之间的良性互动在当前形势下具有特殊的意义，它关系到我国经济、社会和政治的稳定与健康发展。如果少数民族地区经济与汉族地区经济互为支撑，则在适当的政策引导下，全国经济能够实现稳定和谐的发展目标。本文试图从这一角度进行探索。同时，在当代经济社会中，金融的地位和作用显得越来越突出。银行贷款是金融发展的重要杠杆，并且对群众福利起着重要影响。经过十余年的金融改革，银行信贷经历了强烈而迅速的扩张，并且越来越成为经济增长的基本支撑和推动因素。在中央政策性金融的引导作用下，少数民族地区金融行业有了重大发展，银行信贷激增，金融资源不断积聚。众多文献研究了银行贷款对经济的整体影响，但是没有比较银行贷款对汉族地区和对少数民族地区的不同影响。本文做出了这一尝试。

少数民族地区主要是少数民族八省区：内蒙古、广西、贵州、云南、西藏、青海、宁夏、新疆。这八个省区是少数民族的主要载体，其经济发展规律具有重要代表性。汉族地区为其余的省市：北京、天津、上海、山东、广东、辽宁、河北、江苏、浙江、福建、海南、重庆、四川、陕西、甘肃、山西、吉林、黑龙江、安徽、江西、河南、湖北、湖南。尽管只有少数几个省份，但少数民族地区占据了全国很大一部分面积以及丰富的自然资源。汉族和少数民族经济增长的互动研究意义深远，关系重大。在这个互动过程当中，银行贷款又扮演着重要角色。我们把两者结合起来，希望探索一个新的研究方向。期待研究结果对汉族和少数民族地区的经济运行以及金融政策的制定有重要的意义。本文第一节回顾相关文献，麦克宾（McKibbin）与萨克斯（Sachs）（1991），多闻（Douven）（1998），以及蒙塔沃（Montalvo）与雷纳尔（Reynal-Querol）（2005）的研究为我们提供了考察汉族和少数民族地区经济运行的理论基础。第二节建立基本模型，我们由最基本的增长理论出发，首先分别分析少数民族和汉族地区的经济增长特征，然后将二者联系起来。并且，我们特别考察农业经济发展问题。在同样的区域划分之下，我们还特别研究人均国内生产总值的影响因素，尝试找到地区差异的关键所在。第三、四节讨论数据和回归分析的结果。第五节总结。

一　文献回顾

麦克宾与萨克斯（1991）考虑了全球的经济相互依赖和连接问题。他们认为，一国的货币和财政政策会影响到另一国的经济发展。他们从理论上提出，一国的供给冲击，也就是国内生产总值的增长或衰退，会直接影响另一国或多国的经济发展。多闻（1998）从实证上印证了麦克宾与萨克斯的理论。他考察了经济发展与合作组织多国之间的经济互动，尤其对供给冲击对本国和他国的影响进行了研究。但是，这两篇文献没有考虑一国内不同民族之间的经济增长互动。蒙塔沃与雷纳尔（2005）从 138 个国家取得了样本，建立了他们自己的指数以衡量不同的宗教及民族差异。在经济增长和这个指数的回归当中得出的结果表明，一个国家的宗教和民族差异程度越大与其经济增长呈明显的负相关。但是他们忽视了银行贷款在不同民族地区的不同影响。我们将 MS 的理论应用于中国的内部环境，同时考虑了银行贷款在不同民族地区的不同作用。据我们所知，用他们的理论研究民族地区的经济增长互动尚无人尝试。我们在这里试图扩展他们的模型，填充这一空白。

二　基本模型

（一）国内生产总值增长率

我们首先考虑最基本的问题：少数民族及汉族各地区的经济增长受什么因素影响。常见的回归方程式为：

$$Y_{itM} = a_0 + a_1 K_{itM} + a_2 L_{itM} + u_{it} \tag{1}$$

Y 表示国内生产总值增长。K 为固定资产形成，L 为就业人员数。M 表示少数民族地区。此回归方程式可由 Cobb-Douglas 增长模型推导，其意义在于强调固定资产形成和劳动力对于经济增长的关键性作用。

在现代经济社会中，促进经济社会发展的因素除资本与劳动力这两个基本要素外，一些新因素对经济社会发展的贡献率在提高，在这些新的因素中，金融的地位和作用显得越来越突出。银行贷款是金融发展的重要指标。我们在自变量当中加上总贷款 TL，它与固定资产形成 K 是不同的概念。

对于少数民族地区，我们有

$$Y_{itM} = a_0 + a_1 K_{itM} + a_2 L_{itM} + a_3 TL\,itM + u_{it} \qquad (2)$$

同样的，对汉族地区，我们有

$$Y_{itH} = b_0 + b_1 K_{itH} + b_2 L_{itH} + u_{it} \qquad (3)$$

$$Y_{itH} = b_0 + b_1 K_{itH} + b_2 L_{itH} + b_3 TL_{itH} + u_{it} \qquad (4)$$

H 表示汉族地区。附录 A 中的表格列出了回归结果。

基于多闻（Douven）（1998）的模型，我们认为汉族地区的经济增长对少数民族地区经济增长有贡献，回归方程式为

$$Y_{itM} = b_0 + b_1 K_{itM} + b_2 L_{itM} + b_3 TL_{itM} + b_4 Y\,itH + u_{it} \qquad (5)$$

在回归方程式（3）里面，我们研究的是汉族地区各生产要素投入对经济增长的影响。进一步的，我们推测汉族地区的生产投入对少数民族经济增长有所影响

$$Y_{itM} = b_0 + b_1 K_{itM} + b_2 L_{itM} + b_3 TL_{itM} + b_4 K\,itH + b_5 L_{itH} + b_6 TL\,itH + u_{it} \qquad (6)$$

由于我国东西中部各省区经济发展水平差异显著，在第四节的经验研究中我们将进一步细分地区划分。

反过来，少数民族地区的经济增长和生产投入也影响汉族地区

$$Y_{itH} = b_0 + b_1 K_{itH} + b_2 L_{itH} + b_3 TL_{itH} + b_4 Y_{itM} + u_{it} \qquad (7)$$

$$Y_{itH} = b_0 + b_1 K_{itH} + b_2 L_{itH} + b_3 TL_{itH} + b_4 K\,itM + b_5 L_{itM} + b_6 TL\,itM + u_{it} \qquad (8)$$

（二）农业产出增长

这一节里我们考虑农业产出增长。模型基本设定与前一部分相同。依然以地区生产总值增长作为考察对象。首先是少数民族地区和汉族地区各自独立的分析，自变量包括农村固定资产形成 K、农村劳动力 L，以及农业贷款 TAL。第二步则是少数民族地区和汉族地区经济活动的互动影响。附录 B 中的表格报告了回归结果。

（三）人均国内生产总值

人均国内生产总值作为重要的宏观经济指标之一，能够衡量一国民众生活水平及福利。普遍的认为，人均国内生产总值通常由资本－劳动力比率决定。以少数民族地区为例，回归方程式为

$$Y_{itM} = a_0 + a_1 \left(\frac{K_{itM}}{L_{itM}} \right) + u_{it} \qquad (9)$$

延续 A 部分里有关金融因素的考虑,我们认为银行贷款对人均国内生产总值有支撑作用。将 TL 加入到回归分析当中

$$Y_{itM} = a_0 + a_1 \left(\frac{K_{itM}}{L_{itM}}\right) + a_2 TL_{itM} + u_{it} \tag{10}$$

同样的,对于汉族地区经济,有

$$Y_{itH} = a_0 + a_1 \left(\frac{K_{itH}}{L_{itH}}\right) + u_{it} \tag{11}$$

$$Y_{itH} = a_0 + a_1 \left(\frac{K_{itH}}{L_{itH}}\right) + a_2 TL_{itH} + u_{it} \tag{12}$$

(四)农村人均净收入

这一节里我们考察农村人均净收入。模型基本设定与 C 部分相同,增加了一个农业总贷款为自变量。首先单独考虑各地区农村人均净收入的增长因素,然后关注少数民族地区和汉族地区的影响互动。相应的,K 为农村地区固定资产形成,L 是农村地区劳动力,TAL 是农业总贷款。

三 数据

我们取得了一个平衡的面板数据,包括 1995 年至 2007 年 31 个省市自治区的如下序列:国内生产总值,固定资产形成,就业人数,银行贷款,农业产出,农业贷款,农村地区固定资产形成,及农村地区就业人数。数据来源包括:新中国五十五年统计资料汇编,中国统计年鉴,中国农业银行年鉴,中国农业发展银行统计年鉴,中国经济数据库。当中有极个别数据缺失的情况,我们采用外推法填补空缺。数据处理过程有详细记录。

四 结果讨论

A 部分主要关注不同民族地区的整体经济增长。(按照传统方法,一个星 * 表示 10% 的显著程度,两个星 * * 5%,三个星 * * * 1%。)从表格 1 可以看出,整体银行贷款对少数民族地区和汉族地区的经济增长都有显著的促进作用。例如,银行贷款每增加 1 个百分点,就会使少数民族地区的经济增长产生 0.237 个百分点。

对少数民族我们下一步在表格 2 中报告了汉族地区的经济增长对少数民族地区增长的影响，同时也报告了少数民族地区的经济增长对汉族地区经济增长的影响。我们把汉族地区的经济增长细分为四种类型：首先是全部汉族地区经济增长的平均值，用 Y_{HA} 表示，下标 H 表示汉族，下标 A 表示全部；Y_{HE} 表示东部汉族地区的经济增长平均值，下标 E 表示东部（汉族地区的省份分类方法见附录一，其他地区分类下同附录一）；Y_{HM} 表示中部汉族地区的经济增长平均值，下标 M 表示中部地区；Y_{HW} 表示西部汉族地区的经济增长平均值，下标 W 表示西部。同理，我们把少数民族经济增长分为三类：一是全部少数民族地区经济增长的平均值，用 Y_{MA} 表示，下标 M 表示少数民族，下标 A 表示全部；二是边境少数民族地区经济增长平均值 Y_{MB}，B 表示边境；三是内陆少数民族经济增长平均值 Y_{MI}，I 表示内陆。可以从表格 2a 和 2b 看出，不管是汉族地区的经济增长，还是少数民族地区的经济增长，对另一方的支持和协调都明显不足。

我们进一步将不同民族地区的产出分解为不同民族地区的投入，从而探索不同民族地区的投入对对方的经济增长的影响。表 3a 告诉我们，无论我们如何划分汉族地区，其三种不同投入对民族地区的经济增长都没有影响。表 3b 的结果值得我们关注。投在全部或者边境少数民族地区的固定资产投资对汉族地区经济增长有消极影响，但是投在全部或者边境少数民族地区的劳动力对汉族地区经济增长有积极影响。值得我们注意的是，少数民族地区的银行贷款对汉族地区经济增长没有任何影响。

B 部分报告了不同民族地区的农业经济增长。表格 4 说明，银行贷款对不同民族地区都有着显著的影响。从表 5a 可以看出，不同汉族地区的农业经济增长对少数民族农业增长明显地没有达到传帮带的作用。相反，表 5b 告诉我们，不同少数民族地区的农业经济增长对汉族地区的农业经济增长有着积极的和不可磨灭的显著贡献。

表 6a 有两点值得注意。投在东部汉族地区的银行贷款对少数民族地区的发展有消极影响。投在西部汉族地区的固定资产投资对少数民族地区的经济增长有明显的消极影响。而在中部汉族地区的所有投入没有影响。表 6b 说明，投在边境少数民族地区的劳动力对汉族地区的经济增长有巨大的推动作用，投在内陆少数民族地区的固定资产投资对汉族地区的经济增长有明显的积极作用，但是劳动力的投入有消极影响。在不同少数民族地区的劳动力投入有如此大的反差，值得我们思考。

C 部分关注大家感兴趣的人均收入。银行贷款对少数民族地区的人均收入影响微小，而对汉族地区人均收入贡献很大，两者相差 3.68 倍。如此差距触目惊心。表 8a 的结果令人欣喜：所有不同汉族地区的人均收入增长非常显著的推动了少数民族地区人均收入的增长。表 8b 令人遗憾地告诉我们，少数民族地区的人均收入增长对汉族地区的人均收入增长没有帮助，虽然统计上显著，但是影响力有限。

D 部分讨论的核心是农村人均净收入。表 9 显示，农业贷款对汉族和少数民族的农村人均净收入影响相差巨大。在少数民族地区，农业贷款呈现积极作用。而对汉族地区则是消极作用，可能的原因是农业贷款专款他用，劳民伤财。

表 10a 和表 10b 说明了汉族地区和少数民族地区的农村人均净收入互为推动，相互促进。从影响力来说，汉族地区农村人均净收入对少数民族地区农村人均净收入的推动作用大于少数民族地区农村人均净收入对汉族地区农村人均净收入的作用。但是，仍然值得我们关注的是投在汉族地区的农业贷款依然没有改善。

五   结论

从整体经济增长来看（A 部分），银行贷款起到了正面作用，而汉族和少数民族地区之间的经济互动必须改善。在农业产值方面（B 部分），农业贷款也起到了正面作用。少数民族地区对汉族地区作出了巨大贡献，功不可没，影响深远。而汉族地区对少数民族地区的帮助亟待改善，效果令人惋惜。银行贷款（C 部分）对人均收入的影响在汉族和少数民族地区差异巨大。汉族地区的人均收入带动了少数民族地区的人均收入。农业贷款（D 部分）对农村人均净收入在汉族地区和少数民族地区作用相反，亟待我们仔细的研究。令人欣慰的是，汉族和少数民族地区的农村人均净收入互相促进，共同发展。

我们建议，对银行贷款的不足之处做出调整，认真研究，做到有的放矢，保证效益。积极增加有效投入，果断杜绝无效浪费。我们金融机构在做贷款决定时，要牢记我们对少数民族地区责无旁贷的重大责任。要注重贷款的目标准确性、决策科学性和民族协调性。为促进少数民族地区的经济发展做出我们应有的贡献。

参考文献

1. Douven, R. Peter, M. 1998. "GDP-Spillovers in Multi-country Models", *Economic Modeling*, 15, pp. 163 – 195.

2. Mckibbin, W. J., and Sachs, J. D., 1991. "Global Linkages", The Brookings Institution, Washington.

3. Montalvo, Jose G., and Reynal-Querol, 2004. "Ethnic Diversity and Economic Development", *Journal of Development Economics*, 76, pp. 293 – 323.

附录一　表格

A. 国内生产总值增长回归

$$Y_{itM} = a_0 + a_1 K_{itM} + a_2 L_{itM} + u_{it} \tag{1}$$

$$Y_{itM} = a_0 + a_1 K_{itM} + a_2 L_{itM} + a_3 TL\ itM + u_{it} \tag{2}$$

$$Y_{itH} = b_0 + b_1 K_{itH} + b_2 L_{itH} + u_{it} \tag{3}$$

$$Y_{itH} = b_0 + b_1 K_{itH} + b_2 L_{itH} + b_3 TL_{itH} + u_{it} \tag{4}$$

表1

	K	L	K	L	TL
少数民族地区国内生产总值	0.714 ***	0.342 ***	0.539 ***	0.274 ***	0.237 ***
汉族地区国内生产总值	0.822 ***	0.183 ***	0.572 ***	0.218 ***	0.275 ***

少数民族地区国内生产总值增长

$$Y_{itM} = b_0 + b_1 K_{itM} + b_2 L_{itM} + b_3 TL_{itM} + b_4 Y\ itH + u_{it} \tag{5}$$

表2a

	K_M	L_M	TL_M	Y_{HA}	Y_{HE}	Y_{HM}	Y_{HW}
少数民族地区国内生产总值	0.613 ***	0.242 ***	0.210 ***	-0.109 *			
	0.614 ***	0.241 ***	0.210 ***		-0.104 *		
	0.611 ***	0.243 ***	0.211 ***			-0.115 *	
	0.622 ***	0.237 ***	0.207 ***				-0.144 **

汉族地区国内生产总值增长

$$Y_{itH} = b_0 + b_1 K_{itH} + b_2 L_{itH} + b_3 TL_{itH} + b_4 Y_{itM} + u_{it} \tag{6}$$

表 2b

	K_H	L_H	TL_H	Y_{MA}	Y_{MB}	Y_{MI}
汉族地区国内生产总值	0.619 ***	0.198 ***	0.261 ***	-0.076 ***		
	0.619 ***	0.198 ***	0.261 ***		-0.075 ***	
	0.619 ***	0.198 ***	0.260 ***			-0.081 ***

少数民族国地区内生产总值增长

$$Y_{itM} = b_0 + b_1 K_{itM} + b_2 L_{itM} + b_3 TL_{itM} + b_4 K itH + b_5 L_{itH} + b_6 TL itH + u_{it} \quad （7）$$

表 3a

	K_M	L_M	TL_M	K_H	L_H	TL_H	
少数民族地区国内生产总值	0.617 ***	0.238 ***	0.211 ***	0.018	-0.148	-0.109	全部汉族
	0.625 ***	0.237 ***	0.204 ***	-0.310	0.812	0.113	东部汉族
	0.607 ***	0.240 ***	0.217 ***	-0.051	0.284	-0.070	中部汉族
	0.625 ***	0.237 ***	0.205 ***	-0.036	-0.072	-0.085	西部汉族

汉族地区国内生产总值

$$Y_{itH} = b_0 + b_1 K_{itH} + b_2 L_{itH} + b_3 TL_{itH} + b_4 K itM + b_5 L_{itM} + b_6 TL itM + u_{it} \quad （8）$$

表 3b

	K_H	L_H	TL_H	K_M	L_M	TL_M	
汉族地区国内生产总值	0.618 ***	0.198 ***	0.261 ***	-0.251 **	3.013 *	-0.042	全部少数民族
	0.614 ***	0.198 ***	0.266 ***	-0.222 **	2.975 **	-0.051	边境少数民族
	0.607 ***	0.199 ***	0.273 ***	-0.100	1.058	-0.079	内陆少数民族

B. 农业产出增长

这一节我们考虑农业产出增长。模型设定与前一部分相同。依然以地区生产总值增长为考虑对象。首先是少数民族地区和汉族地区各自独立的分析，自变量包括农村固定资产形成 K、农村劳动力 L，以及农业贷款 TAL。

$$Y_{itM} = a_0 + a_1 K_{itM} + a_2 L_{itM} + u_{it} \quad （1'）$$

$$Y_{itM} = a_0 + a_1 K_{itM} + a_2 L_{itM} + a_3 TL itM + u_{it} \quad （2'）$$

$$Y_{itH} = b_0 + b_1 K_{itH} + b_2 L_{itH} + u_{it} \qquad (3')$$

$$Y_{itH} = b_0 + b_1 K_{itH} + b_2 L_{itH} + b_3 TL_{itH} + u_{it} \qquad (4')$$

表4

	K	L	K	L	TAL
少数民族地区农业产出增长	0. 633 ***	0. 390 ***	0. 462 ***	0. 358 ***	0. 142 ***
汉族地区农业增长	0. 218 ***	0. 594 ***	0. 147 ***	0. 505 ***	0. 181 ***

少数民族地区农业产出增长

$$Y_{itM} = b_0 + b_1 K_{itM} + b_2 L_{itM} + b_3 TL_{itM} + b_4 Y_{itH} + u_{it} \qquad (5')$$

表5a

	K_M	L_M	TL_M	Y_{HA}	Y_{HE}	Y_{HM}	Y_{HW}
	0. 697 ***	0. 215 ***	0. 114 ***	− 0. 717 ***			
少数民族	0. 794 ***	0. 156 * *	0. 103 **		− 1. 076 ***		
地区	0. 676 ***	0. 228 ***	0. 117 ***			− 0. 596 **	
	0. 579 ***	0. 286 ***	0. 129 ***				− 0. 499 *

汉族农业产出增长

$$Y_{itH} = b_0 + b_1 K_{itH} + b_2 L_{itH} + b_3 TL_{itH} + b_4 Y_{itM} + u_{it} \qquad (6')$$

表5b

	K_H	L_H	TAL_H	Y_{MA}	Y_{MB}	Y_{MI}
	0. 099 ***	0. 551 ***	0. 160 ***	0. 363 ***		
汉族地区	0. 099 ***	0. 551 ***	0. 160 ***		0. 347 ***	
	0. 100 ***	0. 551 ***	0. 160 ***			0. 530 ***

少数民族地区农业产出增长

$$Y_{itM} = b_0 + b_1 K_{itM} + b_2 L_{itM} + b_3 TL_{itM} + b_4 K_{itH} + b_5 L_{itH} + b_6 TL_{itH} + u_{it} \qquad (7')$$

表6a

	K_M	L_M	TAL_M	K_H	L_H	TAL_H	
少数民族地区	0.982 ***	0.031	0.090 * *	−0.312	−0.018	−0.512	全部汉族
	0.981 ***	0.031	0.090 * *	−0.349	1.059	−0.618 *	东部汉族
	1.007 ***	0.019	0.083 * *	−0.437	−0.593	−0.217	中部汉族
	1.017 ***	0.013	0.081 * *	−0.782 ***	0.376	0.148	西部汉族

汉族地区农业产出增长

$$Y_{itH} = b_0 + b_1 K_{itH} + b_2 L_{itH} + b_3 TL_{itH} + b_4 K\,itM + b_5 L_{itM} + b_6 TL\,itM + u_{it} \quad (8')$$

表6b

	K_M	L_M	TAL_M	K_H	L_H	TAL_H	
汉族地区	0.115 ***	0.531 ***	0.173 ***	−0.194	3.770	−0.104	全部少数民族
	0.115 ***	0.530 ***	0.174 ***	−0.388	5.738 ***	−0.047	边境少数民族
	0.111 ***	0.532 ***	0.175 ***	0.920 ***	−4.186 **	−0.124 *	内陆少数民族

C. 人均国内生产总值分析

人均国内生产总值分析以下的分析主要考察人均产出少数民族地区回归方程为：

$$Y_{itM} = a_0 + a_1 \left(\frac{K_{itM}}{L_{itM}}\right) + u_{it} \tag{9}$$

$$Y_{itM} = a_0 + a_1 \left(\frac{K_{itM}}{L_{itM}}\right) + a_2 TL_{itM} + u_{it} \tag{10}$$

汉族地区回归方程为：

$$Y_{itH} = a_0 + a_1 \left(\frac{K_{itH}}{L_{itH}}\right) + u_{it} \tag{11}$$

$$Y_{itH} = a_0 + a_1 \left(\frac{K_{itH}}{L_{itH}}\right) + a_2 TL_{itH} + u_{it} \tag{12}$$

表7

	K/L	K/L	TL
少数民族地区人均国内生产总值	0.459 ***	0.437 ***	0.065 ***
汉族地区人均国内生产总值	1.101 ***	0.940 ***	0.238 ***

$$Y_{itM} = a_0 + a_1 \ (\frac{K_{itM}}{L_{itM}}) \ + a_2 TL_{itM} + a_3 Y_{itH} + u_{it} \qquad (13)$$

表8a

	K/L_M	TL_M	Y_{HA}	Y_{HE}	Y_{HM}	Y_{HW}
少数民族地区人均国内生产总值	0.518 ***	0.067 ***	0.192 ***			
	0.519 ***	0.067 ***		0.186 ***		
	0.516 ***	0.067 ***			0.206 ***	
	0.525 ***	0.069 ***				0.182 ***

$$Y_{itM} = a_0 + a_1 \ (\frac{K_{itM}}{L_{itM}}) \ + a_2 TL_{itM} + a_3 Y_{itH} + u_{it} \qquad (14)$$

表8b

	K/L_H	TL_H	Y_{MA}	Y_{MB}	Y_{MI}
汉族地区人均国内生产总值	0.722 ***	0.161 ***	− 0.065 ***		
	0.722 ***	0.161 ***		− 0.064 ***	
	0.722 ***	0.161 ***			− 0.067 ***

D. 农村居民人均净收入

这一节里我们考察农村居民人均净收入。模型基本设定与 C 部分相同，增加了一个农业总贷款为自变量。相应的，K 为农村地区固定资产形成，L 是农村地区劳动力，TAL 是农业总贷款。

表9

	K/L	K/L	TAL
少数民族地区	0.611 ***	0.577 ***	0.104 ***
汉族地区	1.464 ***	1.485 ***	− 0.147 ***

农村居民人均净收入的增长分析

$$Y_{itM} = a_0 + a_1 \left(\frac{K_{itM}}{L_{itM}}\right) + a_2 TAL_{itM} + a_3 Y_{itH} + u_{it} \tag{13'}$$

表10a

	K/L_M	TAL_M	Y_{HA}	Y_{HE}	Y_{HM}	$Y\,HW$
少数民族地区	0.113 ***	0.038 ***	0.682 ***			
	0.113 ***	0.038 ***		0.669 ***		
	0.117 ***	0.038 ***			0.698 ***	
	0.138 ***	0.040 ***				0.678 ***

$$Y_{itM} = a_0 + a_1 \left(\frac{K_{itM}}{L_{itM}}\right) + a_2 TAL_{itM} + a_3 Y_{itH} + u_{it} \tag{14'}$$

表10b

	K/L_H	TAL_H	Y_{MA}	Y_{MB}	Y_{MI}
汉族地区	0.405 ***	− 0.018 **	0.322 ***		
	0.405 ***	− 0.018 **		0.313 ***	
	0.405 ***	− 0.018 **			0.411 ***

附录二　民汉地区划分

省份	代码	地区划分
北京	1	东部汉族
天津	2	东部汉族
河北	3	东部汉族
山西	4	中部汉族
内蒙古	5	边境少数民族
辽宁	6	东部汉族
吉林	7	中部汉族
黑龙江	8	中部汉族
上海	9	东部汉族
江苏	10	东部汉族
浙江	11	东部汉族
安徽	12	中部汉族
福建	13	东部汉族
江西	14	中部汉族
山东	15	东部汉族
河南	16	中部汉族
湖北	17	中部汉族
湖南	18	中部汉族
广东	19	东部汉族
广西	20	边境少数民族
海南	21	中部汉族
四川	22	西部汉族
贵州	23	内陆少数民族
云南	24	边境少数民族
西藏	25	边境少数民族
陕西	26	西部汉族
甘肃	27	西部汉族
青海	28	边境少数民族
宁夏	29	边境少数民族
新疆	30	边境少数民族
重庆	31	西部汉族